高等学校小学教育专业精品教材

郭健 丛书主编

小学科学课程与教学论

张二庆 乔建生 主编

董薄清 郭桂周 张文儒 副主编

XIAOXUE KEXUE
KECHENG
YU JIAOXUELUN

北京师范大学出版集团
BEIJING NORMAL UNIVERSITY PUBLISHING GROUP
北京师范大学出版社

图书在版编目(CIP)数据

小学科学课程与教学论/张二庆，乔建生主编. —北京：北京师范大学出版社，2016.8(2025.1重印)
(高等学校小学教育专业精品教材)
ISBN 978-7-303-20907-1

Ⅰ. ①小… Ⅱ. ①张… ②乔… Ⅲ. ①小学-科学知识-教学研究-高等学校-教材 Ⅳ. ①G623.62

中国版本图书馆CIP数据核字(2016)第158093号

出版发行：北京师范大学出版社 https://www.bnupg.com
北京市西城区新街口外大街12-3号
邮政编码：100088
印　　刷：北京虎彩文化传播有限公司
经　　销：全国新华书店
开　　本：787 mm×1092 mm　1/16
印　　张：15
字　　数：307千字
版　　次：2016年8月第1版
印　　次：2025年1月第14次印刷
定　　价：35.00元

策划编辑：王建虹　　责任编辑：刘文平　张静洁
美术编辑：李向昕　　装帧设计：焦　丽
责任校对：陈　民　　责任印制：马　洁

丛书编委会

总　序
PREFACE

20世纪90年代以来，随着社会发展水平的提高，社会对高质量教育的需求越来越强烈，为顺应社会需求，我国对教师培养体系进行了重大变革——小学教师的培养由原来的中等师范学校改由专科学校和本科院校培养。1998年南京师范大学晓庄学院首次尝试开设小学教育(本科)专业，开创小学教师本科化培养的先河。1998年教育部颁布的《普通高等学校本科专业目录》中，小学教育专业以“经教育部批准同意设置的目录外专业”出现，标志着小学教育专业开始纳入高等教育体系中。2012年，小学教育专业以教育学二级学科的身份，正式纳入教育部颁布的《普通高等学校本科专业目录》。经济发达的地区把小学教师的学历提升到专科或本科水平，并在全国范围内扩招教育硕士。

自小学教育纳入高等教育体系以来，小学教育专业取得了一定的成效，为我国输送了大批本专科学历的小学优秀教师。

为了保证教师的培养质量，教育部于2011年10月8日颁布了《教育部关于大力推进教师教育课程改革的意见》，其附件《教师教育课程标准(试行)》是国家对教师教育课程改革提出的建议和要求，也是认定教师资格的重要依据。这对我国小学教师教育类课程结构调整和优化提出了新的要求；对深化教师教育改革，规范和引导教师教育课程与教学，培养和造就高素质专业化教师队伍具有纲领性的作用。

小学教育专业被纳入高等教育体系的时间短，在专业建设的过程中需要解决的问题很多，尤需亟待解决的是小学教育专业的课程及教材建设问题。河北省教育学教学指导委员会审时度势，组织全省教育学、心理学相关领域专家进行了充分的调研，分析了小学教育专业人才培养存在的问题，针对目前权威教材匮乏的现状，组织专家编写了目前河北省小学教育专业的系列教材。

此次教材编写既注重理论的系统性与前沿性，也注重解决教育实践问题的应用性与操作性；既注重编写过程的学术性，也注重教材形式上的趣味性。希望成为小学教育专业学生喜读、乐读的基本学习素材。

本套小学教育专业系列教材共包括十几种，分别是《教育学》《教育政策与法规》《教育测量与评价》《教育科研方法》《现代教育技术应用》《课程与教学论》《小学教育管理》《小学语文课程与教学论》《小学数学课程与教学论》《小学英语课程与教学论》《小学科学课程与教学论》《教育心理学》《儿童心理学》《小学生心理健康教育》《小学综合实践活动》《小学班主任工作原理与实践》和《小学教师专业技能训练》。

本套教材编写参与人员较多，涉及学科较广，是一项艰巨的工程，能顺利付梓得益于所有参编人员的辛勤工作、密切配合；也得益于北京师范大学出版社王剑虹女士的积极协调与沟通。在此向所有参与此次编写活动的作者及编辑人员表达我们的敬意。

教材编写过程中由于编者的学术视野及学术能力的限制难免会出现不足之处，我们将在教材使用中进一步总结反思，不断修订和完善。同时，也欢迎广大学界同仁及读者予以批评指正。

郭健

2016 年 6 月 8 日

前　言

FOREWORD

20世纪中小学科学教育的发展大致经历了从“科学知识”“科学方法”到“科学素养”的发展轨迹。20世纪初，人们把科学教育几乎等同于科学知识的教育，科学教育主要关注科学事实、科学概念、科学定律或原理的传递或识记。随着人们对科学认识的发展，到了20世纪60年代，科学方法开始受到人们的重视，并出现了一批新的科学教育课程和新的教学方法。“任何一门学科走向科学的过程都是形式化、符号化、建立数学模型和实验模型的过程。不同学科构建符合自身研究对象特性的形式、符号和数学模型的方法，就是这门学科特有的思想方法和工作方法。”从20世纪80年代开始，科学教育领域出现了以培养学生的科学素养为宗旨的发展趋势。科学素养是一个融科学知识、科学方法、科学态度、科学价值观等多种因素为一体的复合概念。从此，科学素养不再是少数科学家的专利，而成为生活在现代社会的每个人必不可少的需要。

20世纪初，科学教育在我国逐渐受到重视。从1903年到1948年，我国小学开设的科学课程主要有“地理”“格致”“自然”等，或单独进行教学，或与其他课程合并进行教学。1949年到2000年，我国小学开设的科学课程主要有“常识”“地理”“自然”等。2001年6月，教育部颁布了《基础教育课程改革纲要(试行)》(以下简称《纲要》)。《纲要》规定，小学以开设综合的科学课程为主，初中设置综合科学课程与分科科学课程相结合。2001年秋，教育部在全国27个省(自治区、直辖市)的38个国家级实验区开展科学课程的实验工作，2005年秋季在全国中小学开始实施科学课程。在科学课程实施过程中，遇到的主要问题之一就是教师的培养和培训问题。为了满足科学课程实施对科学教师的需要，我国已有部分高等师范学校以不同形式开设了科学教育专业，培养专业的科学教师。科学教育在我国高校是一个新的专业，“小学科学课程与教学论”是科学教育专业的一门专业基础课。

本教材以国际科学教育发展的新理念为指引，结合我国《全日制义务教育科学(3～6年级)课程标准》的内容和目标，以提高科学教育专业学生的科学素养为宗旨，系统阐述了科学课程的产生与发展、小学科学课程与教学的理论基础、小学科学课程标准解读、小学科学教学设计、小学科学课程资源及其开发、小学科学课程实施、小学科学课程与探究、小学科学学习技能、小学科学课程与教学评价等内容，还对小学科学课程标准进行了解读。本教材由前言和11章内容构成，全书的编排以"科学本质—理论基础—标准解读—课程实施—教学评价"为主线，力争使学生从宏观和微观两个方面来把握科学课程的教学。每章的开头给出了该章的学习目标，使学生带着问题去阅读，并安排了导入案例。在每章的末尾对该章内容进行了简要概括，帮助学生在学完每章以后对该章内容形成精简的知识框架。每章末尾还提出了思考题，帮助学生加深对内容的理解，安排了拓展阅读内容，帮助学生进一步学习。

本教材是集体合作的结晶。张二庆(河北师范大学)编写前言、第一章、第十章和第十一章；乔建生(邢台学院)编写第七章和第八章；张文儒(邢台学院)编写第二章；郭桂周(湖南师范大学)编写第三章和第六章；董博清(河北师范大学)编写第四章、第五章和第九章。全书由张二庆负责统稿、修改和定稿。

在编写过程中，我们一直得到河北师范大学教育学院院长薛彦华教授和北京师范大学出版社王剑虹老师的关照，在此表示衷心的感谢！在编写过程中，我们参阅了大量的国内外文献资料，也引用了一些他们的研究成果与数据资料，在此向文献作者表示衷心的感谢！

限于编者的水平和时间，书中难免存在不妥或疏漏之处，敬请读者给予批评和指正。

编者

2016年5月

目　录
CONTENTS

第一章　科学课程的产生与发展

学习目标 ▶

1. 通过学习科学观的变迁，了解和认识科学的本质及其特征。
2. 掌握科学教育的内涵及其发展趋势。
3. 了解西方中小学科学课程的产生与发展。
4. 了解我国中小学科学课程的产生与发展。

导入案例

东汉时期，地震频发，搞得人心不宁。人们认为这是天神的惩罚，一些人就趁机骗取钱财，危害社会。当时的太史令张衡认为，地震是一种自然规律的体现，并非什么天神的惩罚。为了弄清真相，肃清流言蜚语，经过精心、刻苦研究，他制造了用来测知地震发生的时间和方位的机器，即地动仪。地动仪用精铜制成，圆经八尺，合盖隆起，形似酒樽。表面作金黄色，上部铸有八条金龙。龙倒伏，龙首向下，龙嘴各衔一颗小铜球，与地上仰蹲张嘴的蟾蜍相对。地动仪空腔中央，立一根铜柱，上粗下细。铜柱周围有八根横杆，称为“八道”，各与一龙头相连。铜柱是震摆装置，八道用来控制和传导铜柱运动的方向。在地动仪受到地震波冲击时，铜柱就倒向发生地震的方向，推动同一方向的横杆和龙头，使龙嘴张开，铜球下落到蟾蜍嘴中，并发出响声，以提示人们注意发生了地震及地震的时间和方向。

20世纪以来，科学技术进入了迅速发展的时期。在以相对论、量子论、DNA双螺旋结构和板块学说的提出为标志的科学革命的推动下，科学技术在深度和广度上都得到了迅速的发展。科学技术的发展一方面迅速地改变着世界的面貌，推动着社会的进步，另一方面也给人类社会带来了许多问题，如生态环境的恶化、资源枯竭等，严重阻碍着社会的可持续发展。这种状况给教育提出了新的挑战。面对这些挑战，世界各国纷纷改革本国的教育，尤其是科学教育。因为科学教育直接关系着一个国家的科技水平，甚至关系着一个国家的综合国力。

为了认识科学的本质和科学教育，本章将从科学的本质与科学本质观教育、科学教育及其发展趋势、西方科学课程的产生与发展、我国科学课程的产生与发展四个方面进行阐述。

第一节　科学的本质与科学本质观教育

一、什么是科学

(一)“科学”[①]一词的产生

英语“science”(科学)一词源于拉丁语“scio”，即“知”“知识”的意思。“scio”逐渐演变为“science”。这个演变过程记录了人类对“科学”一词的认识和理解。在古代，科学并没有成为独立的活动，而是与日常生产、生活融为一体。“直到1687年，牛

① 这里所谓的“科学”是指自然科学.

顿奠定经典力学基础的名著还题为《自然哲学的数学原理》。"①可见，直到 1687 年，科学还寄于自然哲学之中。后来，随着科学的发展，"science"一词才从自然哲学中分离出来，逐步得到公认。

我国古代的科学技术在世界科技发展史上占有重要的地位，"综观整个发展历程，16 世纪以前的中国科学技术一直处于世界领先地位"。② 但"科学"一词在我国的出现却较晚。1896 年，梁启超在《变法通议》一文中首次使用了"科学"一词。③ 在此之前，我国古籍中的"格致"一词相当于西方的"science"一词。"致知在格物，物格而后知至。"所谓格致，就是穷究事物的道理而求得知识。进入 20 世纪，在胡适、陈独秀等人发起的新文化运动中，"科学"一词在我国获得了广泛的传播。

(二)科学观的变迁

今天，"科学"一词已成为使用频率极高的词汇。那么，到底科学是什么呢？科学的本质是什么？对这些问题，人们至今并没有达成一致的理解。《中国大百科全书·哲学卷》(1987)把科学定义为：以范畴、定理、定律形式反映现实世界多种现象的本质和运动规律的知识体系。《辞海》(1989)把科学定义为：关于自然、社会和思维的知识体系。可以看出，以上两部文献均把科学视为一种"知识体系"。也有人认为，知识体系只是科学的产物，而不是科学本身。他们将科学视为探究知识的活动。还有研究者综合了以上观点，认为科学不仅包含知识体系，而且还包含知识产生的过程。那么，科学到底是什么呢？我们也许可以从人们的科学观的变迁中得到启示。

1. 朴素的古代科学观

在古代，自然科学知识融合在哲学之中，并未分化出来，并且处于萌芽状态。自人类出现后，从日常生产、生活中石料的选择与打制、采集狩猎到火的使用以及制陶和原始的冶金技术等，都蕴含着一定的科学知识，也孕育着朴素的科学思想。"原始社会时期，人们的自然观和科学观往往是通过神话传说的形式留下来的。"④

公元前六七世纪，古希腊哲学家就"把科学视为个人摒除他对现实生活的关怀，采用超然冥想的沉思态度，试图穿透变幻的表象世界，认识外在世界而获得永恒不变的真理的知识"。⑤ 柏拉图曾把宇宙描绘成一种"数学—几何"结构，并用数目最少的元素说明自然现象的多样性和丰富性，以此作为构成科学理论的理想目标。毕达哥拉斯认为，世间的一切都是数，万物皆处于数的秩序与和谐之中，并且数是依靠纯理性的沉思而达到的。

在古代，人们虽然没有形成明确的科学观，但在各种日常生活或生产技术中却孕育或蕴含着人们对科学或自然的朴素的看法。另外，在古代，关于科学的思想还

---

①③ 顾志跃．科学教育概论[M]．北京：科学出版社，1999：1.

② 袁运开．中国古代科学技术发展历史概貌及其特征[J]．历史教学问题，2002(06)：22—28.

④ 席泽宗．中国科学思想史的线索[J]．中国科技史杂志，1982(02)：6—14.

⑤ 孙敏．西方科学观演变探析[J]．科学学研究，2011(06)：808—813.

包含在哲学家关于真理的超现实的自由探索过程中。古代那种朴素的、纯理性的对自然的看法为后来科学的发展产生了重要的影响。

2. 常识性科学观

长期以来，人们一直把科学视为一种系统的知识体系。直到今天，这种观点仍然有一定的市场。例如，《中国大百科全书·哲学卷》(1987)把科学定义为：以范畴、定理、定律形式反映现实世界多种现象的本质和运动规律的知识体系。《辞海》(1989)把科学定义为：关于自然、社会和思维的知识体系。

这种观点将科学理论体系，即科学研究的结果视为科学，具有一定的合理性。因为已有的科学理论的确是一种系统的知识体系。但这种科学观也存在明显的不足，即它将科学视为一种静态的知识体系，没有体现出科学探究过程的动态性，没有全面体现科学的本质。另外，这种科学观容易给人一种错觉，即凡是系统的知识体系都属于科学知识。这样一来，人们就不能将科学与哲学、宗教等区分开来。

3. 逻辑经验主义科学观

较为系统而明确的科学观是伴随着近代实验科学的产生和发展而逐步确立起来的。自近代以来，科学家们越来越注重通过实验来验证命题或科学定理的真理性。在他们看来，只有可给予经验实证或分析的命题才是真实的和有意义的。逻辑经验主义科学观将“可证实性”作为科学的本质特征。例如，“这栋楼高 100 米”这一命题是可以被证实的，因而也是有意义的；而像哲学、宗教等知识以及像“善是道德的最高理念”“宇宙是无穷的”等这样的命题，都是无法给予经验证实的，因而都是无意义的形而上学，不属于科学知识。逻辑经验主义科学观将一切知识还原为可观察的经验，因而凡是不能被经验证实的知识都是无意义的。在逻辑经验主义看来，科学知识是通过中立的观察、实验，并经过逻辑推导而获得的。它排除了主观因素的影响，因此获得的科学知识与自然的本来面目是一致的，是客观真实的。正因如此，逻辑经验主义科学观提倡一切知识都应该像自然科学知识那样受到经验的证实，并建立了“观察—归纳—证实”的实证机制。

逻辑经验主义科学观排斥一切形而上学的问题或命题，对我们更好地认识科学与形而上学之间的关系有一定的帮助。另外，逻辑经验主义科学观所倡导的澄清问题和意义的逻辑分析方法也成为一种重要的哲学批判方法。但是，逻辑经验主义科学观也存在严重的矛盾或问题。例如，人是科学活动的主导者，在开展科学活动的过程中，科学家不可能保持绝对的中立，也不可能绝对剔除自己的主观意志。逻辑经验主义科学观遇到的更大的麻烦是，“任何具有普遍性规则的理论原则上都可以演绎出无限多个经验事实，不可能对这一切经验事实都进行检验。这意味着将来可能存在着与理论预测相反的经验事实”。①

---

① 陈海明．对逻辑实证主义科学观及其原则的分析[J]．兰州大学学报(社会科学版)，2001(05)：48—51.

4. 批判理性主义科学观

随着人们对逻辑经验主义科学观的批判，它在20世纪50年代逐渐走向衰落，而批判理性主义(critical-rationalism)科学观逐渐成为主流。批判理性主义科学观又被后来的研究者称为证伪主义(falsificationism)科学观，其主要代表人物是卡尔·波普尔(Karl Popper)。

与逻辑经验主义科学观不同，波普尔认为科学是一种“可证伪”的知识系统，应当把理论系统的可反驳性或可证伪性作为是否为科学的分界线。他认为，科学理论都只是暂时的、尚未被证伪的假设，并提出了“问题—猜想—反驳”的机制。历史上许多学说曾被认为是真理，但随着科学实践的发展，那些所谓的“真理”都被一一推翻或否定。波普尔还认为，从逻辑学上看，要证实一个全称命题(universal statement)是很难的，但要证伪它却是很容易的。例如，我们要证实“凡天鹅皆是白色的”是很困难的，也是不可能做到的，因为我们永远不能去验证每一只天鹅(包括历史上的、现在的和未来的)是否是白色的。但是，我们要反驳“凡天鹅皆是白色的”这个命题却易如反掌，只要找出一只天鹅不是白色的就可以了。与逻辑经验主义科学观相比，波普尔坚决否认将是否“有意义”作为科学与伪科学的分界线，而是将“可证伪”作为科学与非科学的区别。

通过上述分析可以看出，以上几种科学观均将科学视为一种结果，即科学理论，忽视了科学研究的过程以及社会文化因素对科学研究的影响。这就注定了它们被颠覆的命运。

5. 历史主义科学观

历史主义科学观产生于20世纪50年代末，60年代后逐渐开始流行。它的产生被认为是科学哲学发展史上的一场“革命”，在许多问题上，它都与逻辑经验主义科学观背道而驰。其代表人物主要有库恩、图尔明、费耶阿本德、汉森等。

历史主义科学观认为，科学是一种不断发展变化的探究活动，而科学理论只是这种探究活动的结果；它还将科学视为一种特殊的社会文化现象，并且与其他社会文化现象之间存在着密切的联系。历史主义科学观代表人物分别提出了一系列的科学发展的动态模型。例如，库恩在《科学革命的结构》一书中提出了“前科学时期→常规科学时期→反常和危机→科学革命→新的常规科学时期……”的科学发展的动态模型。每一个阶段都有其独特的结构，而体现这种结构的实体就是“范式”。

库恩在《科学革命的结构》一书指出：“所谓的范式通常是指那些公认的科学成就，它们在一段时间里为实践共同体提供典型的问题和解答。”①当一门科学出现统一的范式之后，它就进入了常规科学时期。在这一时期，科学家们的工作主要是“专注于在一种范式支配下把知识的前沿向回推，利用范式说明和预测数据”。② 在库恩

---

① [美]托马斯·库恩．科学革命的结构[M]．金吾伦，胡新和，译．北京：北京大学出版社，2003.

② 马佰莲．库恩的科学观及其当代批判[J]．山东科技大学学报(社会科学版)，2010(06)：1—7.

看来，范式之间的转换不是一个累积的逐渐转化的过程，而是一个在新的基础上重建该研究领域的基本理论和研究方法的过程，不同范式之间是“不可通约”(incommensurability)的。这样一来，新、旧范式或理论之间也就没有共同的语言、方法、问题范围和解答标准，彼此之间也就不存在真理与谬误之分。不同范式之间的好或不好的判断是通过心理学或社会学的标准实现的，不存在评判的客观标准。

库恩的科学革命理论告诉我们，科学革命并非一个严格的逻辑推导过程或简单的线性过程，而是一个复杂的事件，其中渗透着哲学、价值观念、个人教育背景、不同的理论等非逻辑因素的重要影响。科学作为人类社会的一种探究活动，总会染上主观的色彩，不可能存在所谓的严格的客观性、理性和经验证实性。

历史主义科学观“不仅从静态的科学研究成果，而且从动态的科学研究活动过程来审视科学；不仅看到科学研究活动内部的认知要素，而且还看到其内部的社会文化要素；不仅从内部的认知性，而且从外部的社会性来审视科学”。① 历史主义科学观自出现之后就开始对现代科学教育理论产生影响。受其影响，学校科学教育从原来只强调科学知识的学习与技能的训练，逐渐转变为全面提高学生的科学素养；从原来只注重已有科学结论的掌握，转变为重视学生对科学探究过程的体验；从原来只强调书本知识的学习，转变为还要关注科学、技术与社会之间的关系以及对社会热点问题的分析和决策能力的培养。

(三)科学的本质特征

自从科学教育进入学校课程以来，越来越受到各国的重视。其中，关于科学本质的教育受到各国教育的高度重视，并被视为科学教育的核心。美国在1995年颁布的《国家科学教育标准》(National Science Education Standard，简称NSES)中明确提到科学的本质。英国的科学教育协会(Association of Science Education，简称ASE)在1983年的课程改革草案中提到：“学生应该对科学原理(principle)及理论(theory)的历史发展有一些基本的了解。”我国在2001年颁布的《全日制义务教育科学(7～9年级)课程标准》中也明确提到：“学生必须逐步领会科学的本质。”通过上述对不同时期科学观的分析，我们可以将科学的本质特征归纳为以下几个方面。

1. 科学是一种探究活动

科学首先是一种探究活动。自人类诞生以后，在人类与自然界交往的过程中，在日常的生产和生活过程中，人类不断地遇到各种各样的问题或疑惑，为了改进生产和改善生活，人们就开始对这些问题或困惑进行不断地探究。科学正是产生于这种探究活动中。随着社会和科学的发展，科学探究由最初的个人活动逐渐发展到集体的探究活动，以至发展为国家的探究活动，甚至是国际性的探究活动。因此，科学首先是一种探究活动。科学探究活动具有求真性、创新性、探究性。

---

① 袁运开，蔡铁权．科学课程与教学论[M]．杭州：浙江教育出版社，2003.

(1)求真性

科学活动的一个重要特点就是求真，即探寻自然现象背后的规律。人们一般认为，世界上的任何事物都是本质和现象的对立统一，透过现象可以把握其本质。本质是事物的根本特征，是同类现象中一般的或共同的东西；现象是事物本质的外部表现，是局部的、个别的。不同的现象可以具有共同的本质，同一本质可以表现为千差万别的现象。本质和现象互为事物的里表，是互相依存的。本质是现象的根据，总要表现为一定的现象；现象总是从不同的侧面以多种形式体现着事物的本质，它的存在和变化归根结底是从属于本质的。科学活动的基本任务之一就是采用一定的研究方法通过各种现象去探究事物的本质。在科学探究活动中，活动主体是有主观性、有情感或一定价值观的人。因此，要达到认识规律的目的，必须做到主观符合客观，不能有丝毫的虚假，不能靠主观臆造，更不能靠幻想，因为客观规律是不以人的意志为转移的。

(2)创新性

科学不仅是一种探究活动，更是一种探究未知领域的活动，是一种创新的活动。科学活动的主要任务之一就是探索未知的领域，即创新。科学活动只有不断地探索未知领域的规律，人类的科学知识才能不断得到积累。创新的领域既可以是基础研究领域，也可以是应用研究领域或开发研究领域。

(3)探究性

科学活动是探究未知领域的过程，即运用已有的知识或原理去发现新的事实或规律，再通过新的事实或规律去发现未知的事实或规律，从而不断扩大认知范围的过程。科学活动对自然现象的认识不能仅仅停留于对外在现象的认识上，而是要透过现象，深入事物的内部，抽取出事物的本质。这个过程是通过探究完成的。探究活动可能要遇到多次尝试或失败，需要不断否定或修订自己的已有认知或计划，逐渐接近事物的本质。例如，在历史上，德国化学家J.J.贝歇尔(1635—1682)对有机化合物的燃烧做了研究后认为，燃烧是一种分解作用，动、植物燃烧后留下的灰烬是成分更简单的物质。贝歇尔的学生G.E.施塔尔(1660—1734)继承了其老师的观点，系统地提出了燃素说，即燃素是一种具有微粒性的火元素，它在物质燃烧时逸出。1775年，法国化学家A.L.拉瓦锡提出了燃烧的氧化说，即物质燃烧不是分解反应，而是与空气中氧的化合反应。现今，对燃烧的研究仍然在继续着，将来也许会出现新的解释。

2. 科学是一种知识体系

科学是一种抽象且逻辑严密的知识体系。科学是认识主体在对自然现象及其规律进行探究和分析的基础上，通过概念、判断以及由这些概念和判断推演出来的逻辑结论构成的一种知识体系或理论模型。这种体系或模型是对经验事实的高度概括或抽象，而非诸多概念和原理的简单堆砌，是一种系统化的逻辑体系。这种逻辑体系是一种并非现实而又合乎规律的东西。

科学知识是一种不完善的知识体系。科学探究是主体对客体的一种主观符合客观的探究。由于受到人类的认识能力或条件的限制，科学探究只能无限地接近规律或真理，因此，任何科学理论都是对探究现象的一种暂时的、试探性的或猜测性的解释或假说。当出现已有理论不能解释的事实或已有理论的预测不符合观测的事实时，就出现了有待解决的疑难问题。在这种情况下，通常需要对已有理论进行修订或重建新的理论框架。科学理论总是随着人类认识的发展而不断变化的，是一种不完善的知识体系。

另外，任何科学理论都是建立在一定的前提假设之上的，都有其特定的适用条件或范围。也就是说，科学理论只有当适合自身的特定条件满足时，才是有效的。当某一理论不适合某种特定情况时，并不意味着该理论无效，而只能说这个理论不能应用于那种情况。这就意味着，没有放之四海而皆准的理论，任何理论都是有适用条件的。

科学知识是一种具有可验证性的知识。任何科学理论都是在解决某类问题的过程中构建的一种假说或模型，具有尝试性。因此，任何理论总有可能与观察到的事实相冲突，从而被反驳或证伪。某种理论一旦被反驳或证伪，就必须考虑放弃或对其进行修订，以适应新的问题或矛盾。科学正是因为一些冲突而不断地去修订某些理论，从而不断实现自身的发展。“对于一个假设成立的命题，不是试图去证明它的正确性，并在证实后才接受它成为科学体系中的内容，而是看它是否具有被证伪的可能性。”①

3. 科学是一种社会共同体

科学不仅是一种探究活动和知识体系，它还是社会分工的一个特殊部门，是一种社会共同体。“从 17、18 世纪起，欧洲已有一批科学协会和研究员，还出版了科学杂志。但到 19 世纪，科学活动仍然是小规模的，只有少数人或兼职的人从事科学研究。20 世纪以来，科学活动的规模逐渐扩大，科学研究才成为社会上的一种专门职业。”②科学活动从最初少数知识分子的业余爱好和个人的自由探索，逐步发展成为国家规模甚至世界范围内的一种社会活动。

科学共同体是科学建制的核心，是由科学家组成的专业团体，具有共同的目标，为加强交流、促进科学进步而结合在一起。科学共同体具有科学交流、出版刊物、维护竞争和协作、把个人知识和地方知识变成公共知识、承认和奖励、塑造科学规范和方法、守门把关、争取和分配资源、科学普及或科学传播等功能。

---

① 姜孟瑞，张磊．论科学知识的“可验证性”[J]．聊城大学学报(自然科学版)，2014(02)：39—42.

② 李太平，潘建红，杨黎明．科学教育论[M]．北京：人民出版社，2010：17.

二、科学本质观的教育价值

科学本质观是人们对科学本质的看法。不同时期，人们对科学本质的看法是不同的。例如，自近代以来，科学家往往通过实验判断科学定理的真理性，于是经验主义或逻辑经验主义科学观将“可确证性”作为科学的本质特征。20 世纪 40 年代以后，批判理性主义科学观将“可证伪性”视为科学知识的本质。按照这种科学本质观，“一个系统只有做出可能与观察相冲突的论断，才可以看做是科学的”。[①] 20 世纪 60 年代以后，科学哲学界又提出了历史主义科学观。这种科学观将科学看作一种特殊的社会文化探究活动。由此可见，随着人类对科学活动的认识发展，人类的科学本质观也是不断发展变化的。进行科学本质观教育，对学生理解科学的本质具有重要的意义。

(一)有助于学生全面、科学地理解科学的含义

人类对科学的理解和看法是随着人类认识的发展而变化的。要全面、深入地理解科学的含义，就必须认识科学的本质。通过对科学本质的认识和理解，有利于使学生认识到：科学知识或理论不是最终的真理，而是一定历史时期人类认识的结果，都是有适用条件的；已有的理论虽然已得到大量实验的验证，但随着人类认识的深入，都可能被替代或被否定，即科学理论是可以被“证伪”的；在研究的初步阶段，不同的研究者对同一问题或现象的研究可能会得出不同的研究结论或做出不同的解释，但他们会努力消除分歧，尽量达成一致等。通过对科学本质观的认识，最终可以使学生认识到，科学是一种相对稳定的、解决特定问题的模型，这些模型随着人类认识的深入会不断地得到修订；科学是人类对自然进行不断探索的一种活动，并且科学活动会受到一定社会的文化、政治、经济及个人主观因素等方面的影响。

(二)有助于学生了解科学探究的过程与方法

前文提到，科学不仅是一种系统化的、符合逻辑的知识体系，更是人类探究自然界奥秘的一种活动。在探究过程中，研究者要对身边的自然现象进行观察、发现，并提出问题；运用已有知识做出对问题的假设；根据假设制订探究计划；通过观察、实验等方法进行资料收集，并对资料进行整理和分析；最后验证自己的假设是否成立。在此过程中，研究者可能会遇到各种困难、挫折、苦恼，甚至会遇到失败，从头再来。因此，进行科学本质观的教育有利于学生了解科学探究的过程与方法，了解探究过程中的快乐与艰辛，认识到科学探究并非一帆风顺；同时，还有利于学生了解科学探究是有基本步骤和科学方法的，而非蛮干。

(三)有助于培养学生的科学精神

对学生进行科学本质观教育，有助于培养学生的科学精神。科学精神是人们在

---

① 袁运开，蔡铁权．科学课程与教学论[M]．杭州：浙江教育出版社，2003：5.

长期的科学实践活动中形成的一些共同信念、价值标准和行为规范的总称，主要表现为理性精神、实证精神、求实精神、可重复和可检验、求真精神、创新精神、批判精神、民主精神、协作精神、开放精神等。进行科学本质观教育的一个重要途径就是学习科学发展史，科学精神正蕴含于科学发展与进步的过程之中。通过科学发展史的学习，学生可以从纵向上看到科学发展是不断质疑、提出假设、搜集和分析资料、验证假设的不断循环的螺旋上升的过程；可以了解到研究者不断克服困难、追求真理的过程；可以了解到研究者不迷信、不盲从，以事实为依据，努力寻求问题的答案或原因的历程；还可以了解到研究者一次又一次地从失败或错误中吸取教训、继续探索真理的精神。使学生体会到科学发展的历史几乎是一部错误史，任何科学知识的背后都有许多失败。因此，进行科学发展史教育是培养学生的科学精神的一个重要途径。

(四)有助于培养学生的科学情感、态度与价值观

通过科学本质观教育，不仅有助于学生全面、深入地理解、评价和欣赏科学事业，还会激发他们进行科学探究的热情、欲望和勇气，培养他们看待问题、处理问题的科学态度，有助于让学生认识到科学技术对人类社会的发展既有积极的促进作用，也有消极的阻碍作用。

第二节 科学教育及其发展趋势

我国是一个正在迅速崛起的大国。为了实现中华民族伟大复兴的梦想，必须大力发展我国的科学教育，培养符合时代需要的创新型人才，促进我国社会的进一步发展。然而，科学教育绝不仅仅指我们日常提到的物理、化学、生物等自然科学的学科教育。20 世纪中期以来，随着科学技术的迅速发展，科学教育也逐渐发生了相应的变化，即科学教育与社会政治、经济以及文化之间关系日益密切。科学教育的内容由原来的学科知识教育逐渐转变为培养学生的科学素养，不仅使学生掌握基本的科学知识与技能，还要培养学生的探究精神，对科学的情感、态度与价值观以及学生对“科学—技术—社会”关系的理解，使学生形成绿色环保和可持续发展的意识，并为学生的终身学习奠定基础。

一、科学教育的内涵

科学教育的内涵随着科学在社会发展中的地位以及人们对科学的认识而变化。有学者认为：“科学教育是指传授科学技术知识和培养科学技术人才的社会活动。”有学者认为：“科学教育是一种有目的地促进人的科学化的活动。”有学者认为：“科学教育是培养科学技术人才和提高民族科学素养(包括科学知识、科学观念、科学的价

值观、科学方法、科学精神和科学道德等)的教育。”或认为：“科学教育涉及个人需要、社会问题、就业准备以及学术深造基础四个领域，因此是一种向学生传授用于日常生活和未来科技世界的科学知识，教育学生如何处理科学与社会问题，让学生具有在今后择业所必需的科学技术基础与继续学习科学所必备的理论基础的教育。”①或认为：“科学教育是一种通过现代科学技术知识及其社会价值的教学，让学生掌握科学概念，学会科学方法，培养科学态度，且懂得如何面对现实中的科学与社会有关问题做出明智抉择，以培养科学技术专业人才，提高全面科学素养为目的的教育活动。”②或认为：“科学教育是关注科学技术时代的现代人所必需的科学素养的一种养成教育，是将科学知识、科学思想、科学方法、科学精神作为整体的体系，使其内化成为受教育者的信念和行为的教育过程，从而使科学态度与每个公民的日常生活息息相关，让科学精神和人文精神在现代文明中交融贯通。”③

可见，不同学者对科学教育内涵的理解是不同的。传统的科学教育往往把科学知识与技能作为主要内容，注重科学知识体系的学习。随着科学在人类社会中地位的发展和变化，人们对科学教育的认识也在变化。目前，我们可以把科学教育理解为：科学教育是一种通过现代科技知识及其社会价值的教学，以提高全民科学素养为目的的教育活动。通过科学教育，可以使学生掌握科学概念和技能，学会科学方法，培养学生对科学的情感、态度与价值观，还可以使学生理解“科学—技术—社会”之间的关系，最终懂得如何面对现实中的有关问题做出正确的选择。

二、科学素养

科学素养一词的使用始于 20 世纪 50 年代。根据毕比(R. W. Bybee)的考证，在美国，第一个使用科学素养一词的是教育改革家科南特。1952 年，科南特在《科学中的普通教育》一书的序言中提到：“他(编者注：普通公民)的经验越广泛，他的科学素养就越高。”④科学素养一词最初只是一个口号，它表达了科学教育改革的理想目标。根据这一理想，科学教育应该引导学生全面、实用地理解科学；科学教育的目的是将学生培养成为合格的公民，而不是培养成为专业的科学技术人员。因此，从科学素养一词诞生之日起，它所倡导的理科课程取向便是大众教育，而非精英教育。⑤ 自 20 世纪 80 年代以来，以美国的“2061 计划”、《国家科学教育标准》以及英国的《国家课程中的科学》等为代表的西方科学教育改革方案，均将培养学生的科学素养作为核心目标。科学素养已成为当代科学教育的核心概念之一。

那么，在 21 世纪，我们应该培养学生什么样的科学素养呢？

---

① 转引自袁运开，蔡铁权．科学课程与教学论[M]．杭州：浙江教育出版社，2003：70.

② 顾志跃．科学教育概论[M]．北京：科学出版社，1999：16.

③ 中国科学院．2001 科学发展报告[M]．北京：科学出版社，2001：187.

④ 周青．科学课程教学论[M]．北京：科学出版社，2007：57.

⑤ 陈博，魏冰．科学素养概念三种取向的界定[J]．上海教育科研，2012(02)：48—52.

(一)确定科学素养内涵的依据

不同的社会或同一社会的不同发展阶段对公民的科学素养的要求是不同的。我们可以根据以下四个方面来确定目前我国公民的科学素养。

1. 我国公众科学素养的基本状况

在1992年、1994年、1996年、2001年，中国科学技术协会依据国际上较为通行的指标体系对我国公众的科学素养分别进行了四次调查，前三次调查的结果基本一致，我国具有基本科学素养的公众比例仅为0.3%(1996年)，美国的这一比例为6.9%(1990年)，欧洲共同体(现欧洲联盟)国家为4.0%(1990年)。2001年的调查结果显示，我国具有基本科学素养的公众比例虽然有所提高，但也只有1.4%。中国科学技术协会于2015年3月至8月开展了第九次中国公众科学素养抽样调查。结果显示，2015年我国具备基本科学素质的公众比例达到了6.20%，与2010年(3.27%)相比，这一比例提高了近90%，进一步缩小了与西方主要发达国家的差距。

以上调查结果在一定程度上表明，我国现行的以学科为中心的科学教育对公众了解和掌握科学知识发挥了积极作用。但这种科学教育对于我国公众在理解科学探究过程、科学对社会的影响等方面的效果较差，明显落后于发达国家。我国公众科学素养的总体水平不高的状况不能不引起我们对现行的科学教育进行深刻反思。

我国传统的理科课程的主要目标是掌握科学知识与技能。在“应试教育”的影响下，科学教学中充斥着大量的机械训练和重复做题，以题海战术来训练学生和应对考试。经过这样的训练，学生的解题技巧可能会提高，学校的升学率可能会提高，但学生对科技的本质以及对科学、技术与社会关系的理解会受到严重的影响。

2. 国际科学教育界对科学素养内涵的理解

国际科学教育界对科学素养内涵的理解为我国确定本国公民应具备的科学素养目标提供了重要参考。美国的《国家科学教育标准》明确指出，要把美国建立成一个有很高科学素养的社会。该标准指出：“良好的科学素养的一个重要方面，是对科学主题(也就是同物质科学、生命科学和地球科学特别相关的知识)知晓得比较多，理解得比较深。良好的科学素养还包括认清科学的性质、科学事业以及科学在社会和个人生活中所起的作用。”标准还提到：“所谓有科学素养是指了解和深谙进行个人决策、参与公民事务和文化事务、从事经济生产所需的科学概念和科学过程。”科学素养还包括一些特定门类的能力。例如，有科学素养就意味着一个人对日常所见所历的各种事物能够提出、能够发现、能够回答因好奇心而引发出来的一些问题；有科学素养就意味着一个人已有能力描述、解释甚至预言一些自然现象；有科学素养就意味着一个人能识别国家和地方决定所赖以为基础的科学问题，并且能提出有科学技术根据的见解来；有科学素养就意味着能根据信息源和产生此信息所用的方法来评估科学信息的可靠程度；有科学素养还意味着有能力提出和评价有根据的论点，并且能恰如其分地运用从这些论点得出的结论。

英国在其课程指导文件《全国学校课程》中也提出了科学素养标准中的能力培养标准包括：科学应用能力、科学调查能力、科学交流能力、自我教育能力和科学创造能力。

国际经济合作组织(OECD)认为："科学素养是运用科学知识，确定问题和做出具有证据的结论，以便对自然世界和通过人类活动对自然世界的改变进行理解和做出决定的能力。"该组织还认为："科学素养还包括能够确认科学问题、使用证据、做出科学结论并就结论与他人进行交流的能力。"①

3. 我国政府有关部门的相关决定

1994 年 12 月 5 日，《中共中央、国务院关于加强科学技术普及工作的若干意见》中指出："科学技术普及工作是普及科学知识、提高全民素质的关键措施，是社会主义物质文明和精神文明建设的重要内容，也是培养一代新人的必要措施。"

1999 年 6 月 13 日，《中共中央、国务院关于深化教育改革，全面推进素质教育的决定》中指出："当今世界，科学技术突飞猛进，知识经济已见端倪，国力竞争日趋激烈。教育在综合国力的形成中处于基础地位，国力的强弱越来越取决于劳动者的素质，取决于各类人才的质量和数量。"

1999 年，我国科技部制定的《2000—2005 年科学技术普及工作纲要》中指出："广泛开展科学技术普及工作，向公众传播科技知识、宣传科学思想、倡导科学方法、弘扬科学精神，是社会主义物质文明和精神文明建设的重要内容，是加速实施科教兴国战略和可持续发展战略、实现我国跨世纪发展目标的重要举措。"

在 2001 年开始的第八轮国家基础教育课程改革中，小学和初中的科学课程标准均指出，以培养学生的科学素养为宗旨。2002 年，为了实施科教兴国战略和可持续发展战略，加强科学技术普及工作，提高公民的科学文化素养，全国人大颁布了《中华人民共和国科学技术普及法》。

2011 年，国务院颁发的《全民科学素质行动计划纲要实施方案(2011—2015 年)》指出："目前我国公民科学素质水平与发达国家相比仍有较大差距，全民科学素质工作发展还不平衡，不能满足全面建设小康社会的需要和建设创新型国家的要求。"

我国在不同时期出台的一系列文件或规定为提高我国公民的科学素养提供了依据和重要保障。

4. 当代科学技术的发展状况

当今社会，科技的发展突飞猛进，知识经济初露端倪。科学技术已成为经济发展的决定性因素，成为世界各国综合国力竞争的关键。综合国力的强弱越来越取决于人才的质量和数量，特别是全体公民的科学素养。同时，科学技术作为一种文化

---

① 转引自郭元婕."科学素养"之概念辨析[J]. 比较教育研究，2004(11)：12—15.

已经渗透到人们生活的各个领域，科学观念正在成为人们最基本的世界观。随着科学知识和技术力量的增长，这些都对培养和造就21世纪的一代新人提出了更加迫切的要求。现代科学技术的发展状况及其在生产、生活中的渗透，为确定一个社会公民的科学素养提供了重要依据。

(二)科学素养的内涵

科学素养的内涵是随着时代的变化而变化的。目前，我国将学生的科学素养分为以下四个方面：

科学知识；

科学探究(过程、方法与能力)；

情感、态度与价值观；

对科学、技术与社会关系的理解。

1. 科学知识

根据《全日制义务教育科学(3~6年级)课程标准》，科学知识分目标包括以下内容：

一是学习生命世界、物质世界、地球与宇宙三大领域中浅显的、与日常生活密切相关的知识与研究方法，并能尝试用于解决身边的实际问题；

二是通过对物质世界有关知识的学习，了解物质的常见性质、用途和变化，对物体的运动、力和简单机械，以及能量的不同表现形式具有感性认识；

三是通过对生命科学有关知识的学习，了解生命世界的轮廓，形成一些对生命活动和生命现象的基本认识，对人体和健康形成初步的认识；

四是通过对地球与宇宙有关知识的学习，了解地球、太阳系的概况及运动变化的一般规律，认识人类与地球环境的相互作用，懂得地球是人类唯一家园的道理。

2. 科学探究

探究既是科学课程的目标，又是科学学习的主要方式之一。探究是科学的根本特征，没有探究就没有科学。科学发现的历史也是一部探究史。没有探究就不会有发现，也不可能确认理论的正确性和不断扩展人们对自然的认识。学生只有亲身经历了科学探究的过程，才会体验到学习科学的乐趣，体会到科学探究过程的苦与乐，增长科学探究能力，获取科学知识，形成尊重事实、善于质疑的科学态度，才能了解科学发展的历史。但需要明确的是，探究不是唯一的科学学习的方式。在科学学习中，灵活和综合运用各种教学方式和策略是必要的。

3. 情感、态度与价值观

通过科学学习，使学生保持与发展想了解世界、喜欢尝试新的经验、乐于探究与发现周围事物奥秘的欲望；珍爱并善待周围环境中的自然事物，初步形成人与自然和谐相处的意识；知道科学已经能解释世界上的许多奥秘，但还有许多领域等待去探索，不迷信权威；形成用科学提高生活质量的意识，愿意参与和科学有关的社会问题的讨论与活动；在科学学习中能注重事实，克服困难，善始善终，尊重他人意见，敢于提出不同见解，乐于合作与交流；意识到科学技术对人类与社会的发展既有促进作用，也有消极影响。

4. 对科学、技术与社会关系的理解

“科学—技术—社会”的关系是现代科学教育的重要内容，是公众科学素养的重要组成部分。20 世纪 80 年代以后，国际上，尤其是发达国家特别重视这三者之间的关系。因为科学不仅是一种特殊的知识系统，它还是一种社会事业。社会机构向科学家们提供研究资源，社会经济发展不断向科学提出新的研究课题，社会教育系统不断为科学界培养和输送人才；同时，科学家共同体也是一个小的社会，其正常运行也要依靠社会来调控。

科学技术给人类社会带来福祉的同时，也给人类带来了诸多苦涩，如环境污染、资源的过度开发、核威胁等问题。学生只有认识了“科学—技术—社会”之间的关系，才可能深入地理解当今社会，才可能理解并坚持可持续发展的理念。

面对科学和技术已经主宰世界，已经渗透到生产、生活的各个方面，乃至对人类的思维活动都产生重大影响的现实，学生只有认识了科学、技术与社会的关系，才有可能为他们未来解决个人问题和社会问题奠定良好的基础。学习和认识“科学—技术—社会”之间的关系，主要涉及科学技术史、技术设计以及当代“科学—技术—社会”(STS)重大课题等知识的学习。

三、科学教育的发展趋势

科学教育作为知识形态的科学技术转化为现实生产力的重要环节，正在受到越来越多国家的关注。许多国家已把科学作为中小学的核心课程，从目标、课程标准、教科书、教学方法等方面进行了一系列的改革，使之更加符合时代的特征与要求。目前，科学教育的发展趋势主要表现在以下五个方面。

(一)科学精神与人文精神相结合

工业革命以来，科学在人类社会中的作用越来越大，对科学教育产生了重要影响。在 17、18 世纪，霍布斯、笛卡儿等人在近代自然科学，特别是在力学的影响下，用自然科学的方法和理论去解释一切现象。例如，霍布斯在《利维坦》一书的序言中，把人的心脏比作钟表上的发条，把神经和关节比作钟表的游丝和齿轮。到了 19 世纪，随着科技给人类的生产和生活带来的影响越来越大，人们也更加相信科学的力量。当时，以孔德、斯宾塞等为代表的逻辑经验主义科学观极力推崇自然科学及其方法的作用。当时，经过经验实证的科学是一切知识的准绳。数学、物理、化学、生物学、地学和天文学已自成体系，并构成庞大的学科体系。进入 20 世纪，逻辑经验主义科学观把科学在人类社会中的作用和地位推向了顶峰，认为只有科学方法才是认识世界的唯一方法。科学在发展过程中，逐渐形成了其特有的精神，如理性精神、实证精神、可重复和可检验、求真精神以及创新精神等。

受科学自身发展特点以及人们对科学本质认识的影响，传统的科学教育往往从学科知识的逻辑体系出发，强调学科内容的系统性、完整性和严密性，很少涉及与科学有关的社会、政治、经济、文化等方面的知识。这种做法的优点是科学知识系统化，便于学生在较短的时间内掌握系统的科学知识，便于教学；其不足主要是割裂了不同学科之间的关系，尤其是割裂了科学知识与人文学科知识之间的联系，影响了人们对科学的全面、深入认识。

科学的发展一方面改变着社会的面貌和人们的观念，另一方面也在不断改变着其自身的形象以及人类对它的看法。科学的发展给人们带来福祉的同时，也给人们带来了诸多苦涩。正如波普尔所说："科学进展是一种悲喜交集的福音。我们要正视这一点：福音是悲喜交集的，例外很少。"①现代人一方面享受着科学带来的高度的物质文明，另一方面却在承受着资源、生态、环境等方面越来越沉重的压力。另外，对科学的过度强调或推崇，往往会迫使人们每天漫无目的地忙碌，从而丧失对意义以及对生命的深度关怀。因此，人们越来越体会到科学是一把双刃剑。

因此，现代科学教育越来越强调科学精神与人文精神的结合，越来越强调真善美的结合，越来越注重理性与情感的结合以及人与自然的和谐统一。把科学和技术放在社会和文化的广阔背景中加以审视，让学生深刻地认识科学、技术与社会之间的关系，建立更加合理的科学观和价值观，使科学技术真正为社会进步和人类幸福服务。

(二)普及科学教育与提高科学教育质量相结合

自 20 世纪 50 年代末 60 年代初开始，发达国家科学教育的主要目标变为培养科技人才。例如，在美国 60 年代的科学教育课程改革中，新编写的现代化科学课程只适合约 20%的尖子学生学习，具有明显的精英教育性质。美国在 80 年代的调查表明，90%的美国人是科盲。可见，尽管美国学校的科学教育培养出了成千上万的科学家和工程师，但绝大多数人仍然缺乏科学素养。② 在精英教育思想的指导下，科学教育的内容仍然以学科知识的逻辑体系为主，忽视学科内容与日常生活的联系，因而造成大多数人科学素养不高的局面。

随着科学技术的迅速发展以及科技日益向生活、生产等方面的广泛渗透，科学技术教育必须面向每一个学生或公民。面对这种趋势，国际上许多科学教育专家和有关国家的政府部门都提出了普及科学和提高科学教育质量的主张或措施。例如，1985 年，美国科学促进协会(AAAS)提出了一个跨世纪的科学教育改革计划，即"2061 计划"，研究从幼儿园至高中的学生应该具备的科学技术知识、能力和思维习惯。1989 年，AAAS 提出了《普及科学——美国 2061 计划》报告。在此基础上，

---

① 转引自顾志跃．科学教育论[M]．北京：科学出版社，1999：17.

② 丁邦平．国际小学科学教育的发展趋势——兼谈我国小学自然课的若干问题[J]．教育研究与实验，1998(03)：31—36.

1994年该协会提出了《科学素养的基准》，1996年又进一步制定了《全国科学教育标准》。这一系列的科学教育改革文件表明，美国科学教育的改革在普及科学教育的同时，还注重质量的提升。在国际上影响很大的STS科学教育模式也是注重普及科学教育和提高科学教育质量的一项重要举措。

另外，在现代人的日常生活中，高科技产品越来越多，科技在日常生产、生活中无所不在。在这种情况下，一个人不仅在从事现代化的生产时需要掌握科技知识，而且在日常生活中也需要大量的科技知识和相应的能力。因此，现代科学教育与日常生产、生活的关系日益密切。

（三）强调探究在教学中的地位，注重提高学生的探究能力

探究式教学是当代小学科学教学的一个突出的特点。在以学生为中心的课堂中，学生要想形成自己的科学认识，不仅要动脑思考，也要积极动手操作。通过设置有利于学生主动探究的环境，并提供充分的指导与帮助，让学生提出问题，设计实验，进行观察，收集、整理、分析和解释信息，最后得出结论，并进行表达与交流。小组合作学习是经常被用来开展探究学习的有效途径。通过小组合作探究，可以培养学生提出问题、分析问题、收集和整理资料以及分析资料的能力。这些都是科学探究的基本能力。通过科学探究，学生还会形成对科学的情感、态度与价值观，进而产生体验与感悟。在探究的过程中，手、脑结合还可以培养学生的动手操作能力。对低年级的学生来说，可以走出教室，到大自然、动物园、博物馆等地方进行现场观察与收集资料，对高年级的学生，则强调设计、制作、栽培、饲养与实验操作。

（四）重视交流技能的培养

人类的任何活动都需要思想交流，科学学习也不例外。学生要想在探究活动中学好科学，就必须学会准确、清晰地表达自己的思想，必须学会分享小组其他成员的观点，必须学会向他人报告自己的探究结果。在通信高度发达的信息时代，表达与交流的技能显得尤为重要。因此，许多国家的科学教育改革都非常重视学生的交流技能的培养。通过科学教育，让学生学会使用正确的科学用语，能够与他人自由交流，能够口头汇报研究过程与结果，能够撰写书面报告等。

（五）强调过程性评价

探究式教学是科学教学的重要特征。在科学探究过程中，学生要通过提出问题，设计实验，进行观察，收集、整理、分析和解释信息，得出研究结论，与他人交流自己的研究等过程，来认识科学的本质和培养自己的科学探究技能，形成对科学的情感、态度与价值观，了解科学、技术与社会之间的关系。因此，对科学教学的评价不能只强调结果或只依赖考试，而是更要强调学生学习的过程，要通过对学生学习过程的考查和分析，发现他们的学习状况或程度，然后对学生的学习做出全面、客观的评价。例如，给学生建立档案袋，就是注重过程性评价的典型。

第三节　西方科学课程的产生与发展

科学课程①真正受到人们的重视开始于20世纪60年代末，到目前已成为一种世界性的潮流。但是，科学课程产生与发展却有较长的历史。本节将对西方科学课程的产生与发展进行梳理和分析。

一、普通事物的科学

19世纪60年代，德国和瑞士首先把理科教学引入当时具有绝对统治地位的古典教育体系。当时德国中学的理科教学模式(尤其是物理教学)为后来其他欧洲国家的理科教育发展提供了借鉴。例如，英格兰引入了德国的理科教学模式，在当时英国著名的学者赫胥黎和斯宾塞的积极倡导下，理科课程逐渐在学校课程中取得了合法地位。19世纪70年代，美国也认识到了理科教育的意义，并在大学入学条件中提出相应的要求。从此，德国设立理科课程的观念和做法被欧美各国广泛接受并扩展开来。②

19世纪中期，理科课程逐渐进入为劳动者子女开设的小学。当时，学生主要通过对生活中各种事物或现象的观察来学习科学的推理和思维。这种课程与劳动人民的生产、生活密切相关，并且为劳动人民的子女接受科学知识提供了机会，因而受到学生的欢迎。但是，这种课程毕竟是为劳动人民子女开设的课程，并没有成为学校课程的主流，并且随着课程倡导者职务的变迁而逐渐被取消。

19世纪90年代，为了克服机器对人的异化，美国的康奈尔大学，在贝利(L. H. Bailey)的指导下开发出了“自然研究”课程与教学模式。这种教学模式通过指导学生对周围事物的观察和探究，激发他们探索自然的兴趣，增强学生对自然的热爱。其目的不是让学生掌握系统的科学知识、技能和方法，而是让学生关注与他们的生活有密切关系的社会生活。这种课程的内容多采用跨学科的主题。因此，有研究者将这种课程视为科学课程“最早的雏形”。③

20世纪二三十年代，针对美国社会当时出现的各种问题，杜威从其实用主义思想出发，进一步发展了自然主义教育思想，主张以儿童为中心组织学校课程，倡导儿童中心主义的综合课程观。在科学教学中，杜威强调经验的重要性，认为经验是科学教学的起点，④“教学必须从学习者已有的经验开始，这种经验和在学习过程中

---

① 此处所谓的“科学课程”是指综合科学课程，而非分科科学课程．

② 孙可平，邓小丽．理科教育展望[M]．上海：华东师范大学出版社，2002：4.

③ 丁邦平．国际科学教育导论[M]．太原：山西教育出版社，2002：72—74.

④ 潘苏东．从分科走向综合——我国初中阶段科学课程设置问题的研究[D]．上海：华东师范大学，2004：58.

发展起来的能力为进一步的学习提供基础”。[①] 在这一思想的影响下，美国初中普遍开设了普通科学课程，将物理、化学、生物、地理等多门科学课程合成一门课程，课程内容关注社会的需要，关注学生的现实需要，避免课程内容的学术化。这种课程主要是为未能升学的学生服务的，主要培养普通公民的科学素养，主要考虑青少年的现实需要。在杜威的影响下，“教育注重个人的发展”渐渐为美国社会所接受，并成为美国教育的一种传统。

实际上，这种科学课程基本上是由来自不同学科的知识拼凑而成的，只是形式上的综合，与今天所说的综合科学课程还有较大的差距。但是，这种课程为后来更高形式的科学课程的发展奠定了基础。

二、20 世纪 70 年代的科学课程改革

20 世纪 50 年代末以来，科学课程得到迅速发展。教育界一般把第二次世界大战以来的国际科学课程的改革与发展分为三个阶段。澳大利亚学者华莱士(J. Wallace)和劳顿(W. Louden)对这三个阶段的特征进行了概括。

20 世纪 50 年代末至 60 年代为第一个阶段，被称为“作为科学知识的科学”。这一阶段课程改革的目标是培养科学家，强调学科知识的现代化和结构化，但它忽视了学生的认知和发展规律以及学生的认知结构与学科结构之间的联系；强调了学生对学科知识的发现过程，却忽视了学科内容之间的联系以及学科内容与社会实践、学生日常经验之间的联系。由于本次课程改革的内容过于专、深、难，严重脱离学生的认知发展水平和生活实际，使得这次课程改革并未达到理想的效果，同时还导致了一系列的问题，如大量学生因为课程内容太难而辍学等。

20 世纪 70 年代到 80 年代初期为第二个阶段，被称为“作为相关知识的科学”。第二次科学课程改革吸取了第一次科学课程改革的教训，课程设计的宗旨是：将科学作为改善个人和社会生活的工具，让学生理解科学与社会的关系；既要让所有的学生都能够接受科学，又要为学生将来深入学习科学打下坚实的基础。这次设计的课程大部分是综合科学课程，如美国的个别化科学教学系统(Individualised Science Instructional System)、纳菲尔德科学教学计划(Nuffield Science Teaching Project)、澳大利亚科学教学计划(Australia Science Education Project)以及著名的苏格兰综合科学课程(Scottish Integrated Science)等。

20 世纪 80 年代至 90 年代为第三个阶段，被称为“作为不完善知识的科学”。其目的在于缩小计划课程与实施课程之间的差距，焦点是让学生理解个人、社会和文

---

① 赵祥麟，王承绪．杜威教育论著选[M]．上海：华东师范大学出版社，1981：346.

化对科学知识生产的影响。①

1985年，美国科学教育促进会启动了“2061计划”，标志着科学课程综合化运动进入新一轮的发展。第二次科学课程改革强调相关学科内容的统整，以牺牲学术性知识为代价而降低课程内容的难度，提高了学生对科学的兴趣，体现了“公正平等”的思想；但由于课程内容较浅，导致教育质量普遍下降。80年代兴起的科学课程改革所追求的目标是：一要优异超群，二要公正平等。② 本次改革体现了科学探究和教育本质上的统一，属于更高形式的科学课程。

三、国际组织对科学课程发展的推动

国际组织为推动科学课程的发展做了大量的工作。在推广科学课程的过程中，联合国教科文组织也发挥了重要作用。1968年至1988年，联合国教科文组织召开了6次国际会议，专门讨论科学课程的有关问题(如表1-1所示)。

表1-1 联合国教科文组织关于科学课程的讨论

时间	地点	主要内容
1968年	瓦尔纳(保加利亚)	陈述了综合理科的概念，区分了它与“普通科学”在哲学上的不同
1973年	马里兰州(美国)	讨论了综合科学教师的培训问题
1975年	牛津(英国)	讨论了对综合科学课程的各种探索和评估
1978年	奈美根(荷兰)	综合科学课程在世界范围内的发展，对综合科学课程进行了第一次调查和分析评估
1985年	班加罗尔(印度)	讨论了科技教育与人类未来需要，确定了科技教育与社会需要有关的八个方面
1988年	堪培拉(澳大利亚)	公布了1987年对世界范围内综合科学课程所做的第二次评估和总结的结果，认为综合科学课程已经过时间的检验

1968年，全世界只有30～40例综合科学课程，到1978年发展到130例。③ 据联合国有关资料，在1984年调查的亚太地区的17个国家中，除了中国和老挝在初中设置分科科学课程外，其余15个国家均开设综合科学课程。1987年综合科学课程数为128门。④

---

① J. Wallace, W. Louden. Curriculum change in science: riding the waves of reform. In: B. J. Fraser and K. G. Tobin(Eds). International Handbook of Science Education[M]. Netherlands: Kluwer Academic Publishers, 1998: 471.

② [美]国家研究理事会．美国国家科学教育标准[M]．戢守志，等，译．北京：科学技术文献出版社，1999：2.

③ 梁英豪．世界中学综合理科教育发展概况[J]．苏州大学学报(自然科学版)综合理科教育专辑，1988(09)：10—15.

④ Unesco. Review of Integrated Science Education World-wide[J]. New Trends in Integrated Science Teaching, 1988(06): 19.

从联合国1978年和1987年调查的资料看，科学课程综合的范围主要为三科之间的综合，以传统的数学、物理、化学三科为基础的综合科学课程占比例最大。在综合的程度上主要有三种，即并列型、结合型和融合型。其中，融合型占的比例最大。①

综合科学课程的发展经历了一个曲折的历程，由最初的"普通事物的科学"到"相关统整"，然后发展到建立在科学本质和教育本质统一基础上的综合科学课程。科学课程的产生与发展和社会的发展及需要是分不开的。这为我国设置和实施科学课程提供了借鉴。

四、西方小学科学课程的发展

早在18世纪，欧洲国家(如德国)开始出现一种新型学校——实科学校，传授有关自然科学和实用技术类的知识，但当时科学课程在中小学教育中的地位和作用并没有得到确立和认可。到了19世纪下半叶，科学课程开始进入学校课程，并作为一门有组织的学科——普通事物的科学(science of common things)，在西方初等学校开设。西方小学科学课程的发展大致经历了以下五个阶段。②

(一)实物教学

这种教学模式主要存在于19世纪50年代至80年代。"实物教学"(object teaching)的思想源自瑞士教育家裴斯泰洛齐的自然主义教育思想。19世纪30年代，英国学者查尔斯(Charles)和梅奥(Mayo)在访问了裴斯泰洛齐之后，首次提出了实物教学的思想，目的在于培养学生的观察能力。实物教学模式的基本做法是，教师选择实物并向学生呈现，然后要求学生尽可能详细地描述实物的性质或特点，如形状、大小、颜色、质地和成分等，最后让学生记住所述的名词或术语。但由于受到教师水平等因素的影响，实物教学最终沦为对实物的机械描述和记忆。到19世纪末，实物教学被"自然研究"所取代。

(二)自然研究

自然研究模式主要存在于19世纪80年代至20世纪20年代。19世纪末，西方发达国家从农业社会开始向工业社会过渡，数百万农民迁移到城市，导致农业生产迅速衰落。自然研究的目的在于激发儿童热爱自然并喜爱乡村生活。这种学习方式主要流行于当时的美国和英国。20世纪初，我国也引进了自然研究课程，并沿用这一名称半个多世纪。

自然研究主要是针对小学各年级只教授纯粹科学的一种反抗，强调的是儿童对世界的看法。它关注儿童对自然环境的感受力，避免教授系统的科学知识。自然研究的主题涉及植物学、动物学、地理学、地质学和天文学，但重点在博物学

① 郭玉英，曲亮生．世界范围内综合科学课程的发展[J]．课程·教材·教法，2001(01)：71—75.
② 钟娟，高凌飚．西方小学科学课程发展的历史回顾与展望[J]．比较教育研究，2007(06)：47—51.

(natural history)。

自然研究采取一种跨学科的模式，关注儿童对自然的亲身体验，培养儿童关爱自然、理解自然的教育理念对今天的小学科学教育仍然有很大的启发性。但它对于儿童在审美或精神方面提出的要求或目标却难以达到，因此这场运动从一开始就遭到了批评。

(三)转型时期

20 世纪 20 年代至 50 年代是小学科学课程发展的转折期。当时，随着科技和工业的飞速发展及其对人类活动的冲击，“大杂烩式”的自然研究模式已经不能适应社会和经济发展的需要，重新审视小学科学教育也就成为必然。美国一些学者率先推动以“小学科学”(elementary school science)课程取代“自然研究”课程。例如，美国学者杰克曼(Jackman)和哈里斯(Harris)提出以科学通则(generalizations)而不是零散的科学事实作为科学教育目标的思想。杜威也提出，科学不仅是需要学习的一堆知识，而且也是一种学习的过程或方法，即培养学生的思维能力。

直到 20 世纪中叶，科学课程在小学教育中的地位仍然没有得到承认，课程的开设显得很随意，最多也只是作为一门选修课程。但在科学教育史上，以科学知识和科学方法为目标的现代小学科学课程在这一时期已经初见端倪。

(四)现代小学科学课程的确立时期

受国际政治和军事对抗的影响，小学科学课程逐渐取代了自然研究课程，“成为一个科学家”(Being a Scientist)成为这个时期课程改革的口号。这次课程改革的经费绝大部分是由政府和国家基金会提供。同时，这次改革还研究出版了大量的课程和教学资料。例如，由美国联邦政府赞助的 ESS 课程 (The Elementary Science Study，小学科学学习，1961—1971)，其特点是以一个大主题综合相关的知识内容，强调让儿童亲身实践和探究日常生活中的事物。由美国科学促进协会(AAAS)组织编写的 SAPA 课程(Science-A Process Approach，科学——一种过程方式，1962—1972)是一个高度结构化的科学课程，目的是培养学生的科学探究技能。

这个时期，小学科学课程被确立为必修课程，并明确提出了以科学概念和科学方法为核心，而不再以琐碎的事实性知识或情感教育作为小学科学课程的目标。

(五)建构主义的小学科学课程

研究表明，儿童在接受学校教学之前已经形成了一些关于自然或科学问题的认识。这些认识虽然与科学概念的含义并不一定一致，但这些想法对儿童而言是合情合理的，有时还是有用的。研究还发现，儿童的想法对其对科学知识的理解具有很大的影响，在学习过程中，儿童总是基于已有的经验建构自己对新知识的理解，即使教师讲授了科学概念的内涵，原有的观念也可能仍然保持不变，甚至可能形成另外一种迷思概念(misconcept)。1986 年，英国利兹大学 CLIS 计划(Children's Learning In Science Project，科学项目中的儿童学习)的负责人德赖弗(Driver)根据皮亚杰的发生认识论、奥苏贝尔的有意义学习理论以及大量其他研究成果，率先提出了建构主义的科学教育思想。根据这一思想，儿童在探究过程中不断修正原有观念或建构对新知识的理解。

第四节 我国科学课程的产生与发展

20 世纪 20 年代，在杜威实用主义思想的影响下，我国在中学开设了科学课程，但没有得到有效实施。20 世纪 80 年代后期，在国际科学课程改革与发展的影响下，我国部分学校或地区重新对科学课程进行了实验，并取得了一定效果。2001 年，在我国新一轮基础教育课程改革中，科学课程正式被写入《基础教育课程改革纲要(试行)》中，其地位被正式确立。

一、萌芽期

1922 年，民国政府颁布的《壬戌学制》明确规定，初中采用混合制，综合科学课程首次被引入我国的课程体系。当时的教学形式有两种：一种是物理、化学、生物三科分别编写，分别讲授；另一种是将这三科合成一科，即综合科学课程，每科内容占教材的三分之一。[①] 当时编写出版的四套教科书均由商务印书馆印行。综合科学课程的内容多以实用为主，以理论为辅，与生活密切联系，但其内容比较分散且系统性不强。由于综合科学课程的内容涉及面较广，对教师的要求也较高，致使其在实施过程中遇到了诸多困难或问题。

针对出现的困难或问题，1929 年，国民政府颁布了“中学暂行课程标准”。标准规定，自然科学采用分科制和合科制，供学校自由采用。1932 年，国民政府颁布的“中学正式课程标准”再次规定，自然科学教学实行分科制，但教学科目表上在植物、动物、化学、物理这四科之上仍然列有“自然科”的名称，为个别学校进行合科教学仍然留有余地。1936 年颁布的“修正中学课程标准”规定，初中科学教育完全实行分科制。1940 年修订中学课程标准时，取消了植物、动物，开设博物，并规定“自然科学采取混合教学，如采用分科教学，博物科内容除动、植物外，须略及矿物地质学大要”。[②]

从上述我国科学课程的发展变化可以看出，自 20 世纪初我国近代教育制度建立至 20 世纪 40 年代，我国初中科学课的教学一直在分科与合科之间做“钟摆式”变化，但从总体上来看，以分科为主。

从形式上看，导致这一时期综合科学课程实施不利的主要原因是教材编写困难和

---

① 骆炳贤，何汝鑫．中国物理教育简史[M]．长沙：湖南教育出版社，1991：86.

② 蔡铁权，姜旭英．科学课程与教学研究[M]．杭州：浙江大学出版社，2008：84.

教师不适应，但从本质上看，根本原因是我国当时的科学技术发展水平和社会需求不高，对科学的要求还没有达到非此不可的程度。从世界范围来看，为了克服教学脱离生活的弊病，进步主义课程思潮强调以儿童为中心，相对于传统教育有所进步。但儿童中心课程也存在诸多问题或不足。例如，由于教材内容不按照学科体系编排而容易导致学生的知识碎片化；由于以儿童为中心，容易忽略教育的社会责任等。

二、实验期

十一届三中全会后，我国实施改革开放政策，国际科学课程改革和课程理论研究的成果才被介绍进来，尤其是STS和综合理科等课程，给国内科学教育界以极大的震撼。在20世纪80年代中小学科学课程改革呼声高涨的背景下，我国首先开始实施STS课程。1985年10月，中央教育科学研究所受联合国教科文组织的委托，在苏州召开了中国理科教师能力问题探讨会，正式提出了“科学、技术与社会”教育在我国的实施问题。但STS课程在我国一些中学一直以“第二课堂”的形式进行开设，并没有被纳入正规的课程体系；另外，STS课程的编制和实施等都存在着许多困难，以致STS课程的实施在我国一直没有突破性的进展。

20世纪80年代，随着义务教育制度的推行以及素质教育的实施，现代综合科学课程受到我国研究者的关注。1987年，东北师范大学附属中学首先组织专家、教师编写了综合性的《自然科学基础》作为教材，共12册，并进行教学实验。1986年，上海市教育局成立了综合理科研究小组，专门研究上海地区设置初中综合理科课程的必要性和可行性，编写了实验教材《理科》(1～6册)，并拟定了初中理科课程纲要，规定7～9年级的科学教育采用分科制与合科制并存。浙江省从1991年开始实验综合科学课程，1993年在全省范围内全面推开。1997年至1999年，浙江省修订出版了新的《自然科学教学指导纲要》和新版教材，供全省初中学生使用。

三、发展的新阶段

2001年，我国教育部颁布了《基础教育课程改革纲要(试行)》(下文简称《纲要》)，新一轮基础教育课程改革在全国启动。《纲要》规定，初中阶段设置分科与综合相结合的课程，并积极倡导各地选择综合课程。科学课程正式成为我国基础教育课程体系的重要组成部分，彻底打破了新中国成立以来分科科学课程一统天下的局面。在最初的38个国家级课程改革实验区中，有7个实验区选择并实施了科学课程。从2002年开始，一些省级实验区也进行了科学课程的实验。从此，我国综合科学课程的发展进入了一个新的阶段。

四、小学科学课程的发展

我国有文字记载的自然科学课程始于夏商周三代的教育。当时，自然科学课程是小学的基础学科，并被列于语文和数学之前。中国古代政府对自然科学教学的重视在秦始皇时期达到了顶峰，而到了汉武帝时期却受到冷落，并由此一蹶不振。①

1903年，清政府颁布《奏定学堂章程》，规定：完全科初等小学设修身、历史、地理、格致等课程。简易科小学将后三门合为“史地格致科”。高等小学设修身、中国历史、地理、格致。其中的“格致”即科学课。从此，科学课成为小学阶段的一门必修课程。

1922年，小学改为四二制，初小设社会和自然两课。自然之名由此在过去的大部分年代成为我国小学科学课程的通用名称。

1949—1950年，部分地区初小设有常识课，高小都设历史、地理、自然。自然课是每周3课时，每课时50分钟。1951年，全国初小都取消了常识，高小仍然设历史、地理、自然。

1956年，在学习苏联的基础上，我国制定了新中国成立后的第一个自然教学大纲，规定初小阶段的自然课内容在语文课中进行教学。除语文课编有自然课文之外，大纲规定每周要专门拿一节语文课来上“自然专课”，以使学生能有机会从事与自然科学学习有关的实践活动。高小每周2课时自然课。初小学习生物界自然，高小学习无生物界自然。1963年，初小的自然课或常识课被取消。

1978年，教育部颁布了第三个全国通用的《全日制十年制学校小学自然常识教学大纲(试行草案)》。该大纲规定，小学阶段只在最后两年开设科学常识课，而低年级的科学课仍然空缺。1982年，教育部对1978年的大纲进行了修改，决定将小学自然课的学习提前至三年级开设，从而使学习时间增加了一年。1992年出版的《九年义务教育全日制小学自然教学大纲(试用)》将小学自然课的开设时间修订为低、中、高三个阶段，并针对每个阶段做出明确的课时和内容规定，试用稿中还对各项内容要点的教学要求做出了三级规定。

2001年，为了与国际接轨，我国也将过去的小学自然课改为科学课，并公布了《全日制义务教育科学(3～6年级)课程标准》。

本章小结

人们对科学的看法大致经历了朴素的古代科学观、常识性科学观、逻辑经验主义科学观、批判理性主义科学观以及历史主义科学观。科学是一种探究活动，是一种知识体系，是一种社会共同体。了解不同时期的科学本质观，有助于学生全面、科学地理解科学的含义；有助于学生了解科学探究的过程与方法；有助于培养学生的科学精神；有助于培养学生的科学情感、态度与价值观。

---

① 李华．中国小学科学课程改革历史简析[J]．科学课(小学版)，2003(1)：31—34.

科学教育是一种通过现代科技知识及其社会价值的教学、以提高全民科学素养为目的的教育活动。通过科学教育，学生可以掌握科学的基本概念和技能，学会科学方法，产生对科学的情感、态度与价值观，理解"科学—技术—社会"之间的关系，最终懂得如何面对现实中的有关问题做出正确的选择。目前，科学教育呈现科学精神与人文精神相结合、普及科学教育与提高科学教育质量相结合等五种趋势。

综合科学课程真正受到人们的重视开始于20世纪60年代末，到目前已成为一种世界性的潮流。20世纪20年代，我国在中学开设了综合科学课程，其发展大致经历了萌芽期、实验期、发展的新阶段三个阶段。

关键术语

科学、科学本质观、科学教育、科学课程、科学素养。

思考题

1. 通过对不同科学本质观的认识和理解，谈谈你对科学本质的看法。
2. 学习科学本质观的意义是什么？
3. 科学教育的含义是什么？
4. 科学教育的发展趋势是什么？
5. 我国对科学素养的界定包含哪些方面？

拓展阅读

1.［美］罗伯特·E. 罗克威尔，等．小学科学课教学案例[M]．朴玉，译．长春：长春出版社，2008。

该书是由世界著名的培生教育出版集团戴尔西摩(Dale Seymour)出版社组织儿童早期教育专家和科学教育工作者联合编写而成，是美国目前广受欢迎的小学科学课教师用书。该书在教授儿童探索科学、发现科学的技巧方面提出了一套行之有效的方法。教育专家们围绕生命世界、地球与宇宙和物质世界等方面，精心设计教学内容，帮助孩子们展开一定深度的探索活动，使孩子们获得进行科学实践活动的信心，并能够充满创造力地独立解决问题。

2. 周青．科学课程教学论[M]．北京：科学出版社，2011。

该书根据我国《全日制义务教育科学(3～6年级)课程标准》与《全日制义务教育科学(7～9年级)课程标准》的设计思想与内容编写而成，目的在于提高科学教育专业学生的科学素养与科学教学能力。该书系统介绍了科学教育的意义、科学课程的设置、科学课程的教学及设计、科学专题教学研讨、科学课程的教学评价以及科学教师专业发展等内容。

第二章　小学科学课程与教学的理论基础

本章阐述了发现法教学思想、多元智力理论和建构主义教学理论，并分别阐述了三种理论的内涵和特点，论述了三种教学理论对科学教学的作用、三种教学理论在教学过程中的具体使用方法以及三种教学理论在科学教学改革、学生智力培养、教学评价方法等方面的指导意义，目的在于让学生了解科学教学的基本理论以及在这些基本理论的基础上衍生的新的教学方法，通过本章的学习，培养具有现代教学理念和教学技能的小学科学教师。

学习目标

1. 学习发现法教学思想、多元智力理论和建构主义基础教学理论。

2. 了解发现法教学思想、多元智力理论和建构主义基础教学理论的内涵和特点。

3. 了解三种教学理论对科学教学的作用。

4. 掌握三种教学理论在教学过程中的具体使用方法以及三种教学理论在科学教学改革、学生智力培养、教学评价方法等方面的指导意义。

5. 了解在三种理论的基础上衍生的新的教学方法。

6. 了解多元智力理论与传统教学理论的主要区别。

导入案例

澳大利亚小学的"动物"教学①

小学三、四年级混合编班的学生要上科学课中的"动物"这一单元，科学教师马莉的教学设计是，让学生自己用多媒体计算机设计一个关于本地动物园的电子导游图，从而建立起有利于建构"动物"概念框架的情境。她把学生分为若干个小组，每个小组负责开发动物园中某一个展馆的多媒体演示。马莉让学生自己选择开发哪一个展馆，选择一种动物，是愿意搜集有关的动物图片资料，还是愿意为图片资料写出相应的文字说明，或是直接用多媒体去制作软件。学生们根据选择组成不同的学习小组。这样，每个展馆就成为学生的研究对象，学生都围绕自己的任务努力去搜集资料。他们到动物园的相应展馆去实地考察动物的习性、生态，到图书馆或互联网上去查找有关资料，以获取动物图片和撰写说明。在各小组完成分配的任务后，马莉对如何到图书馆和互联网上搜集资料适时给学生以必要的帮助，对所搜集的各种素材的重要性进行分析比较，给学生以适当的指导。最后，马莉组织全班学生进行交流和讨论。

本章阐述了发现法教学思想、多元智力理论和建构主义基础教学理论，详细阐述了三种理论的内涵和特点，论述了三种教学理论对科学教学的作用，三种教学理论在教学过程中的具体使用方法以及三种教学理论在科学教学改革、学生智力培养、教学评价方法等方面的指导意义。目的在于让学生了解科学教学的基本理论及在这些基本理论的基础上衍生的新的教学方法。通过本章的学习，培养具有理论基础和教学技能的小学科学教师。

第一节　布鲁纳的发现法教学思想

一、发现法的产生

发现法作为一种严格意义的教学法是美国认知主义心理学家杰罗姆·S．布鲁纳(Jerome S. Bruner)于20世纪50年代末60年代初提出的，其思想主要体现在《教育过程》一书中。发现法以培养探究性思维为目标，以掌握学科的基本概念和基本框

① 刘德华．小学科学课程与教学[M]．北京：中国人民大学出版社，2009：79.

架为基础。

发现法强调在教师指导下，学生能够像科学家发现真理那样，通过自己的探索和学习，“发现”事物变化的因果关系及其内在联系，从而掌握一个学科的基本概念和基本原理。

二、发现法的特点

(一)以发展学生的智能为出发点

发现法主张由学生自己发现问题并解决问题，教授一门学科的知识并让学生学习科学家的思考方式和行动程序，重视学生学习的主动性和积极性，尽量发展学生认知的可能性，发展学生对知识的探讨和创造精神。发现法的核心和灵魂是培养学生的实践能力和创新精神。发现法要求展示知识的发生过程，要求教师用各种方法引导学生自主地进行学习。

(二)注重对学生学习方法的研究

教师不仅要使学生掌握好讲授的内容，而且要使学生掌握教师讲授的思路以及分析问题、解决问题的方法和途径。在练习中不再是满足于答案的正确与否，而是注重答案获得的过程，并且以学生学习中表现的思维水平和品质作为评价教学方法的基本准则。发现法打破了传统单一的教授法，教师扮演了“导游”的角色，为学生主动学习、主动思考、主动发现提供了发展平台，使教学活动有更强的开放性，形成了有利于培养学生实践能力、创新精神，体现主体性的教学氛围。

(三)突出学生的主体性

学生是学习活动的承担者，是学习的主体。要突出学生学习的主体性，学生必须有自觉意识，能够主动地参与学习活动的全过程，在学习活动中自觉地把握自己，成为学习的主人；同时，还要求教师在教学过程中创设一个宽松、和谐的课堂环境，使学生大胆、主动地参与教学活动。教师要从学生实际出发，结合教学内容，提出恰当的问题，促使学生思考，激发学生的求知欲望。发现法的教学重心向学生偏移，是针对学生的“发现”，在教学中真正体现了学生的主体性，使学生自觉、自主、积极地参与到学习中，在创造中学会学习，在学习中与教师产生情感共鸣。

三、发现法教学的作用

(一)有助于保持记忆并提高智慧的潜力

人的一切智慧的根源在于记忆，只有在记忆的基础上，才能丰富自己的知识。布鲁纳强调学习是新知识与学习者已有的认识结构相互作用而形成新的认识结构的过程。学习者只有自觉参与教学活动，积极思考，才能真正理解掌握所学知识，并将其有效地储存在自己的“记忆库”中，随时提取或再现。

人类记忆的首要问题不是储存而是检索，检索的关键是知识的组织结构。发现法教学的知识不但易于新、旧知识联系，融会贯通，而且便于按系统、类别、新旧或时间顺序保存在大脑中，随时检索，从而提高记忆效果。

不论是科学发现还是发现法教学，按其实质来说，都不过是把现象重新组合或转换，使人能超越现象再进行组合，从而获得新的领悟。发现法教学可培养学生的求索精神，有利于提高学生的观察能力、推理能力、直觉思维能力等。

(二)有助于实现外在动机向内在动机转移

发现法教学有利于激发学生内在的学习动机，有利于贯彻从爱学到好学再到乐学的教学思想。这种既强化动机，又强化效果的教学方法是一种双管齐下的教学艺术。当学生自己有所发现的时候，会产生兴奋感、自豪感，会体验到成功的快乐。这对学生是一种极大的鼓励，从而提高学生对学习和发现的信心，实现外在动机向内在动机的转移。

学生对学习材料本身具有的内在兴趣是最好的学习动机。发现法教学可以调节动机，培养学生学习的自觉性和兴趣。学生是教学的主体，充分发挥他们在教学过程中的主观能动性，激发学生对学习材料的兴趣，形成正确的学习动机，是学生积极主动学习，取得良好教学效果的重要条件和前提。

(三)有助于学生能力的培养

发现法教学的精髓不在于学生强记内容，而是迫使他们动脑筋，苦苦思考，锻炼在一定条件下做出独立决策的能力。发现法教学有助于激发学生的求知欲和探索精神，学生通过发现学习弄懂新学知识的实质，对新学知识进行组织加工，并将其纳入已有的知识系统中。发现法教学的目的就是要发展学生的创造性思维，培养学生探究问题的精神以及独立解决问题的能力。

四、发现法教学的步骤

发现法教学包含五个步骤：第一，创设问题情境，调整学生的心理状态；第二，设计不同层次的问题，引导学生探求问题答案；第三，组织学生分组讨论，交流发现的结果；第四，启发学生辨析正误，突破难点，形成结论；第五，运用结论，反馈强化。

创设问题情境的目的在于激发学生学习的兴趣，形成学生探求解决问题的愿望。设置合适的问题情境是发现法教学的开始。可以以情感为目标设置问题情境，以激活学生探求的动机和需求；可以以认知为目标设置问题情境，用于对学生发现的方向进行必要的控制，防止学生的思维游离于教学目标之外，从而顺利完成教学任务；可以以能力为目标设置问题情境，使问题具有适宜的难度，既激发学生的探求欲望，又不至于让学生无从下手。

发现法教学使学生在不同的思维起点上进入学习过程，每个学生思维的过程和发现的结论可能有所不同，可能会出现很多不同的假设，教师根据发现的结论是否有价值，来取舍学生发现的结论，使学生在课后对知识目标有清晰、正确的认识。学生在发现学习中思维过程也不尽相同，哪些思维过程是可取的、新颖的、巧妙的，是值得大家借鉴的，教师应在教学结束时给予中肯的评价，优化最佳的思维过程。

五、发现法教学的应用

发现法教学是在教师的指导下，让学生像科学家发现真理一样，探究和发现事物变化的起因和内部联系，从中找出规律，形成理念，达到学习的目的。培养学生的创新意识和探究思维能力是发现法教学的目的，包括引起学习兴趣、形成选择思维、动脑筋对解决问题的各种可能性进行分析并选择最佳的一种途径，能否形成选择思维是发现法教学成功与否的关键。

教师备课时应尽量选择学生感兴趣的问题背景或与生活密切联系的实际问题，并充分考虑学生的基础，选择难易程度合适的背景材料，背景材料包括文字材料、视频材料、实物材料等。

教师提出问题特别是实际生活中遇到的问题时，要让学生进行讨论，发表各自的观点，鼓励学生发问；教师要进行科学解释，引导学生思考、寻求答案，从而把注意力集中到课堂上来。针对不同水平的学生，教师要采取不同的教学方法，对于基础好的学生要提出较高的要求并指导他们去探讨，对于基础较差的学生，要安排较容易的题目并手把手地进行指导，同时及时给予赞扬，提高他们的自信心。

在教学中，教师对教材中一些重要的定义、定律、法则等，给学生创设再发现的机会和条件，让学生像当初发现定理那样去发现问题，在探究发现的过程中培养学生的思维能力和创造精神。运用发现法教学的内容要有一定的深度，能够体现探究的过程。课外活动是教学的必要补充，对于小学科学课程而言，历史悠久的自然科学发展史，给学生提供了良好的背景材料，使学生可以更透彻地理解科学知识。

第二节　多元智力理论与科学教育

一、多元智力理论的基本内涵

传统的智商理论和皮亚杰的认知理论认为，智力是以语言能力和数理逻辑能力为核心的、以整合的方式存在的一种能力。美国哈佛大学教授、当代世界著名心理学家和教育家霍华德·加德纳反驳了上述观点，并提出了与此相对的智力定义。加德纳认为，智力是在某种社会和文化环境的价值标准下，个体用以解决自己遇到的真正难题或生产及创造出某种产品所需的能力。一方面，智力不是一种能力而是一组能力；另一方面，智力不是以整合的方式存在而是以相互独立的方式存在的。在此基础上，加德纳阐述了关于智力的种类及其基本性质的多元智力理论。

在《智力的结构》一书中，加德纳首次提出并着重论述了多元智力理论的基本结构。加德纳认为，支撑多元智力理论的个体身上相对独立存在着与特定认知领域或知识范畴相联系的七种智力，这七种智力分别为：

言语—语言智力，指个体听、说、写的能力，表现为个人能够顺利而高效地利用语言描述事件、表达思想并与人交流的能力，在记者、编辑、作家、演讲家等人身上有比较突出的表现；

音乐—节奏智力，指个体感受、辨别、记忆、改变和表达音乐的能力，表现为个人对节奏、音调、音色旋律的敏感以及通过作曲、演奏和歌唱等表达自己思想和情感的能力，在作曲家、指挥家、歌唱家、演奏家、乐器制造者和乐器调音师等人身上有比较突出的表现；

逻辑—数理智力，指个体运算和推理的能力，表现为个人对事物间各种关系，如类比、对比、因果和逻辑等关系的敏感以及通过数理运算和逻辑推理等进行思维的能力，在侦探、律师、工程师、科学家和数学家等人身上有比较突出的表现；

视觉—空间智力，指个体感受、辨别、记忆、改变物体空间关系并借此表达自己思想和情感的能力，表现为个人对线条、形状、结构、色彩和空间关系的敏感以及通过平面图形和立体造型将它们表现出来的能力，在画家、雕塑家、建筑师、航海家、博物学家等人身上有比较突出的表现；

身体—视觉智力，指个体运用四肢和躯干的能力，表现为个人能够较好地控制自己的身体，对事件能够做出恰当的身体反应以及善于利用身体语言来表达自己思想和情感的能力，在运动员、舞蹈家、外科医生、赛车手和发明家等人身上有比较突出的表现；

自知—自省智力，指个体认识、洞察和反省自身的能力，表现为个人能够正确地意识和评价自身的情绪、动机、欲望、个性、意志，并在正确的自我意识和自我评价的基础上形成自尊、自律和自制能力，在哲学家、小说家、律师等人身上有比较突出的表现；

交往—交流智力，指个体与人相处和交往的能力，表现为个人觉察、体验他人情绪、情感和意图并据此做出适宜反应的能力，在教师、律师、推销员、公关人员、谈话节目主持人、管理者和政治家等人身上有比较突出的表现。

加德纳的多元智力理论表明，每个人都有七种智力，每个人都或多或少具有这七个方面的智力，但这七种智力在不同人身上所表现的方式和程度是不同的。每个人都有一定的能力倾向，并且从很小的时候就表现出某些特定能力倾向的趋势。一般到上学的时候，就已经形成了一定的能力倾向，某些能力比较突出，而另一些能力相对较弱。每一种智力都有自己的多样的表现形式，并且各种智力之间存在复杂的相互作用。

二、多元智力理论的教育价值

(一)有助于树立新的学生观

多元智力理论所倡导的学生观是一种积极的学生观。每个学生都有自己的优势智力领域，有自己的学习类型和方法，全体学生都具有自己的智力特点、学习类型和发展方向。适当的教育和训练将使每个学生的智力发挥到更高水平。因此，教育应该在全面开发每个人的各种智力的基础上，为学生创造多种多样的展现各种智力的机会或情境，给每个人以多样化的选择，充分发展每个学生的个性。教育教学工作者应为具有不同智力潜能的学生提供适合他们发展的不同的教育。

(二)有助于树立新的教学观

多元智力理论有助于教师树立因材施教的教学观。一是针对不同智力特点进行因材施教，因为不同的智力领域都有自己独特的发展过程，并使用不同的符号系统，这就要求教师的教学方法和手段也应该根据不同的智力特点而有所不同。二是针对不同学生进行因材施教，每个学生都是有不同的智力特点、学习类型和发展方向的可造就之才，这要求教师的教学方法和手段根据不同的教学对象而有所不同，利用学生个体之间的差异来设计个别化的教学策略。承认智力的多样性就必须允许、支持、鼓励多样化的存在。用更科学、更宽泛的态度来理解人的智力和学生的学习能力，就能更充分地肯定学生之间的智力与学习能力的独特性，为教学的平等性提供新的理解。这种对学生学习的主体性的尊重，给了重新审视学生、学习和教育价值的机会。

(三)有助于树立新的课程观

传统课程设计的指导思想是为一两种核心智力而教，是通过整齐划一的直接讲授来教。多元智力理论的课程设计思路可以概括为“为多元智力而教”和“通过多元智力来教”，前者是对教育目的的新思考，后者是在教育方法上的新追求。

“为多元智力而教”要求进行学校教育课程设计时，对学生的多种智力一视同仁，在观念上把多种智力领域放在同等重要的地位，并在实践中把多种智力领域和不同的学科教学相结合，使学生能够较好地运用并发展自己的每一种智力。同时，“为多元智力来教”要求在进行学校教育课程设计时，充分认识到不同学生的智力特点，使每个学生的智力强项得到充分发展，并从智力强项出发，促进学生其他各种智力领域，特别是智力弱项的发展。

“通过多元智力来教”要求进行学校教育课程设计时，使不同智力领域得到全面发展，通过调动不同智力活动在教育教学工作中的不同作用，使用多样化的教学手段，极大地提高课堂教学的实际效果。“通过多元智力来教”可以帮助教师改变传统的课堂教学设计思路。

(四)有助于树立新的评价观

多元智力理论有积极乐观的学生观，有对症下药的教学观，同样树立了多元化的评价观：通过多种渠道、采取多种形式，在多种不同的实际生活和学习情境下进行，切实考查学生解决实际问题的能力和创造出精神产品和物质产品的能力；观察、评价和分析学生的强项和弱项，并以此为依据选择和设计适宜的教学内容和教学方法，使评价成为促进每个学生充分发展的有效手段。

三、多元智力理论对中小学教育的启示

(一)对教育观念的启示

根据多元智力理论，人的各种智力同等重要，学校教育应重视培养学生的多种智力。除了传统教育所重视的语言、逻辑数理之外，还应该发展学生的音乐、视觉、身体运动、自我认识和社交方面的智力。各种智力具有同等的重要性，但每个人的多种智力在个人身上有不同的表现。对于这些能力的培养与发展应该有所侧重，在发展社会必需能力的基础上，发展学生特长，把学生培养成真正全面发展的人。

(二)对教育过程的启示

每种智力都有其独特的发展过程，因此，学校应当为学生营造丰富的学习环境，教师的教学方法和手段也应当根据教学对象和教学内容而灵活多变。学校应重视不同种类的智力，并为学生提供自由的发展空间，使每个学生都得到全面充分的发展。

1. 营造丰富的学习环境，发现学生的优势智力

丰富的学习环境对于学生的多元智力发展至关重要，它可以满足不同学生展现、发展自己不同智力特征的需要。学生的智力是多元的，那么学校应当为各种智力的发展提供机会和条件，教师对学生的智力进行全面而多元的观察，从而获得更客观更真实的了解，使得教育干预更科学有效。在教育教学实践中，为了让所有学生有机会获得多种智力发展的环境，学校可以设置多种学习兴趣角，开展多样化的单元主题活动，开设丰富而有变化的课程，提供多样化的学习途径。

2. 在全面发展的基础上培养和发展学生的优势智力

根据多元智力理论，每个学生都具有多种智力，其差别在于相互独立的智力的组合方式和表现程度的不同，所以，每个学生只要接受正确的教育，就能成为人才。因此，对学生的教育应该具有多元性，提供足够的时间和机会，把教育的范围拓宽，不仅仅着眼于知识和技能，而要坚持教育与生活相统一，使学生的各种智力全面发展。

在重视知识和技能学习的同时，把学生置于社会和文化环境中进行观察和教育，注意博与专的统一，在发展全面智力的同时，着重发展优势智力，注重学生的独特性。发展学生的优势智力就是根据学生表现的智力特点来促进其发展。多元智力的教育不是片面地发展，而是在发展学生优势智力的同时，将优势智力中的特点迁移到其他弱项领域中。学生在强项领域的成功感会增强他在弱项领域的自信。总之，在多元智力理论指导下的教育必须认识到智力的多样性和广泛性，并为其智力的充

分发展提供良好的学习环境，同时教学必须根据学生的智力结构和特点，因材施教，以便有效地提高教学效果。

(三)对教育评价的启示

根据多元智力理论，学生的智力结构和表现存在差异，因此对学生的评价不能按照统一的标准或要求进行，而应该建立在对学生充分了解的基础上，进行多元化的评价。质性评价是多元智力理论所主张的主要的评价方式，主要有观察、实地考察、创设情境、布置专题作业、建立学生档案等。多元智力理论要求实行情境化的评价，把对学生的评价扎根于有意义和真实的教育活动中，让学生自然地投身于完成习题、专题和作品的环境中，使评价与课程、教学的推进相一致，力争实现评价的日常化、过程化。评价应坚持发展的原则，用发展的眼光看待学生的成长。随着学生年龄的成长，学生的智力结构也会发生变化，关注这种变化，建立成长档案，纵向比较，科学评价，进而对学生进行教育。

多元智力理论的评价旨在帮助学生发现、培养自己的智力优势，并以强项带动弱项的学习，建构自己的优势智力组合，实现自身全面和谐发展。多元智力理论的评价在于发现学生的优势智力，为学生提供个性化的教学服务。发现学生优势智力是评价的手段，更是目的。根据多元智力理论，应该摒弃以标准的智力测验和学科成绩考核为重的评价观，树立多元的评价观。

多元智力理论启示人们，人与人之间的差别不在于个体智力的高低，而在于个人的智力组合不同。建立以多元智力理论为基础的新学生观、智力观、评价观及人才选拔的标准，为学生寻求或选择符合自己的“智力结构”与智力潜能提供发展机会。

四、多元智力理论与基础教育课程改革

多元智力理论认为，学生与学生之间的差别不在于智力的高低，而在于每个学生的智力组合不同，不存在谁更聪明的问题，只存在不同的个体各自在哪些方面聪明以及怎样聪明的问题。这就为基础教育课程改革提供了以学生的发展为本的新理念。根据这种理念，课程领域从宏观的课程目标到具体的课程评价等都将发生一系列更新。

传统理论把智力等同于以语言能力和逻辑数理能力为核心的认知能力，导致原有的课程目标在价值取向上主要以学科为本位，强调学生对学科知识逻辑体系的掌握，忽视学生自身发展的需要。智力内涵的窄化使课程目标只关注学生语言能力和逻辑数理能力的培养以及对书本知识的掌握，忽视了学生的全面发展。

多元智力理论使课程目标的各个方面都发生了变化。在价值取向上，以学生为本位，将学生的全面和谐发展置于课程目标的核心位置，同时恰当处理学生本位、社会本位和学科本位之间的关系。在表达方式上，采用行为目标、展开性目标和表现性目标。行为目标具体、明确，便于操作和评价，适合于知识性的目的；展开性

目标是随着教育过程的展开而不断生成的目标，重点考虑学生在学习过程中的兴趣变化、能力形成以及个性发展等方面，有利于对学生智力活动的内部过程的把握；表现性目标是学生在从事某种活动结束时所得到的结果，它强调学生在活动过程中表现出来的某种程度上的首创性，有利于培养学生的创新能力和解决实际问题的能力。在内容上，强调"为多元智力而教"，要求顾及多元智力理论中的所有智力领域的全面发展，在智力强项领域得到充分发展的同时，其他智力领域也得到最大限度的发展。

多元智力理论认为全体学生都是可育之才，只要有适宜的课程和学习环境，每个学生都能得到相应的发展。多元智力理论拓展了智力的内涵，注重智力与现实世界的联系。因此，作为培养学生智力载体的课程内容充分体现多样性和现实性的特点，强调教师为学生提供学习机会，强调师生在互动过程中产生的经验，把自然、社会和人看成课程内容的基本来源，使课程重返生活世界，扩展了学生的学习空间，丰富了学生的生活世界，为学生最大限度地获得多方面的发展提供了保障。根据多元智力理论，课程要以学生的兴趣和身心发展特点来组织课程内容。这就要求打破学科的界限和传统的知识体系，将各种课程要素按照横向关系组织起来，以便学生更好地探究社会问题和个人感兴趣的问题。根据多元智力理论，课程一般是以主题为中心进行组织的，教师和学生共同商谈，先行选择出能引起学生兴趣且有价值的主题，然后教师将主题按照不同的智力领域划分为不同的学习中心，在教育活动中向学生展示多方面的智力领域，并帮助学生选择自己感兴趣的学习中心。学生在学习中获取不同学科与此相关的内容，发展多种能力。这种以研究主题为线索的课程组织形式打破了传统学科的概念，将原来各不相干的几门学科内容组织在一起整合课程，强调学生的主动积极参与和知识的统一整合，有助于调动学生的学习兴趣，提高学生利用所学的知识综合解决实际问题的能力。

第三节 建构主义与科学教育

一、建构主义的心理学起源

(一)建构主义的起源

建构主义的起源可以追溯到苏格拉底的"产婆术"，但这只是零散的、不系统的建构主义思想和实践。苏格拉底和柏拉图是教育上最早的建构主义者。意大利哲学家、人文主义者詹巴蒂斯塔·维柯在《新科学》一书中明确提出了"建构"的思想。康德对理性主义与经验主义的综合揭示了认识的双向性运动，即人在认识世界的同时认识自身，人在建构与创造世界的同时建构与创造自身。当代与建构主义相关的哲学思想有以波普尔为首的科学哲学，尤其是波普尔提出“经验证伪原则”，动摇了人们对知识可靠性的迷信，还有维特根斯坦的日常语言哲学。这些对于当今建构主义的创立有着很大的启示。

(二)建构主义的心理学基础

在追溯建构主义的起源时，对建构主义思想的形成、发展产生深远影响的当推瑞士心理学家皮亚杰和苏联心理学家维果茨基。

1. 皮亚杰的建构结构观

皮亚杰从哲学认识论和生物学两个方向创建了发生认识论。发生认识论试图根据认识的历史、认识的社会根源、认识所依据的概念和运算的心理起源来解释认识，特别是解释科学的认识。皮亚杰认为认识既不来自客体，也不来自主体，认识是主、客体之间相互作用的产物。主体与客体之间的相互作用是依赖动作这一中介来实现的。因此，认识来源于动作，动作既是感知的源泉又是思维的基础。认识的结构不是在客体中预先形成的，每一个知识结构都是心理发生的结果，而心理发生就是从一个较初级的结构过渡到比较复杂的结构。

皮亚杰认为，认识是不断建构的产物，建构物、结构对认识起着中介作用。结构不断地建构，从建构比较简单的结构到更为复杂的结构，而建构的过程则依赖于主体的不断活动。皮亚杰的理论奠定了建构主义理论的基石，突出了知识的建构性，彰显了认识主体的积极主动性。

2. 维果茨基的社会性建构思想

维果茨基的“文化历史理论”和“最近发展区理论”非常重视语言及个体的社会性活动和交往在人的心理发展中的重要作用。他的“文化历史”取向的心理发展理论有三个方面内容：一是人的心理机能不是从内部自发产生的，它只能产生于人们的协同活动和人与人的交往过程中，个体心理发展是社会共享的活动向内化过程的转化；二是各种符号系统，尤其是词语系统在人的心理过程结构的变化中起着非常重要的中介作用，它们既是个体思考与认知的工具，也是个体自我调节与反思的工具，同时还是社会性互动和活动的中介；三是人的心理过程结构最初必须在人的外部活动中形成，随后才有可能转移至内部，进而内化为人的内部心理过程的结构。学生的心理是在活动和交往的过程中发展的，教学是最有系统性和计划性的交往形式。由此，维果茨基确定了学生心理发展的两个水平，即“现有发展水平”和“最近发展水平”，而着眼于最近发展水平的教学能够有效地激发学生内在的心理潜能，促进学生的心理发展。维果茨基的心理发展的文化历史理论非常重视个体心理发展的社会性建构，强调个体的心理机能主要来源于外部活动的内化，这种内化通过教学、日常生活、游戏和劳动来实现。维果茨基的这些观点为社会建构主义奠定了理论基础。

在皮亚杰、维果茨基等人的理论基础上，逐渐形成了当代的建构主义。其基本假设是：认识是一个主动的、不断深化的建构过程，所有的知识都是通过内在表征过程主动建构出来的；在知识意义建构过程中，主体已有的知识、经验及社会文化有着特别重要的作用，即所有知识意义随着学习环境的变化而处于不断发展之中。依据这些假设，建构主义形成了自己的学习观。

二、建构主义学习观

建构主义学习观认为，学生积极进行意义建构，把从前的知识运用于新的情境，而且改变知识结构。在心理学发展史中，心理学家从不同角度对学习问题进行了探讨，在一定程度上反映了学习的本质。

首先，学习的本质是每个学生按照自己已有的经验与知识主动地加以建构，学生对教师讲解的知识要经过理解或吸收，然后才能达到认知。这表明，学习活动并非习惯性学习而是创造性学习。

其次，在注意学生同化学习时，更应注重学习活动。通过认知，组织起学生主体的知识与经验，从而达到建构的目的。

最后，学生的学习是在特定的环境下由教师指导的一种建构活动，是特殊的社会建构，不是独立的个人行为。当然，学生个体有其独特的一面，但任何学习活动都不能离开社会文化整体性的大环境。学习的社会意义与个人意义既有区别又有联系，是互相依存又互相促进的辩证关系。学生通过习得社会的规约而发现规则，形成创造性活动。

上述对学习本质的阐述没有反映出学生的主动建构过程。建构主义者认为，学习是学生主动地建构内部的心理表征的过程，人脑并不是被动地接受和记录输入的信息，而是主动地建构对信息的理解；学生以已有认知结构（包括知识经验、认知策略、认知方式等）为基础，对信息进行主动选择、推理、判断，从而建构起关于事物及其过程的表征。学习过程是一个双向建构的活动过程。建构有两方面含义：一是对新信息的理解是借助已有经验，超越所提供的新信息而建构的；二是从已有认知结构中提取相关信息也要按具体情况进行建构，而不是单纯的提取。学生已有发展水平是学习的决定因素，学生以自己的方式建构对于事物的理解，因而不同人看到的是事物的不同方面，不存在唯一的、标准的理解。

三、建构主义教学观

教学也是一个学习过程。从启发的观点看，教师是知识的提供者；从发现的观点看，教师是经验的提供者；从建构的观点看，教师需要提供必要的经验使学生的理解与事件和现象相联系。

（一）建构主义教学观的理论基础

建构主义教学观认为，学习不仅受外界因素的影响，更主要的是受学生本身的认知方式、学习动机、情感、价值观等的影响。20 世纪 50 年代末和 60 年代初，美国心理学家布鲁纳提出发现法教学思想，坚持以学生为中心，学生在教师的指导下去发现、建构知识，教师角色由传统的教员转变为促进者或引路人。卡鲁尔在 1963 年提出“认知法(或认知符号学习理论)”，该理论比“刺激—反应”学习理论的优胜之处在于培养全面而实际的能力。心理学家奥苏贝尔在 1978 年提出“有意义的学习”理论，即认知结构同化论，该理论认为影响学习最重要的因素是学生头脑中已有的知识，教师应根据学生已有的知识进行教学。所有这些都为建构主义教学观的形成进一步奠定了基础。

(二)建构主义的教学观

建构主义教学观强调教师应当发挥导向作用，发挥教学组织者的作用，调动学生的积极性，帮助他们发现并解决问题。教师教学要从具体的范式中揭示隐藏的思想方法，变具体为抽象，再变抽象为具体。教师是整个教育链中的重要一环，是学生与知识之间的桥梁。

建构主义教学观认为学生的积极性、主动性和创造性至关重要，教学要努力创造一种学习环境，在这一环境中，学生进行积极学习。积极学习是指学生主动与周围沟通，从而获得对事物的理解时所采取的学习方式。这种方式能给学生以主动学习的机会，培养他们的创造思维能力。

建构主义的教育教学过程可以优化为以下几个环节：一是分析教学目标，对整门课程及各教学单元进行教学目标分析，以确定教学的主题；二是创设情境，即创设与主题相关的、尽可能真实的情境；三是设计信息资源，即确定本主题教学所需信息资源的种类和每种资源所起的作用；四是设计自主学习方式，即根据所选择的不同教学方法，对自主学习做不同的设计，充分发挥学生的首创精神、知识外化和实现自我反馈；五是设计协作学习环境，如开展小组讨论、协商；六是评价学习效果，主要围绕自主学习能力、协作学习过程中的贡献、是否达到意义建构的要求进行；七是强化练习，以纠正原有的错误理解或片面认识，最终达到符合要求的意义建构。

(三)建构主义教学观与认知弹性

建构主义教学观认为，任何有效的教学方法必须同时考虑几个相互交融的问题，如理解的建构性、大多数知识领域的复杂性和结构不良性、学习失败的类型、解决学习失败类型的学习理论等。要补救与知识领域复杂性和不规则性相关的学习缺失，就要求学习过程中具有更大的认知弹性。学习知识时，能从不同的观点和角度表征知识；运用知识时，能够适应理解的需要或问题解决情境的需要，从不同的概念和案例表征中建构知识整体。

教师要在原定课程标准基础上设计好自己的课程和教学方式，充分调动学生的认知弹性。只有学生在学习过程中的认知弹性得到发挥和运用，新知识才能被建构，这需要教师具有责任心和兴趣。学生要有意识地锻炼对不同观点的理解能力、对各种案例的分析能力、在不同情境或不同文化背景中的接受能力以及收集并利用真实信息的能力。根据认知弹性理论，教学内容要根据理论和情境脉络的需要重新编辑成一个纵横交错的概念图，以充分涵盖和准备迁移为目的的多元的知识表征。

(四)建构主义教学观与教师职能

根据建构主义的观点，在知识面前教师和学生都是不停地进行建构的，因此导致了教师的角色定位不同。首先，教师要给予学生完全的自主性。建构主义者把学习定义为个人建构的过程。教师应给学生提供学习的教学环境，教师要从基本原则出发观察学生解决问题的方法。其次，教师要树立教师知识的权威性。教师和学生作为知识建构中的基本要素是不对等的，教师的知识具有权威性，由教师带来的文化知识不可或缺地要用于按照绝对和正规的正确方式来形成学生的知识，让学生去发现科学原理，以锻炼学生的思维能力，培养学习能力。而学习知识本身不能只靠发现，还要依赖教师的干涉，才能保证建构主义教学观的运用和发展。

建构主义教学观强调认知主体的主动性，从活动教学到研究性课程的开发给课堂注入了生命的活力。建构主义教学观认为，知识作为整体是一个发展的体系，在一定阶段会受社会文化取向的影响，教师要关注学生对知识的认知、信仰和理解，教师要关注学生专业知识和技能及对专业知识和学习的态度。虽然不少建构主义者强调真正优秀的教和学是一个批判的过程，我们也可以通过自己概念的建构对他人的语言和行为进行解释，但是他人具有独立于我们的现实。建构主义教学观注重讨论、合作、协商和分享意义，以使个体知识建构最有效，个体认知取得最大可能的发展。

四、建构主义对教学内容的选取观点

作为承载科学本质和科学精神的科学教材内容，对它的选取和呈现方式的研究是教材编写者要重点考虑的问题，只有选择了能够促进学生学习的教材内容，并以适合学生自我建构的方式呈现出来，才能使教材真正成为课程标准理念的传递者，成为教师的好帮手，发挥其作为科学教学活动的主要参考资料的作用。

(一)关注学生的前概念

在学习科学概念之前，对相关概念已有的认识和了解即为学习中的前概念。新概念的形成建立在前概念基础上，前概念在学生的科学学习中扮演着重要的角色。当科学概念和前概念比较一致时，学生就会容易理解并能很快掌握新的知识和信息，前概念起推动学习的作用，是学生学习新知识的基础；反之，前概念会造成学生理解的困惑和障碍。科学教材在内容选取时必须关注对学生前概念的预测，做到有的放矢。教师必须对学生的前概念进行测量，才能做到“用教材教”而不是“教教材”。

(二)选取学生感兴趣的素材

知识不能被传递给一个被动接受者，学生只有处于积极建构的状态才能获得对知识的掌握。但是，学生不会对所有问题感兴趣，建构主义者的任务就是要选取可能引起学生兴趣的素材，促使学生能够提出与自己的经验相关的问题，从而使他们处于共同创设的情境中而积极地建构信息。什么样的素材能够引起学生的兴趣就成为科学教材必须考虑的问题。

从建构主义的角度来看，与学生生活相关的问题能够引起学生的兴趣。提出与学生相关的问题是建构主义教学观的第一原则。我国《全日制义务教育科学(3～6年级)课程标准》向教材编写者建议，选择有利于学生亲历科学学习过程的内容和从学生原有经验出发，选择学生便于体验、能够理解的内容。这样就可以保证教材的内容能够激发学生探究的兴趣，让学生拥有真实的情感体验，促进其对知识的理解。因此，创设与现实生活相似的能够激发学生热情的情境，倡导真实的教学过程，一直是科学教材追求的目标之一。科学教材创设情境的方法多种多样，学生在情境、活动中发现问题、思考问题并对问题进行探究，在活动中学会合作、学会关爱，从而真正热爱科学，理解科学和学习科学。

(三)挖掘核心概念

概念是从现象、事实中抽象出来的理性知识，是学科理论建构的基本材料和构成元素。核心概念则是概念的最高层级。在科学教材中注重对核心概念的挖掘，可以发展学生超越事实的抽象思维能力，帮助其清晰地识别、阐述深层知识的核心思想，促进其思想与感觉、观念与实体的统一，有助于学生将学习结果最终内化于个体，不断将学习过程引向更深、更有意义的方向。

明确提出并强调核心概念，通过核心概念将教材内容进行结构化的梳理，对学生形成结构化、系统化的知识有重要的作用。将核心概念以醒目的方式呈现在教材中有助于学生对教材内容结构的整体把握。对核心概念挖掘的关键在于对材料进行结构化处理。

五、建构主义对科学教学的教学设计的启示

建构主义的教学设计强调要发挥学生在学习过程中的主动性和建构性，重视情境、协作在教学中的作用，尊重学生的主体性，强调以学生学习为中心，学生是认知的主体，是知识意义的主动建构者，教师是合作者、引导者以及知识建构的促进者。

(一)突出学生的主体地位

转变教师的角色，将教学转变为学生通过自主、合作、探究来掌握知识、培养能力的过程，把学生转变为知识的建构者。改变填鸭式教授知识的教学模式，教师不再是教学过程的控制者、教学活动的支配者、教学内容的制定者和学生学习成绩的判定者，而应成为学生学习环境的设计者、学生自主学习的合作者、引导者和促进者，教师是师生平等关系中的首席。

(二)突出教学的情境性

根据建构主义的观点，课程设计要充分体现学生的主体性，让学生在不同的情境下体会科学过程、学习科学方法，强调情境对意义建构的重要作用。建构主义教学观要求学生在真实的情境下进行学习，要减少知识与问题解决之间的差距，强调迁移能力的培养。知识的建构过程就是各种问题解决的过程，在具体情境中建构知识，注重知识的动态性、过程性、情境性和迁移性。

科学课的教学旨在让学生掌握一定的科学理论知识，培养或提升学生动手解决现实问题的能力。在科学课的教学中，教师应营造激发学生动手体验的环境。学生在教师的引导下，在掌握理论知识的基础上，通过亲身实践，主动地思索，将所学知识融会贯通，掌握各种技能，促进自己综合素质的提高。

(三)突出对话与交流

建构主义认为，针对不同学生的知识经验和知识背景以及对知识的意义建构和理解的不同，学生需要在教师的指导下共同讨论、交流，在协作学习中共同进行意义建构，掌握科学方法，获得知识和信息，使学生的非智力因素得到发展。科学的本质是探究，而探究需要一定的问题情境，问题情境是学生建构知识的心理驱动力，所以知识建构的动力来自学生与其环境的积极互动。问题情境的设计和解决难度要在学生已有知识和经验之上，在学生知识的最近发展区。

培养学生的合作意识或合作精神是科学课的目标之一。有计划地组织讨论，提供思维摩擦与碰撞的环境，为学生的学习搭建更为开放的平台，使其在独立思考的基础上进行合作，有利于其思维的发展。在学习过程中，教师对学生提出需要解决的问题，学生根据自己的理解提出对问题不同的看法，进行讨论，教师要引导学生学会通过分析、比较、优选，听取不同的意见，尊重不同的结论，学习其他同学最佳的思路和方法，从而使个人的思维在集体的智慧中得到发展。

(四)建构意义

建构主义认为，学生是认知主体，是意义的建构者。根据建构主义的观点，科学教学设计要使科学知识情境化、动态化，使学生重视、感悟和学习贯穿在知识体系中的科学方法、科学态度等，使科学学习成为智力和非智力因素有机结合的一种心智活动。科学的本质是探究，学生在探究的过程中进行意义建构，知识成为人发展的重要手段。科学教育必须倡导探究教学，注重科学本质和教育本质的有机统一，注重科学教育和技术教育的融合。

科学课程的根本目的是培养学生的科学素养。根据建构主义的观点，教学设计以有利于学生进行意义建构为前提，以培养学生的科学素养为目的。建构主义还提出了组建学习共同体，让学生围绕问题进行深入的讨论、交流和协作，这是促进高水平思维的一种重要途径。建构主义强调对学习环境的设计，支持学生积极参与学习体验并以此为手段促进知识的意义建构，教师要善于创设各种问题情境，组织学生进行协作学习，促进学生完成知识的意义建构。教师是问题情境的设计者和问题解决的合作者，可以更好地挖掘知识的客观隐性价值，注重知识的过程性和情境性，为迁移而教，教迁移的知识。

六、基于建构主义的教学模式

(一)课题研究模式

建构主义主张基于课题研究模式的学习。这一模式要求以课题研究贯穿于教学的全过程，按课题组织教学。这种教学模式的一般程序是：首先，选择课题。由教师和学生组成的计划小组负责确立研究主题。主题可以是技术问题，也可以是综合问题。在同一主题下，再细分出若干子问题，学生从中选择一个问题作为课题。其次，师生协同研究。这是本模式的核心，学生组建课题小组，围绕课题开展各种研究活动，如小组讨论、文献检索等，教师围绕课题开展教学，为学生完成课题研究打好基础。再次，撰写研究报告。最后，课题评价。评价人员就课题的细节及与课题有关的问题向课题小组提问，要求课题小组做出解释，评定报告质量。

(二)问题解决模式

基于问题解决模式的学习是一条建构主义教学的基本思路。这一教学模式的基本思路是把学习置于复杂的、有意义的问题情境中，通过让学生合作解决真实的问题来学习隐含于问题背后的科学知识，形成解决问题的技能，并形成自主学习的能力。这种教学模式包括以下环节：组建合作学习小组，创设良好的学习氛围；教师提供问题，学生收集资料，通过实验等探索活动来获取解决问题的要点；小组成员集中讨论所学的内容，生成解决问题的假说，运用数学分析、图表等给出结论。

(三)探究学习模式

建构主义主张科学教学应以多样化活动为平台，开展探究学习。以科学探究作为科学教学的中心环节，反映了科学教育的本质。探究学习的本质特征在于学生通过自主地参与获得知识，掌握研究自然所必需的探究能力；同时，形成科学概念，进而培养探究未知世界的积极态度。

探究学习的主要目的是，让学生通过探究认识知识的发生过程，掌握科学的思维方法，培养学生的探究能力和科学研究能力。探究学习模式的一般程序是：首先，发现问题。在教师指导下，根据教学目标，寻找与教学内容密切相关的、可以激发学生兴趣的材料，创设问题情境，向学生提出将要研究的领域，引导学生发现问题并提出问题。其次，收集资料。教师引导学生集中对要解决的关键性问题进行研究，根据已确定的问题，或由学生共同讨论，或阅读教材，或观察、实验等，收集整理与问题有关的信息资料。再次，提出假说。学生在分析整理资料的基础上，形成假说并提出验证假说的实验设计方案。最后，得出结论。由个人或小组共同实施方案(讨论研究，实验验证等)，对问题形成一个合理的解释，得出结论。

探究学习是一个自主发现并解决问题的过程，探究学习活动激发了学生的探究动机和好奇心，从而促使学生通过问题、假说、实验、分析、结论等环节建构相应的知识。

(四)情境学习模式

建构主义主张基于丰富资源的情境性学习。知识是具有情境性的，知识是活动、背景和文化产品的一部分，并在活动中、在其丰富的情境中、在文化中不断得到运用和发展。因此，情境性学习应着眼于解决生活中的实际问题，应在具体情境中进行，应借助于丰富的学习资源，应将所学的知识与一定的真实任务情境挂钩，应让学生合作解决问题。

基于情境学习的典型教学模式是美国温特贝尔特大学认知技术课题组 1990 年开发的抛锚式教学模式。这一模式是指创设含有真实事件或真实问题的情境，学生在探究事件或解决问题的过程中自主地建构知识的意义。抛锚式教学要以真实事例或问题为基础(作为“锚”)，所以有时也称为实例教学或基于问题的教学，这种教学特别强调具体情境对知识建构的作用，所以又称为情境性教学。这一教学模式的一般程序是：首先，创设情境。使学习能在与现实情境基本一致或相类似的情境中发生。其次，确定问题。在上述情境中，选择与当前学习主题相关的真实性事件或问题作为学习的中心内容。选取出的事件或问题就是“锚”，这一环节的作用就是“抛锚”。再次，自主学习。由教师向学生提供解决问题的有关线索，让学生通过自主探索解决问题。复次，协作学习。开展讨论、交流，通过不同观点的交锋、补充、修正，加深学生对当前问题的理解。最后，评价效果。包括学生个人的自我评价和学习小组对个人学习的评价。

抛锚式教学的主要目的是使学生在一个完整、真实的问题情境中，产生学习的需要，并通过学习共同体成员之间的互动、交流、协作学习，凭借学生主动探索、亲身体验，完成对知识的意义建构过程。

(五)概念转变学习模式

建构主义认为，学习是学生通过原有认知结构与从环境中接受的感觉信息间的相互作用，进而建构信息的意义的过程。在学习科学课程之前，学生已经形成了前概念。某些前概念貌似正确，实际上严重妨碍了学生对科学知识的学习。

为使学生抛弃前概念，形成科学概念，西方一些学者根据建构主义思想，提出了概念转变学习理论，认为学习就是学生原有概念的转变、发展和重建，就是学生的前科学概念向科学概念的转化过程。因此，教学的主要任务就是帮助学生像科学家那样去理解事物，让学生自主发现自己的原有经验与新发现的现象或事实之间的不一致或矛盾冲突，从而反思和修改自己的原有经验和认识，提出或接受(重建)科学的观念(新解释、新假设、新概念)。这是学生自主建构的过程，在这一过程中，学生自主建构起新观念(新解释、新假设、新概念)，形成科学的认知结构。

这种教学模式的一般程序是：首先，定向。教师创设特定的探究性问题情境，为学生的自主探究学习定向。其次，引出概念。教师引导学生尝试解释问题，从而引出学生对此问题的前概念。再次，概念重建。此阶段是建构主义教学程序的核心组成，包括三个环节。一是澄清与沟通，学生经讨论、对比、解释彼此前概念的异同，并与教师沟通，呈现可能的认知冲突。二是建构新的想法，依据上述讨论，学生可比较不同的现象、理论解释，以发展概念或转变概念。三是评价，学生经由实验解释或自我思考与探究，找到新概念的含义，并知觉到旧有概念的不足。这一环节可以通过实验、讨论、澄清和交换概念，揭示和解决冲突情境，建构新概念，并做出恰当评价。复次，概念应用。学生应用新概念解决新情境问题。最后，反思概念变化。通过将新概念与前概念比较，学生反思概念转变学习的过程。

(六)社会文化模式

近年来，西方一些科学教育专家以建构主义为指导思想，倡导一种新的科学教育模式。这种模式要求把科学史、科学哲学和科学社会学的有关内容引入中小学科学教育，以期促进学生对科学本质的理解，培养科学精神和创造力。该模式把学习放在广阔的社会文化背景中，体现了人文主义精神，故称为社会文化模式。

社会文化模式的前提是所学的课题必须是科学史上某一科学家曾经研究的自然现象。这一模式的教学程序包括六个环节：第一，演示现象。教师给学生演示某一自然现象，学生通过观察现象，产生一个需要解决的问题。第二，引出观念。教师启发学生就这一自然现象提出自己的观点(解释)，促使学生各抒己见，标新立异。第三，学习历史。介绍早期科学家关于这一现象的思考与研究实例，作为学生研究的参照；举例说明当时其他科学家的不同观念；引导学生讨论或探究这些观念产生的背景、条件，使学生认识到科学认识的历史制约性。总之，学习历史不仅可以激发学生的想象力，同时，科学史的介绍还可以使学生设身处地地体验以往科学家的探究与思考。第四，设计实验。教师要求学生，设计实验，检验观点。第五，提供科学观念并进行实验检验。由教师讲解当代的科学观念，从而为学生实现观念转变提供契机和可能；学生对科学观念进行实验检验，由实验现象的观察、资料的收集与整理，最终得出结论，形成科学观念，即实现由前概念向科学概念的转变。第六，总结与评价。通过总结与评价，教师帮助学生更深刻地理解科学的探究本质，历史上科学家的探究过程和科学观念。

七、建构主义对小学科学教学的启示

建构主义学习理论为思考和分析学生科学教育的特点，明确科学教育的目标、内容和方法等提供了重要的理论依据。根据上述观点，在当前科学教育中，要真正提高科学教育的质量，促进学生科学素养的发展，应该重视和注意以下几个方面。

(一)培养和提高学生的科学素养

在科学教育中，学生科学知识的获得和科学概念的形成是一项重要教育内容，但并非最终目标。科学知识是动态发展的，因此，科学教育并不只是对所谓的真理性知识的记忆，更重要的是让学生通过科学探究的过程，在获取知识的过程中培养其领悟科学、运用科学的能力。教师要有意识地引导学生将所掌握的科学知识与其从多种渠道获得的科学知识联系起来，将所获得的科学知识运用到新的问题情境中，培养和提高科学理解和运用能力。科学过程与方法的掌握和运用以及科学态度、精神和价值观的养成也是科学教育的重要内容，教师要经常鼓励学生参与各种形式的科学活动，认识和了解科学研究的过程，掌握进行科学研究的方法，鼓励和培养学生进行科学探究的态度和精神，促进学生正确科学价值观的形成。

(二)正确引导建立科学概念

知识是个体对现实世界的主动建构，这种建构离不开其自身的背景和经验。当科学概念和已有经验比较一致时，学生容易理解并能很快掌握新的知识和信息，已有经验在此是推动学生学习的，是学生学习新知识的基础。

前概念是学生认识世界的开端，是学生建构起对世界认识的起点。但由于学生的前概念主要依赖于直接的情境和感知，是建立在直接经验基础上的，因此，前概念可能与科学知识相一致，也可能与科学知识相冲突。对于与事实不符的错误概念，教师要给学生创造亲自探究的机会，让学生去发现已有经验与新发现的现象或事实间的不一致甚至矛盾之处，引发其认知冲突，促使其审视、反思并修正自己的经验和认识，建构起更为科学的新解释、新概念。

(三)关注学生的问题

科学是现实生活的产物，它的突出特征就是生活性，科学常常与生活中的各类事物密切相关。对于日常的一些事物或现象，学生常常会产生探究的需求和愿望，这是学生学习的内在动机，也是学生科学教育的依据。所以，科学教育要关注和了解学生的兴趣和问题，从学生已有的经验入手，将学生亲历的事物或现象中产生的一些问题作为科学学习的内容，让学生在力所能及的范围内进行科学探究。同时，教师要把在课堂、室外或在实验室里的探究活动集中在一些现实的生活现象或社会问题上，让学生去研究，去调查。这种探究不仅能充分调动学生的好奇心和求知欲，促使其积极、主动地参与到探究活动中，获得对于世界的初步解释，而且有助于学生对那些可能与科学概念相抵触的知识进行调整，促进正确科学概念的获得与发展。

(四)正确处理学生主体与教师主导的关系

建构主义强调以学生为中心的教育观，学生是知识的建构者。学生在一定意义的情境中，主动对知识精心选择、推理、判断等，通过小组合作或自己独立思考等活动，实现知识的建构。小学科学课程注重培养学生的科学素养，培养学生主动探究的精神，而科学素养和探究精神的培养，往往依靠学生的主体性科学实践活动得以逐渐发展。

教学活动的顺利进行，很大程度上取决于教师的教学水平，无论教学手段多么先进，教师的作用不可替代。建构主义认为，教师是教学的组织者、学生学习的引导者和合作者，要重视教师在教学中与学生互动的引导作用。在学生主动建构知识的同时，教师的引导必不可少。小学生年龄较小，缺乏一定的独立性，需要教师不断地引导，促使学生产生学习兴趣。科学知识具有一定的难度，没有教师的引导和帮助，会挫伤学生学习的积极性，教师需要在教学过程中采取多元化的教学方法，诱导学生开展学习任务。

科学学习的中心环节是探究，学生在积极地参与科学探究的过程中逐渐形成对自然界的认识。学习科学对于学生而言是一个主动参与的能动过程。在这个过程中，学生不仅要动手，还必须动脑。正是在这种自主探究的过程中，学生的科学素养和科学能力得以发展和提高。因此，在科学教育中，教师应该有意识地为学生创造自主探究的机会和条件，让学生通过自主参与获得知识，掌握科学研究所必需的探究能力，形成认识自然的基础——科学概念，并进而培养探究未知世界的积极态度。

探究作为一种科学研究活动，是一种多层面的工作，遵循一定的基本程序，包括观察、提出问题、查阅资料、提出假设、设计研究方案、进行实验、分析和解读数据、得出结论等。这些活动常常是学生不能独自完成的，需要教师在关键时候给予必要的提示和建议。因此，在科学探究的各个不同阶段，教师都是学生学习必不可少的支持者和促进者。教师要积极地关注学生在各个阶段的行为表现，在必要时给予相应的指导与帮助。成功的教师不仅科学知识渊博，而且善于观察学生，能根据学生的特定要求采取相应的行动，善于选择指导学生的时机和方法。

(五)加强学生间的合作与交流

科学是一种协作性的活动，在科学学习中，学生间的合作与交流有助于深化其对于科学概念的理解，加深其对科学活动性质的认识，也有助于对其科学探究活动所必需的技能、思想方法、行为方式和价值观念等多方面的培养，使学生学会按照一定的规则开展讨论，学会准确地与他人交流，向他人解释自己的想法，倾听他人的想法，正确对待他人的批评以审视自己的观点，获得更正确的认识，学会相互接纳、赞赏、分享、互助等。因此，合作是科学教育的一种基本要求。但是，学生共同参与学习的集体不会自然形成，需要教师的精心安排和扶持。教师要经常鼓励学生共同参加小组工作，让每个人都能积极地参与到科学活动中来，使他们担负起自己作为个人和作为小组成员所应担负的责任；要组织和推进各种科学活动，鼓励学生间无拘无束地讨论，说明自己对问题的理解，提出确凿的论点，对彼此的科学解释提出批评和质疑等。

建构主义认为学生与周围环境的交互作用对于学习内容的理解起着关键性的作用。学生在教师的组织和引导下一起讨论和交流，共同建立起学习群体。在这样的群体中考察各种理论、观点、信仰和假说，进行协商和辩论，通过这样的协作学习，整个学习群体共同完成对所学知识的意义建构。小学科学课程的开放性和探究性使得开展协作学习很有必要，但是由于小学生年龄比较小，开展协作学习时容易把握不住重点，偏离主题，这就要求教师要明确规定一些基本的协作学习的任务，使学生养成良好的协作学习习惯。

(六)创设教学情境，活跃教学氛围

知识的建构离不开具体的情境，教师必须发挥教学智慧，密切结合教学内容，创设与之相对应的情境，把概念性、抽象性很强的科学知识渲染为具体、形象、生动、有趣的环境和片段，从听觉、视觉、感觉等多方面强化学生的情感体验，有效激发学生的兴奋点和学习主动性，活跃课堂气氛，提高学生在课堂教学中的参与度，促进学生对教学内容的理解。

总之，建构主义学习理论提出了一些新的观点，有其合理性，借鉴其基本理论成果，研究当代中国学生科学教育的诸多问题，对于促进当代中国学生科学教育具有重要的意义。

本章小结

教学理论是从事教学工作必备的基础理论，本章以科学课程的特点为依据，阐述了适用于科学教学的发现法教学思想、多元智力理论和建构主义理论。本章详细阐述了三种理论的内涵和特点，论述了三种教学理论对科学教学的作用，三种教学理论在教学过程中的具体使用方法以及三种教学理论在科学教学改革、学生智力培养、教学评价方法等方面的指导意义。

关键术语

发现法教学、多元智力理论、建构主义理论、内涵、特点、使用方法。

思考题

1. 什么是发现法教学？发现法教学的意义是什么？
2. 如何在小学科学课程学习中采用发现法教学的思想？
3. 发现法教学的主要过程是什么？
4. 什么是多元智力理论？多元智力理论与传统教学理论的主要区别是什么？
5. 阐述多元智力理论对科学课程教学及教学改革的意义。
6. 多元智力理论对教学评价的方法产生了怎样的影响？
7. 什么是建构主义理论？
8. 如何引导学生进行知识建构？
9. 建构主义的教学观包括哪些内容？
10. 建构主义的教学模式有哪些？
11. 建构主义教学理论对科学教学的教学设计和教学过程有怎样的影响？

拓展阅读

1. 发现法教学的起源。发现法教学在我国可以追溯到先秦教育名篇《学记》中，“君子之教，喻也”“道而弗牵，强而弗抑，开而弗达”的古训。其中，“开而弗达”(开启、引导学生的思维而不要代替学生做出结论)，就是发现法教学的思想。在国外，发现法教学可追溯到公元前 4 世纪到公元前 5 世纪，古希腊哲学家苏格拉底和柏拉图创用的“理智助产术”。他们将学生获得知识喻为产妇生产，教师只能充当“助产士”的角色。当代学者弗赖登塔尔在《作为教育任务的数学》中指出，学习过程含有直接创造的因素，通过创造获得知识与能力。布鲁纳则明确提出了“发现法”这一术语，要求学生自己去探索、发现，发展个人的创造性。

2. 建构主义的主要流派。建构主义的主要流派包括个人建构主义、激进建构主义、社会建构主义、社会建构论、批判建构主义和语境建构主义六大学派。

3. 学习理论。桑代克的经典性条件反射学习说认为学习是暂时神经联系。巴甫洛夫在其著作《条件反射》中指出，学习都是联系的形成。哥什里认为学习的主要条件是刺激与反应的接近。赫尔提出了学习的需要削减理论，强调学习过程中的刺激、提示、反应和报酬等要素构成学习。苛勒认为学习的实现和成果是由于人和动物对问题情境顿悟的结果，这种理论被称为学习的顿悟理论。埃斯蒂斯认为学习是有机体对刺激的反应，是一种随机的过程，可以用概率论加以分析，这种理论被称为刺激抽样理论。托尔曼则认为学习是“认知地图”的过程，这种理论被称为学习的认知理论。

4. 霍力岩．多元智力理论与多元智力课程研究[M]．北京：教育科学出版社，2003。

该书包括四章内容：多元智力理论研究、多元智力课程研究、在比较中认识多元智力理论与课程、多元智力理论与课程引发的思考。

5. [美]玛拉·克瑞克维斯基．多元智能理论与学前儿童能力评价[M]．李季湄，方钧君，译．北京：北京师范大学出版社，2003。

该书致力于将美国图佛兹大学费尔德曼教授的非普遍性发展理论和哈佛大学加德纳教授的多元智能(力)理论运用到教育实践中去。该书根据更宽阔的智能(力)观设计了一套展现儿童智能(力)多样性的评估方法。这套方法和评估材料的特点是：它用一系列涵盖各个领域的、与儿童日常生活联系的学习活动，让儿童真实地完成任务，在此过程中来识别和培养儿童，特别是那些面临学业失败的儿童的智能(力)和兴趣，为教师能够发现、确认儿童的智能(力)强项领域，尤其是他们在音乐、运动、机械以及其他一些通常不被重视的领域的智能(力)，提供充分的正面信息。具体而科学的评估手段既可直接指导教师评价儿童，也可作为教师设计教育活动的重要参考。

第三章　小学科学课程标准解读

学习目标▶

1. 认识小学科学课程的性质和设计思路。
2. 能够阐释小学科学课程的基本理念。
3. 能够结合实践对小学科学课程的课程目标进行解读。

导入案例

韭菜与鸡瘟的探究①

去年夏初，我们这里流行鸡瘟，鸡大量死亡。我家一窝鸡突然也有几只染上了鸡瘟。爸爸到兽医站买回二十多元治鸡瘟的药，但给鸡喂后效果不佳，结果我家也死了十只鸡。爸爸妈妈担心一窝鸡都会染上鸡瘟，愁眉不展。

一天放学回家，我发现鸡群中有几只鸡特别有精神，一点儿也不打蔫。这引起了我极大的兴趣，暗下决心认真观察其中的究竟。从这天起，每天放学一回家，我就寻找这几只鸡，并没有发现有什么异样的表现。只是这几只鸡经常远离鸡群，跑到邻家的菜地去觅食。我发现韭菜畦里的土松松的，并且有些小窝窝，仿佛鸡在那里钻过，而韭菜高的高，矮的矮，参差不齐，有被鸡啄过的痕迹。难道韭菜对预防和治疗鸡瘟有作用？我抱着尝试的心理开始做试验，首先选两只病鸡作为试验对象，从菜园里割回一小把韭菜，把韭菜捣烂搓成豌豆大小、鸡刚好能够吞下的丸，一天分早、中、晚三次定时定量(每次三丸)给两只病鸡喂药。

开始几天，鸡的病状没有什么变化。第四天早上，我又给鸡喂药，发现鸡略微有了一些精神，好像有了食欲，我忙抓来一把小米，它们能啄上十几下，这坚定了我试验的信心。我按前三天的方法继续喂了三天，奇迹出现了，病鸡竟活泼起来了。为了进一步验证试验的准确程度，我把三只病鸡和三只无病鸡分别进行笼养试验，并做好了病鸡观察记录。

我根据鸡的病情定量喂药，结果病鸡痊愈了。这说明韭菜确实能防治鸡瘟。消息像长了翅膀似的，一传十，十传百，全村人都知晓了，乡亲们都按我的方法进行预防和治疗，效果也十分理想。

在我们的生活中，经常会遇到这样那样的科学问题，需要我们开动脑筋去发现问题然后想办法去解决问题，这就是一个科学探究的过程。科学探究离我们的生活并不遥远。《全日制义务教育科学(3～6年级)课程标准》指出了要让科学探究成为学生学习科学的主要方式。下面就一起来对小学科学课程标准进行解读，包括小学科学课程的性质、基本理念、设计思路以及目标等。

---

① 喻伯军．小学科学课程标准回眸[EB/OL].(2015-11-16)[2016-03-02]http：//jsjxxx.shanghang.gov.cn/jxcs/xxjys/xxkx/201511/t20151116_253554.htm.

第一节　小学科学课程的性质

一、小学科学课程是一门以培养学生科学素养为宗旨的义务教育阶段的核心课程

对于小学科学课程的这一课程性质，可以从两个方面来理解。一是小学科学课程的目标是培养学生的科学素养。小学科学课程在改革开放之初开设(曾被定名为“自然常识”“自然课”等)，至今历经三十余年的时间，课程目标也是几经变动，从最初定位于“学习自然科学知识”，到“进行科学启蒙”，再到现在的“培养学生的科学素养”，是一个不断规范化、合理化、国际化的过程。科学素养比科学知识内涵更为丰富和全面，不仅包括科学知识，而且包括科学兴趣、科学能力、科学态度、应用科学知识解决实际问题的能力以及对于科学与技术、社会关系的认识和理解等。培养学生的科学素养有助于为学生的终身学习和全面发展奠定良好基础。同时，课程目标定位于“科学素养”“有利于小学生形成科学的认知方式和科学的自然观，丰富童年生活，发展他们的个性，开发他们的创造潜能”。① 需要说明的是，小学课程标准对于学生的科学素养要求是全面立体化的，但并没有超出小学生能够达到的水平，因为层次水平相对较低。

二是小学科学课程成为义务教育阶段的核心课程。1977 年，《全日制十年制学校小学自然常识教学大纲(试行草案)》将小学科学(当时称为“自然常识”)定位为“小学阶段学生学习自然科学知识的一门主要学科”，也就是说当时定位为小学的一门主要学科，该定位表明当时的“自然常识”并不是小学核心课程，这就决定了在之后的教学中小学“自然常识”课程被逐渐边缘化，成了名副其实的“副科”。1986 年，修改后的教学大纲将小学科学(当时称为“自然课”)定位为“对小学儿童进行科学启蒙教育的一门重要基础学科”。也就是说，当时的小学“自然课”是小学的一门重要基础学科，地位有所上升，但是 1988 年“自然课”又重新被定位为小学阶段的“一门主要学科”。2001 年新课程改革将小学定位为“科学启蒙课程”，但是对于小学科学在小学阶段课程中的地位却没有论及，导致小学科学在实践中依然没有得到应有的关注，处于“副科”的地位。因此修订版的小学科学课程标准将小学科学定位于小学阶段 1～6 年级的“核心课程”，具有历史性的意义。首先，第一次将小学科学课程定位为小学阶段的核心课程，这就将其放到了和“数学”等学科同等重要的位置，这也符合国际科学教育发展潮流。其次，将小学科学面向小学1～6年级，这是前所未有的，

① 潘洪建．小学科学课程标准 60 年[J]．现代中小学教育，2012(11)：22—25.

这意味着科学课程将贯穿于义务教育的整个阶段，学生从小学一年级开始就要学习科学知识，提升科学能力，认识科学的价值，培养科学精神，并利用所学知识解决实际问题。这同样符合国际科学教育发展趋势。

二、小学科学课程是一门具有活动性和实践性的课程

科学探究是学生学习小学科学课程的重要方式，而科学探究本身就具有活动性和实践性。“学习科学是学生自己做的事，而不是别人为他们做的事。在科学学习中，学生需要描述物体和事件，提出问题，获取知识，对自然现象做出解释，以不同方法对所做解释进行测试，与他人交流想法。‘主动的过程’既有动手的活动，也有动脑的活动，仅有动手活动是不够的。科学教学必须让学生参与以探究为目的的研究活动，使他们与教师和同学一起相互启发相互促进；学生需要将他们目前具有的知识同多渠道获取的知识联系起来，要将科学知识应用于新的问题，他们要参与解决问题、计划、决策、小组讨论，他们还要经历与主动的学习途径相配合的考核。强调主动的科学学习意味着不再把重点放在教师的知识传授及课题覆盖上，教材包揽一切题目、词汇和信息的做法直接有悖于让学生通过理解来学习科学知识的这个中心目标。”这是美国《国家科学教育标准》中提出的第二个原则。任何一种有效的、成功的教育都必须有学生积极主动的参与。教育的成败，归根结底取决于学生自身的努力，取决于学生对教育过程是否参与、怎样参与以及参与了多少。一切教育影响只有通过学生自身的积极活动才能转化为学生内在的精神财富，才能使学生得到成长和发展。苏格拉底把学生获得知识比作产妇生产，教师的角色就是“助产士”，学生才是教育的真正主体。科学教育的形式也应该是丰富多样的，除了课堂教学外，还必须有各种各样的课外活动。课外活动是科学教育中不可缺少的重要阵地，它有着课堂教学无法替代的重要作用。它可以补充课堂教学所授知识的不足；可以使学生理论联系实际，开阔眼界和思路，培养动手实践与创造能力；也可以使学生综合利用各科知识，培养解决实际问题的能力，得到全面、和谐的发展。①

科学探究的活动性体现在，科学探究需要学生基于一定的科学问题，设计探究方案，并展开探究活动，从而得出问题的答案。探究本身是基于活动的，这种活动不仅包括外在的身体活动，而且包括内在的思维活动。科学探究的实践性体现在多个方面，可以是学生在教师指导下的科学小制作，也可以是学生在教师指导下的科学探究活动，还可以是学生的家庭小实验等。这些都是学生的科学实践活动。

三、小学科学课程是一门具有综合性的课程

小学科学课程的综合性体现在两个方面，一是学科内容的综合，二是学习方式

---

① 顾志跃，任长松，常初芳，等．科学(3～6年级)课程标准解读[EB/OL]．[2016-03-02]http://cs.gzedu.com/jiaoshijixu/xiaoxuekexue/xiaoxuekexue1/05/doc/5_1.htm.

的综合。所谓学科内容的综合，即小学科学课程内容包括了物质科学、生命科学、地球与空间科学等领域的知识，并且小学科学课程并非这些学科领域的简单相加，而是不同知识内容之间内在的有机融合，这种融合是先天的而非人为的，从而体现自然科学的本质、方法、思维方式等。学习方式的综合包括课堂学习与社会实践的综合、知识学习与科学探究的综合、课内正式学习与课外非正式学习的综合、个体学习与小组合作学习的综合。

毫无疑问，课堂教学依然是小学科学课程实施的最主要、最重要的形式，但是小学科学课堂学习要实现必要的变革，即从以往教师的讲授为主向学生的主动科学探究为主转向，教师的角色将从知识的传授者向科学探究活动的组织者、引导者以及答疑解惑者转变。同时，科学社会实践活动将成为小学科学课程的重要实施形式，包括户外科学活动(户外调查、观察等)、家庭科学活动(家庭小实验、家庭生活问题解决等)。以科学内容为载体的社会实践活动将成为小学科学课程的重要实施形式，不仅仅是对课堂教学的有效补充，并且将成为科学教学的重要实施形式。

知识学习与科学探究的结合。我们以往的小学科学(自然)教学主要以传统的讲授式教学为主，学生只是被动的知识接受者，并且接受的知识也是静态的“死知识”。这种教学一方面无法调动学生学习的积极性，一方面泯灭了学生固有的探究天性，同时对于学生认识科学的本质也是极其不利的。新课程重视学生主动的科学探究，将科学探究作为小学科学学习的主要的学习方式，符合国际科学教育的发展趋势。

课内正式学习与课外非正式学习的综合。信息时代的到来，传统的课堂教学受到了极大地挑战。但是不可否认，课堂教学依然是小学科学课堂教学的主要形式。同时，随着社会科普资源的丰富，课外的非正式学习将成为科学学习的重要方式，同时也是课内正式学习的重要补充，共同提升着学生的科学素养。课外的非正式学习包括参观博物馆、科技馆、科技中心以及家庭小实验、课外科学小调查等。

个体学习与小组合作学习的综合。我们以往的学习，往往重视学生的个体学习，而忽视学生的小组合作学习。但是，我们知道，现代科学研究已经成为一种社会建制，也就是需要诸多科学研究者组成一个研究团队分工合作共同解决某个科学难题。因此，小学科学课程的重要目标就是要让学生认识科学的本质，基于某个科学问题，共同合作探究，养成团体意识。

四、小学科学课程是一门与其他学科有密切联系的课程

小学科学课程与小学语文、数学、品德与社会、信息技术等课程有着密切的联系。例如，语文课程中包括了大量与科学活动、科学家有关的故事，这些故事与小学科学课程内容共同促进学生对于科学活动和科学家的认识，同时语文课程对于语言知识的学习有助于学生更清晰透彻地理解和学习科学课程内容。而数学作为科学的重要支柱，多位科学家都曾指出，自然科学是用数学语言表述的，因此数学与科

学课程密不可分。同样，品德与社会、信息技术等课程也与科学课程密切相关，甚至部分内容相互交叠。例如，环境教育问题是品德与社会、科学课程共同关注的问题，而电子计算机、互联网等既是科学课程的内容也是信息技术的重要基础。

第二节 小学科学课程的基本理念

一、面向全体学生

《全日制义务教育科学(3～6 年级)课程标准》指出：科学课程要面向全体学生，为每个学生提供公平的学习科学的机会和有效的指导，要充分考虑到每个学生在性别、天资、兴趣、生活环境、文化背景、民族、地区等方面存在的差异，在课程、教材、教学、评价等方面鼓励多样性和灵活性。这既体现了义务教育的公平性原则，保证每个学生有平等的接受科学教育的权利，而且也反映了现代科学教育面向全体的思想。这是因为随着科学技术的日益发展，其对人类生活的影响越来越大。这种影响不仅表现为高新科技不断进入人类的日常生活，如家用电器、计算机、新材料产品、各种通信手段、数字化生存方式，使得生活在这一时代的人类需要各种科学知识，适应与享受现代生活，而且表现为需要人类理智地认识这些现象，知道科学技术在给人类带来福音的同时，也会给人类造成麻烦，如环境污染、能源枯竭、情感丧失、生态破坏等。这些负面效应必须引起人类的高度重视，需要每个人在享受现代生活方式的同时，关注可能伴随而来的各种问题，自觉地防止与减少负面影响的出现。这是每个生活在这个时代的人都必须知道，并付诸行动的。因此，科学素养是这一时代的人必须具备的基本素养。要让每个人具有科学素养，必须实施面向全体的科学教育。科学课程面向全体学生还意味着必须提高每个人对科学进步与社会发展做贡献的能力。在科学技术作为第一生产力的时代，一个国家公民科学素养的水平直接反映了这个国家的科学技术水平与国民生产能力，也是这个国家综合国力的体现。因此，不少国家都把科教兴国作为一项基本国策实施，美国提出了“面向全体美国人的科学”，日本提出了“全体国民教育”，我国也提出了“科教兴国”的国策，这些都充分反映了科学教育面向全体的思想。①

二、以提高学生的科学素养为宗旨，促进学生的全面发展

一是科学课程教育的目的是培养学生的科学素养。该学科的名称从“自然常识”到“科学”，也在一定层面上反映了学科培养目标的变化。以往的“自然”学科主要以

---

① 顾志跃，任长松，常初芳，等．科学(3～6 年级)课程标准解读[EB/OL]．[2016-03-02] http://cs.gzedu.com/jiaoshijixu/xiaoxuekexue/xiaoxuekexue1/05/doc/5_1.htm.

让学生学习与周围自然现象有关的知识为主，包括相关的技能、学习的兴趣以及爱祖国、爱家乡、爱大自然的情感。现代科学教育则强调通过现代科学知识及其社会价值的教学，让学生掌握科学概念，学会科学方法，培养科学态度，且懂得如何面对现实生活中的科学与社会有关的问题做出明智决策，注重科学精神与人文精神的结合、现代科技与日常生活的结合、科学内容与科学过程的结合以及知识教育与能力培养的结合。因此，以科学素养为教育的目的最能反映出学科的这一变化趋势。二是小学科学课程的定位是科学启蒙。一个人的科学素养形成是长期的过程，但早期的科学教育将对他的科学素养形成起决定性的作用。因为，小学阶段是一个人长身体、长知识的关键期，也是心理发展的重要转折期。在这一阶段学生将掌握基本的学习方法，养成学习习惯，所学到的知识将对后继学习产生重大的影响，同时，这一阶段又处于打基础的阶段，学生知识积累与思维能力的发展都极其有限。因此，科学教育不可能以系统的知识学习与方法训练为主，只能根据学生的经验，在他们熟悉的周围生活中选取有关的内容，让他们看一看、做一做、玩一玩、想一想，从中学到知识，培养兴趣，练习方法，为后继的科学学习打好基础，这就是科学启蒙的含义。

三、小学科学课程以探究学习为主要的学习方式

在以培养科学素养为宗旨的小学科学教学中，由于教学目标的多元性，除了书本知识的学习，还包括科学方法与技能的训练，科学能力的培养以及科学情感、态度与价值观的养成，其教学就不能简单地采用知识传授的做法，必须采用新的教学方法。探究是科学教学的中心环节，贯穿于各个领域的学习之中。科学探究活动一般应经历由简单到复杂、由教师带着走逐渐到由学生自己走的过程，让学生有一个逐步熟悉的过程，不能要求学生一步到位。

在小学科学教学过程中，应注意对学生进行发散性提问的训练；鼓励学生大胆猜想，提出多种假设或预测；培养学生在解决问题前先思考行动计划的习惯；培养学生搜集、整理和分析资料的能力以及表达自己的研究成果和倾听他人的研究成果的能力等。

四、小学科学教学中，学生是主动的学习者

“学生是主动的学习者”是指要充分信任学生，在科学学习中要体现学生的主动性，发挥他们的能动作用，让他们在参与科学探究活动中自己提出问题，设计解决问题的方案，自己动手收集各种资料，开展调查与实验，自己整理信息，做出解释或结论，自己写研究报告，并进行表达与交流。只有这样，学生才能在学到科学知识的同时，习得开展科学研究的方法，提高科学研究的能力，并培养科学的情感、态度与价值观。要实现学生在科学学习中的主体地位，关键是要转变教师的学生观，

重新定位课堂教学中的师生关系。在以知识传授为目标的课堂教学过程中，学生的主要任务是接受知识。至于接受哪些知识，学习哪些内容，则是由大纲与课程事先规定了的，学生没有选择的机会和余地，完全处于被动接受的地位。而教师通过设计教案，主持上课，指挥与控制着课堂教学，处于主体地位。在这样的课堂教学中，教师往往会认为学生在课堂里的主要任务就是从不懂到懂，从不会到会，而教师的主要任务是教会学生，因此，学生应该完全听教师的。教师让学生做什么，学生就做什么，不能自己在课堂里随便想做什么就做什么，唯一应该做的就是听从教师的安排，按教师的要求去做。在这种学生观的支配下，学生的主体地位是很难实现的。现代科学教育以培养学生的科学素养为目的。学生科学素养的形成不是简单通过教师的讲授就可以实现的，其中科学方法与能力、科学态度与价值观的培养往往需要学生在参与科学探究活动中体验与感悟。在这类教学中，学生的参与性和主体性是必须体现的。为此，教师需充分认识到这一点，不能再按照以往的学生观看待学生在课堂里的角色，要建立学生也是具有主体能动性的人的学生观，从学生的主体性角度出发，设计教案，并创设各种条件与机会，实现学生在课堂里的主动学习。①

五、小学科学教学中，教师是学习过程的组织者和引导者

新的小学科学课程标准对小学科学教师的地位与作用进行了重新定位，即教师作为学生学习过程的组织者和引导者，而不再仅仅是传统意义上的科学知识的传授者。这种表述一方面表明了教师地位和作用的转变，一方面也体现了学生在科学学习过程中的主体地位以及学习方式的转变。传统的小学科学学习是教师按照小学科学教材进行教授，教师是小学科学课堂的主导者、知识的传递者，而学生仅仅是被动的知识接受者，从而导致了学生主体地位、能动性和创造性的丧失。而新的小学科学课程，试图改革小学科学的教学方式，从传统的讲授式向探究式教学转变，将科学课堂还给学生，使学生在其中发挥自身的主动性、创造性和积极性，主动探究，在探究中学习科学知识，获得科学能力，感受科学魅力。

六、小学科学课程采用有利于促进学生发展和科学素养形成的评测体系

评价是课程体系的重要组成部分，评价能够检测学生科学学习的效果及存在的问题，从而为改进教学提供可靠的信息。因此，小学科学课程评价目标是要有利于学生发展和科学素养的形成。

早期的学科教学评价主要是为了证明学生是否达到了预期的教学目标，因此往往以目标到达度评价为主，即在一项教学任务开始之前，先确立若干教学目标，当这项任务完成以后，通过测验或者其他方法检查学生达到预期教学目标的情况。达

① 顾志跃，任长松，常初芳，等．科学(3～6年级)课程标准解读[EB/OL]．[2016-03-02]http：//cs.gzedu.com/jiaoshijixu/xiaoxuekexue/xiaoxuekexue1/05/doc/5_1.htm.

标度越高，说明学生的学习越好。这种以证明为目的的学科教学评价早在20世纪70年代就遭到了教育家的批评，认为它完全是学科中心主义的产物，其最终的结果只能是为升学和高一级学校选拔合格的学生服务，对改进教学，使之最终适合学生的发展并没有什么好处。而教学评价除了对学生的学习有鉴别作用以外，还应该对教学过程本身的质量提高和改进发挥作用，要做到这一点就必须进一步开发教学评价的功能。不能只看到评价的回顾功能，对已经做过的工作的总结作用，还应该看到评价的前瞻功能，对将要做的工作的导向功能。形成性评价就是在这种时候提出来的。形成性评价与传统教学评价的最大区别是在评价功能上的拓展，形成性评价强调通过一系列间隔性评价，来控制学生的学习和教师的教学过程，发现问题，及时反馈，及时矫正，使学生的学习和教师的教学始终保持正确的方向与良好的状态。①

最新的教学评价的发展趋势主要表现在两个方面：一是从过去只关注学生的学习结果到关注学生学习的全过程；二是评价的形式方法从单一的考试发展到了多元评价。关注学生学习全过程的评价包括：学生学习目标的设定、学习过程的诊断以及学习结果的判定。学习目标的设定是指在一个阶段的学习开始之前，通过前置性评价，先了解学生进入下一阶段学习的准备状况，以便为学生制定一个合适的期望目标。这一点在现在的学科教学中特别强调。学习目标的适切与否对学生的学习有非常大的影响。期望的学习目标过高，超出了学生所能达到的程度，他们会认为反正再努力也达不到，不如放弃；期望的学习目标过低，学生无须努力就可以达到，对他们也不会产生激励作用。因此制定一个合适的期望目标，对调动学生的学习积极性，引导他们有效学习，无疑是十分重要的。学习过程的诊断是指在学生的学习过程中，教师通过各种手段，如形成性测验、作业检查、课堂提问等，把握学生的学习状况，发现问题，及时反馈，及时矫正。学习结果的判定不仅包括传统的学业成绩的判定，还应该包括所有学习目标的达成情况的判定。学科评价形式方法的多元化包括：评价主体从教师为主，发展到了学生的自评与他评，还有学生家长对评价的参与；评价方法除了传统的书面考试之外，还有口试、作品制作、杰出表现记录、答辩、轶事记录等；评价结果可以是分数，也可以是等级评定或者评语。②

科学课程的教学评价还有一个特点就是评价时空的拓展，它强调评价伴随在教学的全过程之中。不仅当学习告一段落的时候要进行结果评价，而且在学习开始的时候要进行前置性评价，在学习之中要开展形成性评价，实现评价时机的全程化。总之，评价主体的多元化、评价内容的全面化、评价方法的多样化、评价时机的全程化是科学课程教学评价的最主要特点。

---

①② 谢亚萍．小学科学新课程标准解读[EB/OL]．(2012-02-29)[2016-03-01]http：//www.tzqxx.com/shiys/ShowArticle.asp? ArticleID=818.

第三节　小学科学课程的设计思路

《全日制义务教育科学(3～6年级)课程标准》包括前言、课程目标、内容标准和实施建议四部分内容，阐释了小学科学课程的作用、课程性质、基本理念、课程目标、学习内容、实施建议等。

一、前言

前言部分首先阐释了当今时代科学技术与社会的关系发生了根本性的变化，因而国家对公民必须具备的科学素养提出了明确要求。近几十年来，学习科学研究不仅揭示了儿童学习科学的强大潜力，还强调了从小培养儿童科学素养的重要性和必要性，这些都是小学科学课程设置的依据。①

前言部分主要讲述该课程的性质、改革的基本理念以及课程标准设计的主要思路。核心观点包括小学科学课程是以培养学生科学素养为宗旨的义务教育阶段的核心课程，这是对小学科学课程性质的定位。这既说明了这门课程以培养小学生的科学素养为目标，又表明小学科学课程在小学阶段是核心课程而非之前的边缘性课程。课程的理念从当前国际科学教育的主流趋势出发，提出了要面向全体学生，以学生为科学学习的主体，科学学习以探究为核心，内容需同时满足社会和学生两方面的需要以及开放性、评价伴随其中等改革的新思想。设计思路部分讲述了标准撰写的一些想法，阅读这部分可以帮助读者更好地理解标准的撰写意图与思路。

课程的基本理念体现了义务教育阶段实现教育普遍性和公平性的要求，体现了促进学生科学素养全面发展的要求。同时，近几十年来有关学习科学研究的结果，包括探究式教育方法，以科学为中心、学生主动参与的学习过程，运用促进学生发展的评价方式等新的教育理论，都体现在课程的基本理念之中。在课程的基本理念中，还强调了探究式科学教育并不意味着教师作用的降低，相反地，对教师提出了更高的要求。教学过程需要在教师的组织和引导下进行，教师的引导和支持对探究式科学教育是至关重要的。

二、课程目标

《全日制义务教育科学(3～6年级)课程标准》中的课程目标部分阐明了课程的总目标和三个方面的分目标。

课程目标部分包括总目标、分目标与各部分目标的相互关系。总目标没有分条

---

① 小学科学新课程标准解读讲义[EB/OL].(2009-09-01)[2016-03-01]http://xxkx.fhedu.cn/Html/11/Menu/26/Article/54/.

目与类别，是因为要突出整体性。从科学素养的角度看，知识、技能、能力、情感、态度、价值观等应该是一个人素养的有机组成部分，是整合地存在于每个人之中的。当然为了有助于教材编写者与教师进一步理解与把握，标准又从科学探究和情感、态度与价值观以及科学知识三个方面给出了分目标，并指出了各部分目标之间的相互关系。在标准中，科学知识方面的目标是以内容为单位的可控目标，这里的可控是指在教学中可实施、可检查的。而情感、态度与价值观的目标是伴随在知识传授过程中渗透性的长周期目标，它的可控性比科学知识方面的目标要差得多。科学探究方面的目标介于两者之间。①

三、内容标准

(一)内容标准概述

内容标准部分是说明课程要求学生学什么以及达到的程度，包括科学探究，情感、态度与价值观，生命世界，物质世界以及地球与宇宙五个部分。每个部分又进一步分为若干个二级主题或三级主题。生命世界包括多样的生物、生命的共同特征、生物与环境、健康生活四个二级主题。前两个二级主题侧重基本知识，后两个二级主题强调了联系和应用。物质世界包括物体与物质、运动与力、能量的表现形式三个二级主题。这部分所涉及的许多知识都是现代科学与技术的基础，充分体现出了其与技术的关系。地球与宇宙包括地球的概貌与地球的物质、地球运动与所引起的变化以及天空中的星体三个二级主题。

科学探究是学生学习科学课程的中心环节，贯穿于生命世界、物质世界以及地球与宇宙三个领域的实施过程中。科学探究过程包括提出问题、猜想结果、制订计划、观察、实验等多个环节，在具体的教学过程中，探究可以涉及某一个或几个环节，也可以涉及全过程。情感、态度与价值观包括对待科学学习、对待科学、对待自然以及对待科学、技术和社会的关系四个二级主题，是科学学习的动力因素，影响着学生对科学学习的投入、过程与效果，也是科学教育的目标之一。

(二)关于科学探究

科学探究是科学家获取新的科学知识的方法，它是一个复杂的、多层面的、多种实现方式的、不断循环和上升的过程。以下主要从“什么是探究”“为什么要在小学科学课程中强调探究”“为什么说探究是一种本能”及“科学探究的学习重点在哪里”四个方面展开。②

1. 什么是科学探究

在当今国际科学教育改革的热潮中，“探究”是出现频率非常高的几个关键词之一。按照《牛津英语词典》中的定义，探究是“求索知识或信息，特别是求真的活动；

---

①② 小学科学新课程标准解读讲义[EB/OL].(2009-09-01)[2016-03-01]http://xxkx.fhedu.cn/Html/11/Menu/26/Article/54/.

是搜寻、研究、调查、检验的活动；是提问和质疑的活动”。其相应的中文翻译有“探问”“质疑”“调查”及“探究”等多种译法。就语义而言，据《辞海》(1989年版)的解释，“探究”指“深入探讨，反复研究”。

现在使用的科学探究具有双重含义：一方面，科学探究指的是科学家们用来研究自然界并根据研究所获事实证据做出解释的各种方式；另一方面，科学探究指的是学生建构知识、形成科学观念、领悟科学研究方法的各种活动。在讨论科学教育的文献中，不管是使用“探究”，还是“科学探究”这个词，除特别注明外都是指探究式的学习活动而非科学家的探究。

科学探究不仅涉及提出问题、猜想结果、制订计划、观察、实验、制作、搜集证据、进行解释及表达与交流等活动，还涉及对科学探究的认识，如科学探究的特征。

2. 为什么要在小学科学课程中强调探究

在小学科学课程中，我们之所以强调在教师指导下，让学生继续开展他们自发状态下就一直热衷的探究活动，并不因为这能把每个学生都培养成科学家，而主要是出于以下几个方面的考虑。

第一，探究是满足儿童求知欲的重要手段，对于保护儿童珍贵的好奇心至关重要。学生可以从中获得巨大的满足感、兴奋感和自信心，并焕发出内在的生命活力。如果在进入学校后就宣布禁止儿童开展探究活动，这就违背了儿童的天性，不利于儿童身心健康发展。儿童进入学校以后，不仅不应禁止他们探究，而且应该对他们的探究提供支持、鼓励和帮助(包括适时地提供工具，在必要的时候教给他们更有效地开展探究的过程与方法等)，以引导他们最终能够找到他们感兴趣的那些现象和问题的解释或答案。探究不仅给儿童带来乐趣，而且探究也是人生的主要乐趣之一。如果我们允许学生探究，并指导他们逐渐发展探究能力并日益擅长探究，如果学生曾经有过沉醉于探究之中的经历、体验和印象深刻的回忆，那么，学生就更可能在现在和将来漫长的人生道路上，更好地享受探究这一人生乐趣，更敏锐地发现生活的美好，更充分地感受和珍爱生命之美，更深刻地体味人生的真义和存在的价值。因此，如果学生非要打破砂锅问到底，如果他“自讨苦吃”，一定要对某个问题追根究底，非弄个水落石出不行，教师不应嫌厌或禁止，而应接受、肯定，甚至鼓励、赞扬，并提供帮助和支持。

第二，探究是学生获得关于这个世界的知识的重要途径。第斯多惠就曾说过，要给予儿童真知，更要引导他们主动寻求真知。正所谓授人以鱼不如授人以渔。引导学生自主获取知识或信息，对于培养学生学会学习、终身学习亦具有重要意义。另外，通过亲身探究获得的知识是学生自己主动建构起来的，是学生真正理解、真正相信的，是真正属于学生的。而且，实验已经证明，对于有些概念来说(如皮亚杰研究的数理知识)，除非亲历探究过程来自主建构，否则学生无法真正理解和习得；

只有通过亲身探究和实践，这些知识才在学生心中真正获得新生和意义，获得“深层理解”。

第三，探究过程本身可以使学生的思维得到最好的锻炼，不仅有利于学生问题解决能力的培养，而且是学生科学精神、科学态度、科学方法培养的主要途径。这对于学生科学素养的全面发展十分关键，从中习得的科学过程与方法，对于学生参与生活中与科学相关的问题解决与决策，是重要的基础(与科学知识同样重要)。从广泛迁移的角度来说，学会科学推理是大大提高学生的智慧(思考力、明智的判断能力、批判性思维以及创造力)的最有效方法，这对于他们谋求进一步的生存与发展，获得生活质量的提高至关重要。

第四，由于探究过程需要学生综合运用自己的已有知识和经验，这对于增进和加深学生对已有知识的理解，将其融会贯通，十分关键。我们常常有这样的体会：在一个新的探究情境中，自己已有的知识和经验获得了新的理解，产生出新的意义。

第五，探究过程中需要学生们合作、交流和各种协调一致的尝试，这些合作与交流的实践和经验，可以帮助学生学习按照一定规则开展讨论(而不是争吵)的艺术，学会准确地与他人交流，向他人解释自己的想法，倾听别人的想法，善待批评以审视自己的观点，获得更正确的认识，学会相互接纳、赞赏、分享、互助等。这种客观开放精神的形成并非易事，要靠长久的教育才能得到。这种思维与存在方式应当在孩童时代抓起，否则就只能产生出一批批盲从、人云亦云，或独断、不宽容的人，在理智上缺乏独立性、自主性、批判性。

第六，在亲历探究过程中，学生经历挫折与失败、曲折与迂回、成功与兴奋，这其中的许多感受和体验是他们理解科学的本质、理解科学精神的意义与价值的基础。即使有些探究，学生走了弯路，甚至也没有找到问题的答案而不得不求助于教师给出解释，此时学生对答案的渴求正好可以成为教师讲授的很好的前奏和准备。而且，学生仍可以从这一亲历过程中学到不少东西。

另外，也只有在这样的亲历过程中，学生才真实感受到并由衷地赞叹科学概念原理比他们以前的个人见解更为强大的说服力、迷人的魅力和科学规律美的震撼力——“科学之美”。

3. 为什么说探究是一种本能

几乎所有的动物都具有天生的探究本能。人在初生时也具有一些天生的探究本能。但由于人类具有独特的基因潜能基础，使人类能够突破和超越自身天生的探究本能，而具有更卓越的探究能力。实际上，儿童不仅能够像食蚁兽那样探究蚂蚁的行踪，而且还能够像蚂蚁那样探究蚜虫的天性。也就是说，动物往往只对一定范围内的事物(往往是与他们的生存密切相关的事物)有探究的兴趣，可是儿童却对他们所接触到的任何事物有兴趣去探究。儿童不仅在探究的范围上远比任何一种动物广泛，而且能够学会不仅使用感官，而且使用人类创造的独特工具(如放大镜)和方法

(如对比实验)来对世界进行更加深入科学的探究。在人类的发展史上，人类已经对诸如天体运动、季节变迁的原因、物体运动、生物起源、人类基因组等问题进行过探究，并创造了人类知识的宏伟宝库。而这些，都是除了人以外的其他动物所不能的。人类不仅通过日益强大的探究能力建构了浩大的知识体系，而且还对科学探究本身形成了日益深入的认识(如科学探究的过程、方法、规范、范式等)。作为继承者的新一代，不仅要学习这人类智慧的精华，而且要学会科学地开展探究活动，培养探究素养。实际上，从诞生的那一刻起，我们就没有停止过探究。因此，探究作为一种本能，并不是一种从无到有要去学习的事物——儿童无须学习如何提出问题、如何探究内部的结构、如何表达他们的发现，我们所要努力追求的，不过是促使儿童这种天生的探究能力不断提高和完善。从一个儿童想知道蚯蚓如何在地下生活，到一组科学家探究新的纳米材料，只不过是探究能力不断提高和完善的漫长过程中的一个个阶段。而处于这之间的是教育工作者最为得意和引以为豪的那个过程：在教师指导下的探究。正是在教师指导下的探究，促成了儿童从自发的不成熟的探究，走向科学的探究。在这个从量变到质变的过程中，教育起了关键性的核心作用。实际上，儿童正是通过他们自发的探究，不断加深着他们对这个世界的认识。

4. 科学探究的学习重点在哪里

探究学习的重点不在探究的操作方法和操作技能上，因此不必对此要求过高。教师在指导学生进行科学探究时应当着眼于学生“基本科学素养”的提高。具体说来，教师指导下的科学探究应该把重点放在以下四个方面：通过科学探究满足学生的求知欲；通过科学探究使学生获得关于身边世界的理解；通过科学探究培养学生的科学思维能力，锻炼问题解决能力、合作与交流能力，培养科学精神与态度，初步习得科学方法；使学生逐步获得对科学探究本身及科学本质的理解。

教师在指导学生进行科学探究时，应关注的重点正是让学生学习作为科学探究的本质的那些共同的方面，那些具有广泛迁移价值的、在学生生活中和学生走向社会后也能有所启发和运用的共同的方面，如科学探究的基本过程、基本的科学思维方法；而不必过分强调某些具体的操作方法和操作技能，如滴定管的使用等。

四、实施建议

实施建议部分是对如何进行教学实践的建议。教材和有关教学资源的建设是很重要的，它是标准与教学实践之间的桥梁。中国国土广阔，各地区情况差别较大，各地需要根据实际情况将标准具体运用于教学实践，这就需要通过教材的编写来实现。教师的培训和发展也要依靠教学资源的建设。教师队伍的建设对任何教育改革都是最为关键的因素。面对中国小学科学教师队伍的现状，普遍提高教师的科学素养，重点保证科学教师的职前培养与在职培训，保证其科学教育工作条件又是当务之急。实施建议中还对学习、评价和其他与教学过程有关的支持条件提出了建议。

怎样理解“用教材教”，而不是“教教材”？“用教材教”和“教教材”是两种不同的教材观。“教教材”是指这样一种教材观：把教材当“圣经”，恪守教材不敢越雷池半步。因传统教材绝大多数是以知识作为逻辑主线的，至多是结论加验证性实验，这样“教教材”就成了只教概念、原理等知识的代名词。现代教学观强调教学的目标是多样的。科学教育的目标包括了科学素养的诸多侧面：科学知识、科学方法、科学精神、科学态度……后几者的教育在教材中的反映是有限的，它们更大程度上要靠亲历、体验各种和科学有关的活动达成；同时，又不能离开有关的知识单独进行。这势必要求教师从“教教材”的立场转到“用教材教”的立场——在教知识的过程中有机结合科学方法和科学态度等的教育，以充分实现科学课程的育人潜能。一位“用教材教”的教师是这样设计“抑郁症”这一知识点的教学的：为了培养学生的分析、比较能力，他让学生比较两种不同的抑郁理论；为了培养学生的创新能力，他让学生提出一种自己的抑郁理论；为了培养学生的实践能力，他提供了一个抑郁病人案例，让学生开治疗处方。这是一个典型的“用教材教”的案例。“用教材教”需要教师提高科学课程多方面目标意识和识别知识课程潜能的智慧：哪些知识的学习可以超越知识本身的价值。展示月相的变化是一回事，让学生连续观察并记录 28 天左右的月相是另一回事，后者给予学生的更多也更重要：坚持性、客观性、认真、严谨等。①

第四节　小学科学课程的目标

一、什么是课程目标②

课程目标是预先确定的要求学生通过某门课程的学习所应达成的学习结果，也可以说是预先确定的要求学生通过某门课程的学习而在相关素质或特征方面所应发生的变化。课程目标是指导课程设置、编排、实施和评价的整个过程的准则，也是课程自身性质和理念的体现。

小学科学课程的课程目标，就对学生学习科学课程之后在科学素养方面所应达到的水平或程度做出了概括的描述和明确的界定。例如，“知道与周围常见事物有关的浅显的科学知识，并能应用于日常生活，逐渐养成科学的行为习惯和生活习惯”，就指明了对学生学习科学知识的要求：从内容来说，是与自身周围常见事物有关的，而不是什么都得学；从难度来说，是浅显的、便于学生掌握的，而不是高深的、超越学生认知水平的；从对知识的掌握程度来说，只要知道即可，只要能够把知道的知识应用于日常生活，由此逐渐养成科学的行为习惯和生活习惯，而不去强求深刻

①② 小学科学新课程标准解读讲义[EB/OL].(2009-09-01)[2016-03-01]http://xxkx.fhedu.cn/Html/11/Menu/26/Article/54/.

理解、灵活运用甚至据此进行发明创造。

小学科学课程的课程目标，必须落实到课程建设的方方面面，其中包括课程的确定与保证、教材与教学参考书的编写与审核、课程资源的配置与开发、师资队伍的培训与更新、教学工作各个环节的链接与展开、对学生学习成绩和教师教学水平的测查与评价等。而所有这些工作，最终都是为了使小学科学课程真正成为培养学生科学素养的科学启蒙课程。

二、小学科学课程的目标解读

小学科学课程是以培养学生科学素养为宗旨的核心课程。科学素养的内涵非常丰富。其主要维度或基本要素包括：对科学知识的积累和应用，对科学探究的过程和方法的了解和实践，对与科学相关的积极向上的情感、态度与价值观的培养。课程目标就是以这三大维度或三大要素为脉络来进行表述的。总目标对学生经由科学课程的学习而在科学素养主要维度上的预期发展水平做了高度概括，分目标则对学生通过科学课程的学习而在科学素养主要维度上的具体发展内容做了明确界定。总目标和分目标一起，勾画了学生科学素养的大致轮廓。正如《全日制义务教育科学(3～6 年级)课程标准》所指出的，虽然总目标分解为三个分目标，“但绝不意味着在教学过程中各分目标的达成是单独进行的”。好的教学活动，往往同时能兼顾或达成多个分目标。例如，一位科学教师在教授“秋天的果实”这一内容的时候，通过引导学生动手动脑，研究果实最重要的特点，既使学生初步了解了科学探究的过程和方法，又使学生掌握了区分果实和非果实的一些知识，还使学生体会到科学注重事实、说话要有证据、成人的看法不一定正确，从而大大激发了学生探究和发现周围事物奥秘的兴趣。这位科学教师的课，成功地兼顾了由课程总目标分解而来的科学探究，科学知识，情感、态度与价值观三个分目标。①

(一)小学科学课程的总目标

根据《全日制义务教学科学(3～6 年级)课程标准》，其总目标是“通过科学课程的学习，知道与周围常见事物有关的浅显的科学知识，并能应用于日常生活，逐渐养成科学的行为习惯和生活习惯；了解科学探究的过程和方法，尝试应用于科学探究活动，逐渐学会科学地看问题、想问题；保持和发展对周围世界的好奇心与求知欲，形成大胆想象、尊重证据、敢于创新的科学态度和爱科学、爱家乡、爱祖国的情感；亲近自然、欣赏自然、珍爱生命，积极参与资源和环境的保护，关心科技的新发展”。总的来看，小学科学课程的总目标或宗旨是培养学生的科学素养，而小学生的科学素养又包括了多个维度或层次。

---

① 小学科学新课程标准解读讲义[EB/OL].(2009-09-01)[2016-03-01]http://xxkx.fhedu.cn/Html/11/Menu/26/Article/54/.

(二)小学科学课程的分目标

小学科学课程的分目标包括以下三个部分。

1. 科学探究

课程标准从八个方面对科学探究的目标进行了阐述，包括“知道科学探究涉及的主要活动，理解科学探究的基本特征”“能通过对身边自然事物的观察，发现和提出问题”“能运用已有知识做出自己对问题的假想答案”“能用自己擅长的方式表达探究结果，进行交流，并参与评议，知道对别人研究的结果提出质疑也是科学探究的一部分”等。科学探究的目标包含了对科学探究活动每一个环节的要求。

2. 情感、态度与价值观

情感、态度与价值观的目标包括六个方面，涉及保持与发展学生探究周围世界的欲望、珍爱自然的意识、形成利用科学的意识等。例如，课程标准中提到，“保持与发展想要了解世界、喜欢尝试新的经验、乐于探究与发现周围事物奥秘的欲望”“珍爱并善待周围环境中的自然事物，初步形成人与自然和谐相处的意识”“意识到科学技术对人类与社会的发展既有促进作用，也有消极影响”等。

3. 科学知识

科学知识的目标主要是学习生命世界、物质世界、地球与宇宙三大领域中浅显的、与日常生活密切联系的知识与研究方法，并能够尝试运用所学知识解决身边的实际问题；通过对物质世界的学习，了解物质的常见性质、用途以及变化等；通过对生命科学的学习，形成对生命活动和现象的一些基本认识，初步认识人体和健康的形成；通过对地球与宇宙有关知识的学习，认识人类与地球环境的关系，了解太阳系的概况和运动变化的规律等。

本章小结

本章主要对小学科学课程标准进行解读，分析了小学科学课程的性质以及从“自然”到“科学”课程性质变化背后的范式转变。之后本章阐释了小学科学课程的基本理念，理念的变化将决定小学科学的未来发展方向。最后我们分析了小学科学课程的设计思路并对课程目标进行了解读。

关键术语

课程标准解读、课程性质、课程理念、设计思路。

思考题

1. 小学科学课程从“自然”到“科学”，课程性质发生了哪些变化？
2. 小学科学课程的基本理念包括哪些？

拓展阅读

徐学福．科学探究与探究教学[J]. 课程·教材·教法，2002(12)：20—23。

文章指出，要从科学探究的基本程序和科学探究的基本精神两个维度认识科学探究，并认为科学探究的基本程序表明科学探究要先做什么，再做什么，后做什么，科学探究的基本精神包括求知精神、进取精神、求实精神。最后，作者认为，要从“形”和“神”两个方面使科学教育中的科学探究接近真实的科学探究。

第四章 小学科学教学设计

学习目标

1. 认识小学科学教学设计的概念和一般过程。
2. 理解小学科学教学设计的基本理念和基本原则。
3. 了解小学科学教学设计中合作学习的组织与应用。
4. 了解小学科学教学设计与信息技术的整合及应用。

导入案例

概念图(concept map，简称 CMap)是 20 世纪 70 年代美国康奈尔大学(Cornell University)的约瑟夫·D. 诺瓦克(Joseph D. Novak)教授提出的用于表征和揭示知识结构中意义联系的图，又称概念构图(concept mapping)、概念地图(concept maps)或概念网(concept webbing)。国内外大量实践研究表明，这种视觉图容易被学生快速识别并迅速掌握，有助于提高学生对科学知识结构的理解和把握。

科学概念是科学课程基础知识的重要组成部分，也是构成科学规律、建立科学理论的重要基础和前提。概念高度的抽象性、概括性和逻辑性以及学生认知结构的差异性等因素，使得学生对概念的学习存在一定障碍。如何形象展现概念的实质，使概念间的关系可视化、明朗化？概念图能形象化表达概念间的内在联系，更能动态地展现各个概念间的纵深联系，从而加深学生对概念内涵的深层理解，如图 4-1、图 4-2 关于"浮力"和"物态变化"的概念图所示。

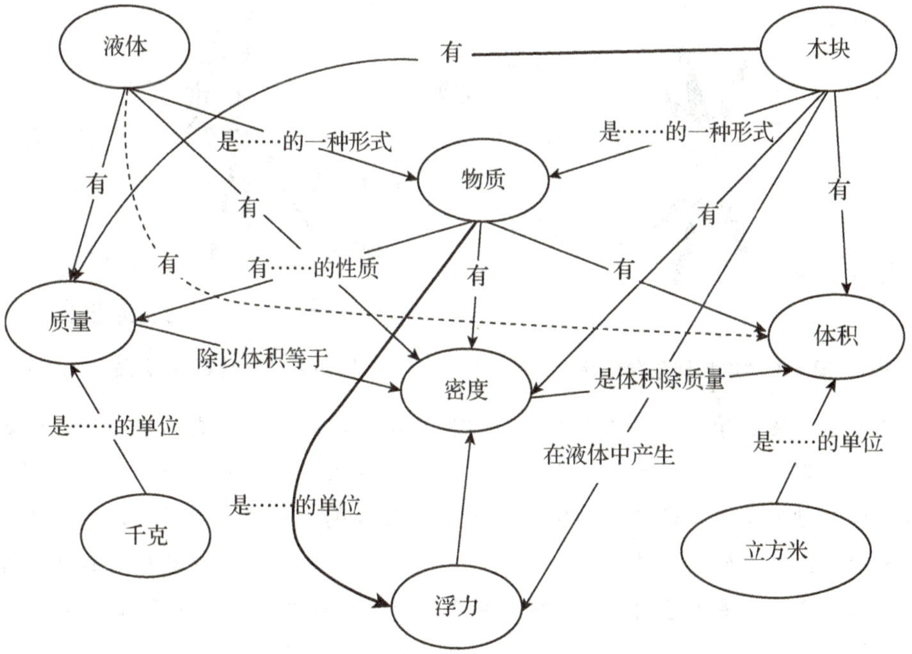

图 4-1 "浮力"概念图

概念图的应用一般有四个方面：作为一种教学工具和教学策略；作为一种学习工具和学习策略；作为课程研究和编制的工具；作为一种评估工具。这里的概念图主要是作为一种教学工具和学习工具。将概念图融入科学课程的课堂教学，可以给教学带来很多益处。例如，

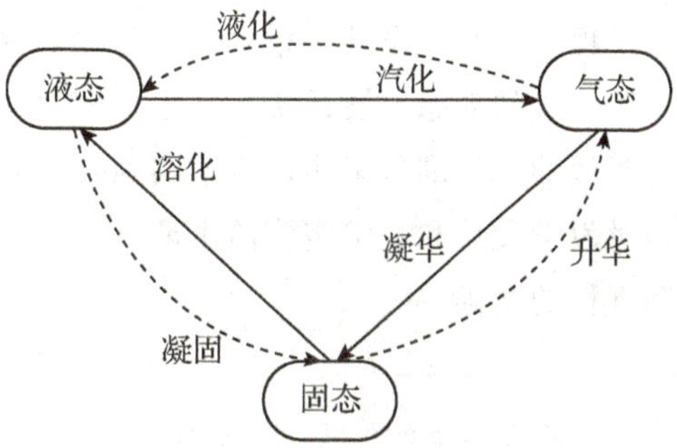

图 4-2 "物态变化"概念图

它会自动激发学生的学习兴趣，会使学生更易于接受这样的教学；它会让教师的课堂和讲解更富有创造性，更令人愉悦；教师的教学会更有弹性；概念图把相关材料以非常清晰和容易记忆的形式提出来，学生非常可能取得更好的成绩；与线性文本不同，概念图不仅显示一些事实，而且把事实之间的关系也列出来，这样就让学生对学习内容有更深的理解……

例如，教师在进行"电流"新知识授课之前，可以带领学生说出对于"电流"的所见所闻，丰富学生的感性认识，包括电流出现的地方、电流出现后的景象、电流放出的光芒、触电等知识。然后将学生的回答和描述进行分类和组织，绘制成概念图呈现给学生，如图 4-3"电流现象"概念图所示。当然，光现象的教学也可以采用概念图，如图 4-4 所示。

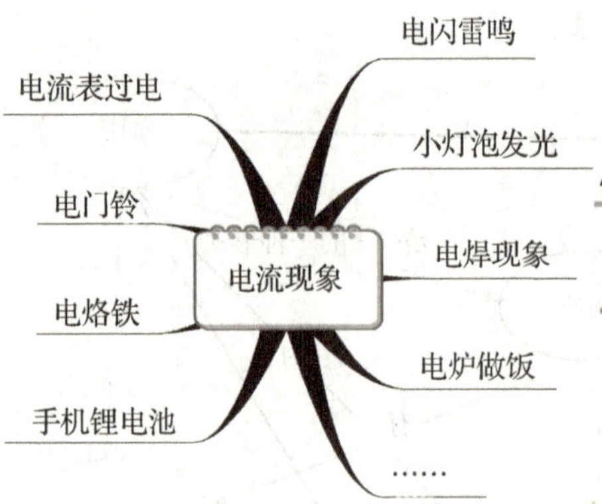

图 4-3 "电流现象"概念图

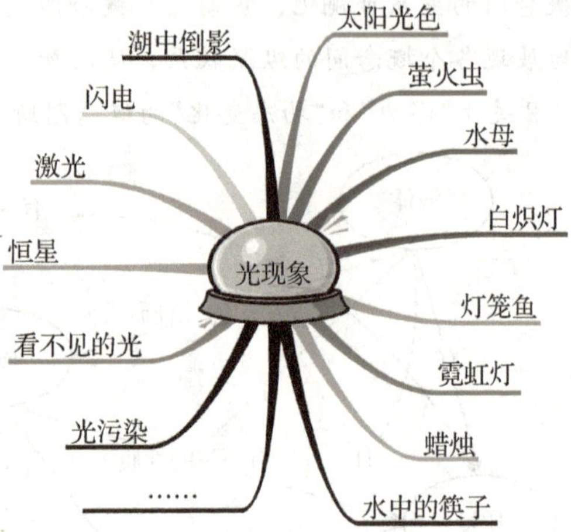

图 4-4 "光现象"概念图

关于概念图教学的案例还有很多，作为教学工具和学习工具的概念图，它既可以用于新授课，也可以用于复习课；既可以出现在教学设计的开始部分，也可以出现在教学的过程当中，还可以出现在教学完成之后或单元学习之后。总之，概念图教学可以根据教学的实际情况灵活运用，它可以将概念、规律或原理可视化，能够将教学动态展示，有助于科学教学活动的顺利开展及学生对于科学课程的学习。

我们知道，教学是学校的中心环节，是学校实施全面发展教育的基本途径。教学过程包括教学设计、教学实施和教学评价三个基本环节。教学过程是由这三个环节所构成的动态发展系统。其中，教学设计是保障教学有效性的前提，是教学实施前要做的一切准备工作；教学实施是对教学设计的静态内容的动态展现；教学评价是对教学设计和教学实施两个环节的总结、反思与提升，又是保证新的教学过程顺利进行的基础。①

① 薛彦华．教育学[M]．北京：科学出版社，2014：188．

科学教学是让学生去经历、去探索，让学生在科学课程的学习过程中爱科学、爱探究、爱思考，并将学生的思维延展到更为广阔的空间。科学教学过程是科学教学设计、教学实施和教学评价三者之间相互渗透、相互作用、循环往复、深化发展的动态过程。同时，科学教学过程也是一个认识过程，它必须服从一般的认识过程规律，让学生的思维通过实践从感性认识上升到理性认识，又从理性认识回归到实践，从生动直观到抽象，再从抽象到实践。本章主要分析小学科学教学设计的基本理念、基本原则、合作学习在小学科学教学中的组织以及小学科学教学设计与信息技术的整合及应用等内容。

第一节 小学科学教学设计的基本理论

一、小学科学教学设计的概念

(一)教学设计的概念

设计，就是预谋和策划，即在正式进行某项工作之前，根据一定的目的要求，预先制定完成这项工作的原则、策略、方法和图样等。教学设计是在教学理论、学习理论指导下，运用系统方法对各个教学环节(教学目标、条件、方法、评价等)进行具体的设计与计划，即教学设计是介于教学理论、学习理论与教学实践之间的桥梁或中间环节。①

(二)小学科学教学设计的概念

小学科学教学设计是以培养小学生的科学素养为宗旨，运用系统方法将学习理论与教学理论等原理转换为对小学科学教学目标、教学内容、教学策略、教学评价等环节，进行教与学的具体计划与创设的系统过程。小学教学设计的成果就是教学方案，即教案。随着信息技术的发展，越来越多的教师将信息技术与科学教学设计相整合，使得教学的条件和环境都发生了根本性变化，课程内容的呈现形态也有了质的改变，利用信息技术的优势提高了科学课程实施的质量和效率。因此，教学设计的成果还包括信息技术与科学课程整合的结果，如多媒体课件、信息技术教学工具制作等。

(三)小学科学教学设计的实质

从本质上讲，设计就是一种问题解决。设计是目标定向的过程，设计的目的在于构思与认识某种或某些新的事物。教学设计实质上就是解决教学问题，并将重点放在解决教学问题的方案和决策过程上。教学设计不是去发现新的客观存在的、尚

---

① 黄晓，孙丽伟．小学科学教学设计的规范化和学科化[J]．全球教育展望，2014(04)：111—120.

未被人所知的教学规律，而是需要设计者运用已知的教学规律创造性地去解决教学问题，最终优化教学效果。小学科学教学设计是根据学生的特点和科学课程目标，确定合适的教学起点与终点，将科学教学诸要素有序、优化安排，形成科学教学方案的过程。小学科学教学设计需要运用系统方法科学解决教学问题，它的根本目的在于通过对科学教学过程和科学课程资源的统筹设计与安排，创设各种科学教学活动，促进学生的科学学习。小学科学教学设计过程既是一个动态的非确定性的过程，又是一个学习的过程。

二、小学科学教学设计的一般过程

教学设计的过程就是运用系统方法分析教育教学问题、确定教育教学问题解决方案、检验和评价解决方案的过程。因此，我们将小学科学教学设计的全过程划分为三个阶段(如图 4-5 所示)，分别为：小学科学教学分析阶段、小学科学教学策略选择与设计阶段、小学科学教学设计结果评价阶段。

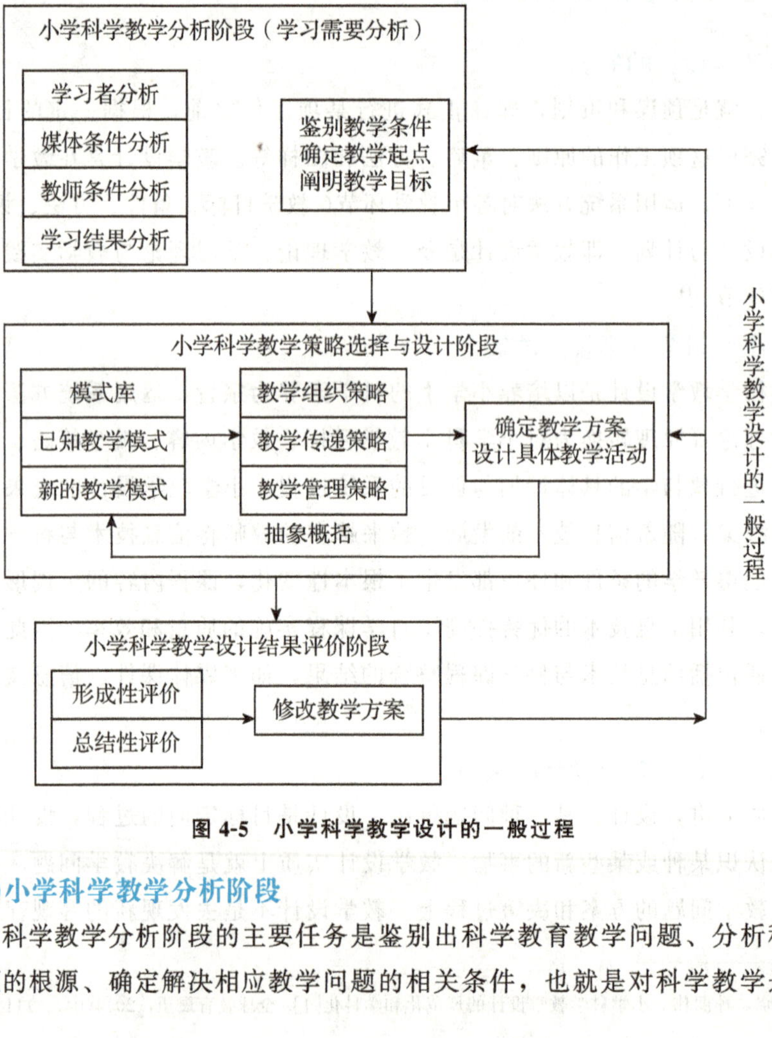

图 4-5　小学科学教学设计的一般过程

(一)小学科学教学分析阶段

小学科学教学分析阶段的主要任务是鉴别出科学教育教学问题、分析科学教育教学问题的根源、确定解决相应教学问题的相关条件，也就是对科学教学过程所有相关因素进行分析。小学科学教学分析阶段主要包括：学习者分析、媒体条件分析、教师条件分析、学习结果分析等。关于科学课程目标及学习结果分析等相关内容，本书在第三章“小学科学课程标准解读”及第六章“小学科学课程实施”中有所详述，在此主要对小学科学学科的特点、小学科学学科学习者的特点、新课程改革对小学科学教学设计的基本要求进行分析。

1. 小学科学学科特点分析

小学科学教学以培养学生的科学素养为宗旨。小学科学课程的定位是科学启蒙。首先，小学阶段是学生发展的关键期，学生的情感、态度与价值观在这个阶段逐渐形成。学生在这个时期所获得的知识与技能、掌握的基本学习方法、养成的学习态度与习惯，将对他们将来的学习和发展产生重要影响。其次，学生天生对周围事物具有较强的好奇心，喜欢探个究竟，喜欢动手操作，具体形象事物的支撑有利于学生的思考。小学科学教学需要让学生在具体的观察、操作和反思中进行学习活动和学习探究，提高他们的科学学习能力。最后，小学科学教学强调培养学生对科学的兴趣与求知欲，培养学生在科学活动中掌握科学探究的方法，培养学生自主与合作的精神。另外，小学科学教学让学生了解科学学习与生活、社会、技术之间的关系，学会与人合作、与环境和谐相处，为未来科学学习、其他学科的学习及终身学习奠定坚实基础。总之，早期的科学教育教学启蒙对学生的科学素养养成具有决定性作用。小学科学教学设计需要充分考虑小学科学学科的特点，并将其作为小学科学教学设计的重要依据。

小学科学教学以探究为最为重要的方式。科学探究是科学研究过程的本质特征，科学探究活动让学生更积极主动地参与到学习活动中，像科学家一样进行科学学习，从中掌握新概念和新技能，培养他们的合作能力和团队意识，并从中体验科学的价值和魅力。在小学科学教学中，教师是学生学习科学的支持者和引导者。引导学生主动探究，亲历科学探究的过程，将有利于保护学生的好奇心、激发学生学习科学的主动性。科学探究是学生学习科学的重要方式，但不是唯一的方式。根据教学内容的不同，学生的学习方式可以是多样的。教学中要根据教学目标和内容采用不同的教学方式与策略，让学生将探究式的学习与其他方式的学习充分结合起来，以获得最佳的学习结果。

此外，小学科学教学设计具有开放性，科学教学在学习内容、活动组织、作业与练习、评价等方面给教师和学生提供了选择的机会和创造的空间。小学科学教学需要在最大限度上满足不同地域、不同经验背景的学生学习科学的需要。

2. 小学科学学科学习者特点分析

从心理发展角度来看，小学生对世界充满了好奇，活泼好动，敏感好胜，学习代替游戏成了小学阶段的主导活动。从思维发展角度来讲，小学生的思维水平逐步提高，他们开始从具体形象思维逐渐向抽象逻辑思维过渡。小学阶段是一个人心理发展的关键时期，小学生在这个阶段的主要心理特点与学习特点有如下几个方面，同时也是我们进行小学科学教学设计的重要依据。

第一，小学科学教学设计及实施中需要考虑学生的认知习惯，要善于从学生的已知经验出发，从直观形象过渡到抽象的知识。因为，小学生对事物的感知不精确、易于笼统，他们往往只能感知事物的整体而不能够精确感知事物的各个部分，更难于发现事物各部分的特征及之间的相互关系。

第二，小学科学教学设计要以具体形象、生动鲜活的事物为实例，创设浓厚的学习氛围和学习情境，吸引学生的注意力，激发学生积极的学习情感和学习兴趣。一方面，小学生的注意力不稳定，且不易持久，他们对事物的注意力保持的时间比较短暂，而且常常带有个人情绪色彩。新颖、生动的事物比较容易引起他们的注意，而比较抽象的概念或原理等则不易激发他们的兴趣，很难长时间集中他们的注意力。另一方面，小学生的注意范围也比较狭小，容易出现顾此失彼的现象。

第三，小学科学教学设计要安排变化多样的教学形式，便于学生理解，增强他们的记忆，同时还需及时地安排复习知识、巩固知识，加深学生的印象。对于小学生来讲，他们的记忆可以说是无意识的，他们能够较好记住一些有趣的、具体的、直观的材料，而对于教师布置的抽象的学习任务则较难一一记住。只有鲜活、生动、形象的事物或环境才可以促进师生、生生之间的互动和沟通，从而激发学生的求知欲，刺激他们对环境的情感反应，增强学生的记忆力，同时逐步培养学生从形象直观思维向抽象逻辑思维过渡。

3. 新课程改革对小学科学教学设计的基本要求

新课程改革倡导自主合作探究式学习方式，发挥教师的主导作用，体现学生的主体地位……最终使得学生获得全面发展。新课程改革为小学科学教学设计提供了重要依据，主要表现为以下几点。

第一，确立和发挥科学教师的主导作用。以“科学探究”为核心，学生应该成为探究活动和探究过程的参与者和实施者，教师则担任探究活动的组织者、指导者和合作者的角色。为此，我们的科学教师需要根据教学内容和学生的特点，营造适合的学习氛围或创设恰当的学习环境，将学生引入学习活动当中。同时，在探究活动中，科学教师需要给予学生及时提醒和指导，让学生自己多动脑、多思考，去发现问题及解决问题，促进学生进行自主合作探究式学习。

第二，尊重和彰显学生的主体地位。一方面，充分关注学生的兴趣点。浓厚的学习兴趣可以提高学生的学习积极性和学习状态。另一方面，引导学生进行积极的实践体验。学生通过亲身经历和切身体验获得知识，对于他们的学习积极性、主动性及积极情绪情感的维持都具有重要的激励作用。小学科学课程具有开放性和综合性的特点，小学教师要善于挖掘教学资源中一切能够让学生体验的条件，为学生提供观察、交流、动手操作、反复锻炼的机会，让他们通过体验发现问题、获得新知、发展能力。

第三，注重真实情境和学习环境的创设。心理学认为，情境是对人有直接刺激作用，有一定的生物学意义和社会意义的具体环境，情境在激发人的情感方面有特定作用。学习情境能够激发学生积极的学习情感体验，使得学生参与交互性活动，促进学生对学习内容及学习意义的认识。为此，小学教师需要有情境意识，按照情境教学的要求进行设计、组织和运用，关注学生需要学习的相关内容及其间的关联。同时，科学教师可以利用实际生活或生产中的实例，考虑学生的需要、心理特点、科学知识的特性及教学资源和环境等相关因素，采取适当的方式或途径将其情境化，促进学生学习和能力的提高。

第四，整合信息技术与科学课程教学。在小学科学教学设计方面，信息技术的引入，使得科学教学的条件和环境都发生了根本性转变，课程内容的呈现方式也有了质的变化，可以辅助教师营造新颖、形象、趣味、多样的学习气氛。将信息技术引入小学科学教学设计及课堂，符合小学科学教学及学生的心理发展特点，在一定程度上能够有效地提高教学的质量。同时，我们也应该认识到，信息技术也仅仅是一种工具，它的选取需要结合教学内容的特点，并依赖于科学教师对信息技术的熟练及合理运用。

(二)小学科学教学策略选择与设计阶段

小学科学教学策略选择与设计阶段的任务是根据小学科学教学分析阶段的结果确定具体的教学方案。教学策略是为实现教学目标而制定的、付诸教学过程实施的整体方案，它是对教学活动程序、方法、媒体等因素的综合考虑。小学科学教学策略大概可以分为三个方面：教学组织策略、教学传递策略、教学管理策略。

1. 教学组织策略

教学是通过一定的组织形式实现的。为了达到教学目的，怎样把一定的教学内容教给学生，怎样组织好教师和学生，怎样有效地利用教学的时间、空间，怎样发挥教学设备的作用等，这些都是教学组织策略要解决的问题。教学组织策略指教学活动的组织策略，基本上有三种教学组织形式：集体授课、个别化学习、小组学习。集体授课或班级授课是我国现行的教学组织形式，它按照学生年龄和程度编成有固定人数的教学班，由教师根据教学计划通过讲授、谈话、板书、演示等方式进行教学。个别化学习指学生自己通过查阅各种视听资料、做笔记等方式获取教学信息的教学组织形式。小组学习指师生、生生之间通过问答、讨论、交流、协作等方式分享教学信息的教学组织形式。三种方式各有优势，也有各自适用的条件和对象，小学科学教师要在教学设计和实施中根据实际需要综合考虑和使用。

2. 教学传递策略

教学传递策略指教学内容以什么样的形式及按照什么样的顺序传递给学生。教学形式的选择需要根据教学目标、学生的特点和教学媒体的特性来确定。相比而言，教学顺序则较为复杂，有直线式教学顺序，也有螺旋式教学顺序。直线式教学顺序为按照学习结果的目标顺序关系组织教学内容。螺旋式教学顺序为根据不同学生的智力发展水平，让学生在不同程度上学习和掌握学科的基本概念和原理等内容，随着学生智力发展的成熟，围绕着学科的基本结构不断加深学习内容的难度，让学生循序渐进地学习，从而使学生对学科有更加深刻的意义理解。

除此之外，还有不少学者提出确定教学顺序的相关策略。例如，奥苏贝尔提出的“先行者”策略，它是先于学习任务本身呈现的一种引导性材料，它具有更高的抽象、概括和包容水平，并且能清晰地与认知结构中原有的观念和新的学习任务关联。简单来说，就是在学习新任务之前，呈现一个引导性材料，可以是一个概念，也可以是通俗易懂的语言或直观形象的具体模型，构建一个新、旧知识联系的桥梁，以便帮助学生学习新知识、理解和保持知识。

还有精细加工策略，它主张教学内容的结构化，先给学生呈现一些一般性的概念，其中涵盖一些简单的和基本的观点，然后对所呈现的观点加以详细解释、逐层分解，以此来展开教学。

不管哪种教学顺序的安排，都要符合从整体到局部，从一般到个别，从已知到未知的规律。

3. 教学管理策略

教学管理包括对教学进度、教学资源和教学活动的控制与管理。不同的教学组织形式就有不同的控制和管理者，教师在集体授课中担任主要控制者的角色，学生在个别化学习中担任主要控制者的角色，在小组学习中，教师和学生共同承担教学控制的任务。不管哪种组织形式，科学教师都要尽可能地发挥学生的主观能动性，让学生参与并担当相关教学管理的任务，让他们成为学习的主人。

4. 教学方案的确定

确定教学方案即将教学策略根据教学的实际转换为具体的教学活动序列。加涅的认知加工模型提出了九种教学事件(或活动)，如表 4-1 所示。这九种教学事件的出发点是：按照学习发生的过程来组织教学，教学活动必须支持学生内部的学习活动。

表 4-1　加涅的九段教学程序

教学事件	与学习过程的关系
1. 引起注意	接受各种神经冲动
2. 告知学生目标	激活执行控制过程
3. 刺激回忆先前学过的内容	把先前学过的内容提取到短时记忆中
4. 呈现刺激材料	有助于选择性知觉
5. 提供学习指导	语义编码，提取线索，有助于激活执行控制过程

续表

教学事件	与学习过程的关系
6. 引出行为	激活反应器
7. 提供正确行为的反馈	建立强化
8. 评价行为	激活提取，使强化成为可能
9. 促进保持和迁移	为提取提供线索和策略

(三)小学科学教学设计结果评价阶段

教学设计结果的评价有多种形式，如形成性评价和总结性评价以及定性评价和定量评价等。不同的评价有不同的评价对象和评价方式，教师需要根据教学的实际需要做出决定。关于小学科学课程与教学的评价，将在第九章进行详细阐述。

第二节 小学科学教学设计的基本理念

新课程改革给小学科学教学设计提出了更高要求，加强课程内容的综合性，淡化学科界限，加强教学内容与现实生活和学生经验的联系，培养学生在科学知识、方法与技能、批判与创新等方面的能力，以全面提高学生的科学素养。这要求教师以学生为学习主体，联系学生生活实际，让学生在亲自体验中建构个体知识、整合相关知识、产生情感、发展能力，最终实现三维目标。为此，小学科学教学设计的基本理念包括以下几点。

一、面向全体学生，全面提高学生科学素养

小学科学教学设计面向全体学生，意味着要照顾学生的个体差异，考虑到学生在性别、天资、兴趣、生活环境、地域等方面的差异，充分发展每一位学生的潜能。与此同时，小学科学教学设计应建立在对每个学生心理发展水平认识的基础上，了解每个学生的已有认知水平以及他们对科学概念的初步认识，包括错误的理解，还有他们感兴趣的学习内容等，为每个学生提供公平学习科学的机会和有效指导，为促进每个学生正确理解科学概念、培养学生对科学的态度等奠定基础。

另外，全面提高学生的科学素养是科学教学的宗旨，它要求培养学生在科学知识学习过程与结果中的全面发展。小学科学教学设计要使学生逐渐养成科学的行为习惯和生活习惯；了解科学探究的过程和方法，尝试参与科学探究活动，逐步学会科学地看问题、想问题；保持和发展对周围世界的好奇心与求知欲，形成大胆想象、尊重证据、敢于创新的科学态度和爱科学、爱家乡、爱祖国的情感；亲近自然、欣赏自然、珍爱生命，积极参与资源与环境的保护，关心科技的新发展。

二、回归学生生活实际，加强知识间的整合

小学科学教学设计需要回归学生的生活实际，加强学生对科学、技术与社会等相关知识的建构、整合与应用。选择与学生紧密联系的日常生活实际激发学生的学习兴趣，让学生将所学的科学知识应用于生活实际；加强学生对科学与技术、科学与社会联系和融合的认识，促进学生对科学知识的建构、迁移和运用；增强学生对人与社会、人与自然等问题的关注，培养学生发现问题和解决问题的能力，最终发展学生的思维能力。

首先，小学科学教学设计在内容的选择与顺序安排上，应遵循不同年龄阶段学生的心理发展水平，根据学生的认知特点选择与学生日常生活联系紧密，且是学生感兴趣的内容，从而提升学生学习科学的主动性与自觉性。其次，创设与社会、技术相关的课题，让学生将所学科学知识与社会联系起来，加强学生各方面知识间的整合。最后，从学生实际出发，注重各种学习情境的创设，激发学生的好奇心与求知欲，使他们在科学探究过程中体验学习科学的乐趣与奥秘。

三、加强学生的参与，促进科学知识的建构

建构主义认为，知识是由认知主体通过新、旧经验的积极互动建构起来的，学生的学习不是被动接受的过程，而是主动建构的过程。这种建构是无法由他人来代替的，即便教师也一样爱莫能助，教师只是学生科学学习活动的组织者、引领者和帮助者。这要求我们的教学设计以学生为主体，把学习主动权交与学生，给学生提供参与各种科学探究活动的机会，让他们在亲自体验过程中认识自然、学习科学，让学生个体在提出问题、分析问题与解决问题过程中建构属于自己的知识结构。

科学教学活动是一个能动的建构过程，学生只有在主动学习科学的过程中才能获得科学素养的全面发展。设计多种多样的科学探究活动，让学生充分参与科学探究的每一个步骤与环节，促进个体的认知建构和知识迁移；为学生提供真实的问题情境，激发学生的学习兴趣和学习动机；利用各种教学资源，让学生体验实践与协作的过程，让学生在观察、模拟、实验等多种活动中多动手、勤动脑，促使他们积极主动地去探究自然，在体验科学的乐趣中建构知识。

四、注重教学的过程性评价，促进学生发展

评价是为了提高学生的科学素养，为了促进学生的学习和发展。小学科学教学设计的评价伴随于整个教学过程，教师需要及时关注学生的表现与反应，并给予及时、必要、恰当的鼓励性和指导性评价。发挥评价促进发展的功能，需要教师在小学科学教学设计中了解学生的发展需求，发现和发展他们多方面的潜能，同时，帮助学生认识自我、建立自信，促进学生在已有基础上获得发展。教师在

此过程中，不仅是学生科学课程学习的伙伴和激励者，同时也是自己科学教学的调控者。

当然，学生在被评价的同时也参与了同学间的互评及自评活动。在教师与学生互动的过程，还包括教师与学生的相互评价，他们在不断协商交流的过程中，不断发现问题、解决问题，从而优化教学设计方案与教学策略等。过程性评价与自评互评体现在教学过程中的每一个环节。例如，在实验方法讨论阶段，小组讨论与全班交流使每个同学都有机会参与讨论，相互检查实验方法与科学思维，在倾听与对比中，审视与反思自我，促进自我发展。

第三节 小学科学教学设计的基本原则

小学科学教学设计需要在一定的原则指导下开展。有什么样的原则就会有什么样的教学设计。小学科学教学设计的基本原则具有目标性、主体性、真实性、激励性和多样性等特点，这些原则紧密联系、相辅相成。原则是基础，也是动力；是关键，也是目标。根据建构主义学习理论、信息技术与课程整合和探究性理论思想的指导，结合课程标准，我们将小学科学教学设计的原则归纳为如下几点。

一、目标导向性原则

小学科学教学设计是按照新课程改革和课程标准制定的学习要求、目标和规划，它是综合考虑具体的学习主体、学习内容、学习者的特点和外界的影响因素而创设的，它是预先设计的“路径”或“蓝图”。明确清晰的目标能够使学习活动和教学活动设计的方向性更加明确。这里的目标包括过程与方法，知识与技能，情感、态度与价值观的目标。

目标的分析和确定是整个小学科学教学设计中最为关键的一个环节。一方面，目标具有导向、激励和检测的功能；另一方面，它又是对教学效果进行评估的重要指标和重要依据，判断一个教学设计成功与否的关键是要看它能否体现教学目标。因此，对教学目标的分析与设计是必要的也是首要的一项工作。目标的分析和确定应根据教学内容和学习者水平，它要求教师必须吃透教材，充分了解教材的重点、难点以及新、旧知识间的联系，明确学生应该掌握哪些知识、明白什么道理以及发展哪些能力。

二、规律指示性原则

小学科学教学设计不仅要以目标为导向，还应遵循小学科学学科的特点。首先，作为一个教学系统，小学科学课程的教学设计必须遵循科学的教学规律。其次，小学科学教学环节的设计要符合学生的认知规律，即按小学科学课程的一般内在规律，根据教学要求分解知识点，明确教学重点，难点；再根据所讲内容设计练习、任务和测试。最后，不同课程内容的学习规律也不尽相同，这要求小学科学教学设计的形式要灵活多样。在具体的教学设计中，教师需要根据不同内容的特点及学生的特点构造多种类型的表现形式。

三、学生主体中心原则

不同年龄段的学生接受知识的能力往往会有很大的差异。建构主义认为知识的获取是个体通过自己的活动与环境交互作用，逐渐形成个体的认知结构，它强调学生的认知主体作用，认为学习是学生主动地对知识进行意义建构的过程。为此，良好的小学科学教学设计需要对学生的特征及需求进行分析，了解学生的年龄特点、智力水平、心理状态、兴趣爱好、知识水平和生活经验等。

小学生的思维相对比较简单，缺乏抽象，学习动机主要取决于感兴趣的程度和对教师的偏爱。小学生有强烈的好奇心和求知欲望，喜欢接受新知识。他们的思维活动依赖具体的事物和经验，具有很强的可塑性，往往希望得到教师和家长的表扬。教师在进行媒体或任务设计时，可以从实际出发，充分考虑学生现有的文化知识、认知能力、兴趣特点等，由浅入深、由表及里进行教学设计。

四、学习情境创设原则

建构主义认为，学习环境或学习情境是学生可以在其中进行自由探究和自主学习的场所。为了培养学生的自主学习能力，必须注重学习环境和学习情境的设计。一个好的学习环境意味着学生拥有更多的主动和自由。课堂中的学习情境复杂而多样，由于人们的理论依据不同、认识角度不同，学习情境有多种分类方法，并且还有一定的交叉性。按照在课堂上应用的环节不同，学习情境可分为：导入情境、重点情境、难点情境、总结情境。每一节完整的课堂都需要创设这四个环节的情境，它们可以是真实情境，也可以是虚拟情境，如表 4-2 所示。

表 4-2　小学科学(三年级上)课程学习情境分类①

小学科学课程		真实情境	虚拟情境			
			直观情境	问题情境	实验情境	体验情境
植物	1. 我看到了什么	√				
	2. 校园的树木	√				
	3. 大树和小草	√				
	4. 水生植物	√				

① 李宁．小学科学课虚拟学习情境的设计研究[D]. 长春：东北师范大学，2013：20.

续表

小学科学课程		真实情境	虚拟情境			
			直观情境	问题情境	实验情境	体验情境
植物	5. 植物的叶	√				
	6. 植物发生了什么变化		√			√
	7. 植物有哪些相同点	√	√			
动物	1. 寻访小动物	√				√
	2. 蜗牛(一)	√				
	3. 蜗牛(二)	√				
	4. 蚯蚓	√				√
	5. 蚂蚁	√				√
	6. 金鱼	√			√	
	7. 动物的共同特点		√			
我们周围的材料	1. 观察我们周围的材料	√				
	2. 谁更硬一些			√		
	3. 比较柔韧性	√			√	
	4. 它们吸水吗	√		√		
	5. 材料在水中的沉浮	√			√	
	6. 砖和陶瓷	√				
	7. 给身边的材料分类					√
水和空气	1. 水	√				
	2. 水和食用油的比较	√				
	3. 谁流得更快一些		√			
	4. 比较水的多少				√	√
	5. 我们周围的空气					√
	6. 空气占据空间吗					√
	7. 空气有重量吗					√

第四节　小学科学教学中合作学习的组织

合作学习(co-operative learning)是世界上许多国家都普遍采用的一种富有创意和实效的教学理论与策略。合作学习在20世纪70年代初兴起于美国，是在70年代中期至80年代中期取得实质性进展的教学理论与策略。由于它在改善课堂内的社会心理气氛、大面积提高学生的学业成绩、促进学生形成良好的非认知品质等方面实效显著，很快引起了世界各国的关注，并成为当代主流教学理论与策略之一。

在小学科学教育教学中，教师要积极培养和促进学生自主探究的学习精神，让学生模仿科学家进行科学研究的过程，培养他们严谨认真的科学合作态度。在课堂上，面对能力不同、兴趣不同、家庭背景不同和性格各异的学生，一个关键的问题就是教师如何组织和促进学习行为的发生。我们将就小学科学教学中合作学习的设计与应用进行讨论，探寻如何对学生进行合作学习的组织与调控，才能为学生创造更多的学习机会，才能更好地促进学生的学习和社会适应能力的提高，从而提高小组合作学习的实施效果。

一、合作学习的概念

(一)合作的概念

合作(cooperation)指的是一种联合行动的方式，即个人与个人、群体与群体之间为达到共同目的，彼此相互配合的一种联合行动。合作的基本条件主要有四个。一是一致的目标。任何合作都要有共同的目标，至少是短期的共同目标。二是统一的认识和规范。合作者应对共同目标、实现途径和具体步骤等有基本一致的认识。在联合行动中合作者必须遵守共同认可的社会规范和群体规范。三是相互信赖的合作气氛。创造相互理解、彼此信赖、互相支持的良好气氛是有效合作的重要条件。四是具有合作赖以存在和发展的一定物质基础。必要的物质条件(包括设备、通信和交通器材工具等)是合作能顺利进行的前提，空间上的最佳配合距离，时间上的准时、有序，都是物质条件的组成部分。

(二)合作学习的概念

合作学习是合作的一种特殊表现形式。美国明尼苏达大学“合作学习中心”(Co-operative Learning Center)的约翰孙兄弟认为：“合作学习就是在教学上运用小组，使学生共同活动以最大限度地促进他们自己以及他人的学习。”我国教育学者林生傅在论及合作学习时指出：“合作学习乃是一种创新的教学设计，目的在于使学习活动成为共同的活动，其成效关系到团体的荣辱。”刘吉林、王坦在《合作学习的基本理念》一文中指出：合作学习是以教育目标为导向，以异质小组为基本组织形式，以教学各动态因素的互动合作为动力资料，以团体成绩为奖励依据的一种教学活动和策略体系。

虽然关于合作学习的说法不一，但我们可以从中认识合作学习的内涵。合作学习的内涵包含以下几个方面：

合作学习是以小组活动为主体而进行的一种教学活动；

合作学习是一种异质分组前提下的同伴之间的合作互助活动；

合作学习是一种目标导向的活动；

合作学习是把个人之间的竞争转换为小组之间的竞争的活动；

合作学习是由教师设计教学、分配学习任务和控制教学进程的活动。

总体来看，合作学习是一个复合性、多层面的概念。我们在小学科学教学中所指的合作学习是以师生、生生互动为主要特征的合作学习。合作学习从教学过程的集体性出发，针对传统教学忽视同伴相互作用的弊端，着眼于学生与学生之间的互动的普遍性，将合作性的团体结构纳入课堂教学之中，构建了以生生互动为基本特色的课堂教学结构，通过组织开展学生合作性活动来达成课堂教学的目标，并促进学生的个性和群性的协同发展。

二、小学科学教学中合作学习的意义

我国古代教育家孔子曾说过：“独学而无友，则孤陋而寡闻。”这说明学习需要一种群体的合作精神，这也意味着以“教师为中心”的课堂模式转向“以学生为中心”。合作学习作为现代教学模式，倡导合作成员之间的互相启发和学习，实现信息互补，让学生体验到集体智慧的力量，感受到合作的快乐，有利于每个学生在愉快、轻松的合作学习中得到发展。具体来看，小学科学教学中实施合作学习的意义有以下几点。

(一)促进学习目标的实现

在小学科学教学过程中，不应让学生孤立地学习。学生通过合作学习可以发挥各自的优势，取长补短、相互借鉴，使得全体学生共同进步。此外，同一个班级的学生以小组形式讨论、分析和解决问题，能够减轻学生的学习负担，从而促进学习目标的达成。

(二)增强学生的团结互助意识

合作学习有利于激发学生兴趣，让学生体验到集体智慧的力量，感受到合作的快乐，从而培养学生主动参与的合作意识，促使每个学生都能得到发展。

(三)有利于营造良好的课堂氛围

合作学习是一种开放式的探索活动，相比传统教学中教师硬性讲授、学生单纯被动听讲，合作学习更能充分调动学生学习的主动性和积极性，活跃课堂，提高学生的认知能力，使科学课堂成为学生主动探究知识的地方。

三、小学科学教学中合作学习的要素

通过对合作的概念及合作学习概念的认识，我们认为合作学习应该包含五个基本要素。①

(一)个人责任

小组每个成员在合作学习中必须承担一定的学习任务。同时，每个成员必须掌

---

① 李柏峰. 小学科学课小组合作学习的实践研究[D]. 长春：东北师范大学，2006：4.

握所分配的任务，并积极承担完成任务所要负的责任。

(二)相互配合

学生不仅要为自己的学习负责，还要为小组中其他同伴的学习负责。学生之间要进行积极的相互支持和配合，特别是之间要产生正向的依赖和相互引导。

(三)社交能力

社交能力是小组合作学习是否有效的关键所在。如果学生缺乏社交能力，即使被放在一起，被迫合作，效果也会大打折扣。为了协调各种关系，达到共同的目标，学生必须做到：彼此认可和信任；彼此进行准确的交流；彼此接纳和支持；建设性地解决问题。只有这样，小组成员间才能建立并维护彼此的信任，有效地解决组内的冲突，进行有效的沟通等。

(四)混合编组

教师可以依据学生组织能力、学习能力、知识基础、思维活跃程度、性别、特长爱好、心理素质、语言表达能力、家庭背景、守纪状况等情况将学生进行异质分组，这样有助于打破不同类型学生之间的障碍，扩大学生的交往范围。按能力水平将学生混合编组的目的是提倡同伴互教，这对教师和学生都有好处。除此之外，混合编组可以促使学生从多个角度看待问题，丰富学生的思维。

(五)小组评估

对小组内共同活动的成效进行评估，以寻求提高活动的有效性。对小组间的活动成效进行评估，以引起小组间合作与竞争，发挥群体的积极功能，提高活动成效。

四、小学科学教学中合作学习的过程

小学科学教学中合作学习的整个过程大致可分为：诱发合作动机—明确学习任务—个人责任—合作探究—交流学习—反馈结果。

(一)诱发合作动机

在合作学习之前，教师要创设合作学习的氛围，使学生产生想要合作的动机，激发学生强烈的合作欲望。

(二)明确学习任务

产生合作欲望后，教师要向学生说明合作学习的重要性，明确学习的内容和目标是什么，告诉学生评价的标准是什么，适时引导激发学生的学习兴趣，使学生明白怎样完成学习任务。

(三)个人责任

每个学生都必须承担教师分配的学习任务，并且通过独立思考掌握所分配的任务，同时，要承担自己在合作学习小组内的角色任务。教师通过巡视了解学生的角色状况和学习水平。

(四)合作探究

确立学习任务之后，小组要通过研究学习目标，明确主攻方向和需解决的问题，根据组员角色任务，分工合作，探究交流。在此期间，教师要在组间巡视，针对学习过程中出现的各种问题及时进行引导。

(五)交流学习

小组成员通过探究，阐述各自观点，对有疑问的地方进行集体研究，再在全班汇报自己小组的交流成果。对于小组内没有解决的问题，可以提出来请其他小组帮助解决。

(六)反馈结果

通过小组间的交流学习，教师指导学生逐步统一认识，得出结论，并对各小组和组内成员的表现给予评价。

五、小学科学教学中合作学习的实施

(一)合理分组，保证学习积极性

合作学习的分组有两种形式。

第一，组内异质、组间同质。教师针对具体情况，将不同层次、不同水平的学生进行合理分组，要求成员在能力、性别、种族等方面具有异质性。

第二，兴趣任务型分组。由于学生合作学习的兴趣、能力等方面的不同，教师就不能硬性要求学生选择同一内容进行合作学习，而要充分考虑学生自身的兴趣点和关注点，让他们尝试选择适合自己的任务，发挥他们自主合作学习的能动性。

(二)教师的组织与调控

在合作学习中，教师不仅仅是知识的传授者，而且是学生发展的促进者、指导者、合作者，教师的角色发生了巨大的变化。

1. 合理分工，明确职责

根据小学科学的特点及学校的实际情况，合作学习小组通常的分工有小组长、记录员、材料员、实验员，职务由各个成员轮流担任。小组长负责组织小组成员开展合作学习，督促成员完成教师布置的各项学习任务；课下督促成员收拾、整理、清洗实验仪器；认真检查成员的科学作业的完成情况，及时收齐交给科学课代表等。记录员负责记录实验产生的各种数据、现象以及小组得出的结论。材料员则按照要求领取实验材料，保管实验仪器。合作学习小组组建后，要求组内成员相互友爱、坦诚相见、平等民主；同时也要保证每个成员在学习过程中有事做，有责任和义务为小组的成功学习尽自己的一份力量。

2. 合理调控，适时指导

我们知道，小学生的自我控制与合作能力还不高，如果没有教师适当的监控，合作学习就可能流于形式，成为无效学习，因而学生的合作学习往往需要教师的适当监控。在开展小学科学合作学习时，教师切不可袖手旁观，要加强对学生合作学习的指导和监控。

另外，虽然教师在小组合作学习之前就已经明确指出了合作学习的任务及操作过程，但在具体实施时可能有的小组仍然不够清楚，在操作过程上也会有些偏差，落实到个体上也可能不明确。这时教师就要及时发现并提供必要的指导与帮助，以保障各小组的合作学习都能及时启动并且正常进行。在合作学习过程中，教师应当为学生提供及时有效的指导和帮助。在讨论过程中，教师要深入各个小组中，了解学生合作的效果、讨论的焦点、认知的过程，并在必要时给予及时的评价和总结，培养学生的学习兴趣，激发学生学习的积极性。

(三)给予充分时间，促进学生探究

学生参与讨论的前提是有各自的独特见解，且个体的思考无法由他人取代。只有在充足时间保证下，在自由轻松的氛围中，学生的思维才能任意发挥，也才能使得他们的讨论不仅仅停留于表层而深入问题或现象背后的实质。除了给予学生充分的独立思考的时间之外，还要保证学生讨论与探究的时间。学生的认识与水平各不相同，观察现象或思维的角度也有差异，且这些独特的见解往往也较为浅显。学生在交流和沟通时，需要有足够的时间深入讨论，激荡思维的火花，知识才会得到极大攀升。

(四)建构良好的合作学习评价机制

《基础教育课程改革纲要(试行)》中指出评价要“帮助学生认识自我，建立自信”。小学科学中小组合作学习的评价不仅要考查学生对知识的掌握，更要重视学生学习的过程与体验，从激励的角度出发，促使学生形成自信心与持续发展的能力，使其更积极主动发展。合作学习倡导“人人进步”的教学理念，意在建立一种以鼓励性、赏识性为主的评价，将过程性评价与终结性评价有机结合起来，建立个性化、多元化的评价机制。

首先，发挥激励功能，制定行之有效的过程性评价方案。教师可以从学生是否认真观察实验、是否认真思考等制定评价的指标，也可以从学习习惯上来制定评价的指标，如学生在小组活动中是否遵守课堂纪律、是否认真倾听他人的发言、是否愿意与他人合作等。其次，尊重学生差异，变换奖励的形式，使奖励个性化；注重学生参与性评价，在小组活动后，让学生对自己的学习态度、学习过程和学习效果进行评价，引导学生对自己进行反思。最后，丰富评价的内容。小学科学教学与学习的评论内容既不能忽视科学的基础知识、技能的评价，又要关注学生学习习惯，兴趣，探究能力以及情感、态度与价值观等的评价，尽可能使每个学生的科学素养都能得到比较客观、全面的评价。

第五节　小学科学教学设计与信息技术

《关于在中小学普及信息技术教育的通知》(2000)指出：“努力推进信息技术与其

他学科教学的整合，鼓励在其他学科的教学中广泛应用信息技术手段并把信息技术教育融合在其他学科的学习中。各地要积极创造条件，逐步实现多媒体教学进入每一间教室，积极探索信息技术教育与其他学科教学的整合。”信息技术与学科教学的整合并不难理解，它就在我们身边。例如，用 PPT 制作多媒体课件，用数据资源查找文献资料，用 Word 编写文档和编制试卷，用 Excel 制作表格、统计学生的成绩等，都属于信息技术与学科教学的整合。

一、小学科学教学与信息技术

我们知道，学习资源是可资利用的学习之源。信息技术是教学环境的组成部分，是学习资源的组成要素。将现代信息技术应用于小学科学课程与教学当中，信息技术将成为科学课程资源的重要组成部分。信息技术与科学课程的整合，也就是将信息技术作为一种重要的资源来促进科学课程的教学。

在小学科学课程教学中，通常被教师采用的信息技术包括：多媒体课件、纪录片、动画等。多媒体课件可以给学生提供探究的情境，调动其积极性。例如，在教授“卵石的形成”一课时，教师通过多媒体课件，将学生引入逼真的自然情境中，让学生感受奔腾的江河，认识河流不同位置的地形特征，感受棱角、大小各异的岩石随着水流相互碰撞摩擦。这样生动的画面展示，很容易让学生有种身临其境的感觉，可以很快让学生进入学习的情境当中。

纪录片可以将天南地北远离学生生活的事物和现象展现在课堂上。例如，在教授“养蚕”一课时，由于客观条件的限制，学生不能亲自饲养。为此，教师可以通过播放纪录片展现养蚕的详细过程，让学生感受蚕的生长过程，细致观察蚕的形态、习性等细节。

动画可以帮助教师演示内容比较抽象、难以用语言描述的知识。例如，在教授“光的反射与折射”一课时，教师可以用动画演示光线射入水体之后传播方向的变化，相比于教师单纯的口头讲解和图片展示，更加有利于学生理解。另外，在一些离学生实际生活比较远、难以获取学习资源的内容上，虚拟环境的利用可以促进学生对细节的把握，并能让学生从中感受沟通与互动、探索与探究的乐趣。

二、小学科学教学与网络技术

网络缩短了人们沟通与交往的距离，网络将科学课程资源扩展并散布到世界的每一个角落，网络将科学课程的学习活动与交流范围扩展到其他学校、其他国家，甚至是整个世界。充分开发与利用网络课程资源，不仅是科学教师必备的一项技能，也是培养学生科学素养的有效途径之一。

利用网络技术可以创设学习情境，激发学生学习的动力，引起学生探究的好奇心和求知欲。网络的声、光、色、形、影等多元素功能，可以使抽象的科学知识或科学教学活动变得形象生动，它的感染力、它的视觉刺激、它的动画效应等都可以调动学生学习的积极性，促使学生主动去学习科学，从而感受学习科学的乐趣。

利用网络技术可以突破时间的局限，帮助学生认识事物或知识发生发展的历史脉络。小学科学的一些知识与广阔的自然界紧密联结，突破时间和空间的限制，科学教师可以搜集关于自然世界的事物影像资料，将其放于网络上，帮助学生直观认识事物的发展过程，从中发现事物发展的规律。

例如，在教授“地震”一课时，教师可以先播放从网络上搜集来的录像片，让学生直观感受大地剧烈震动、房屋倒塌、道路错位、路面升降、树木连根拔起的景象，让心灵受到震撼的学生分组讨论什么情况下会发生地震。然后，教师用多媒体课件展示地壳迁移运动的过程。同时，教师进行讲解：当地球内部对岩层产生的压力超过岩层所能承受的压力时，地壳就发生了断裂，地震就发生了。

再如，学生在学习“植物的一生”时，对不同生物的生命过程并不了解，他们感受不到生物的多样性及生物成长过程的复杂性。这时，教师可以突破学生学习过程的局限性，播放网络上相应的动画，展示多种多样植物生长的过程，让学生感受植物的多姿多彩。

网络资源和科学网站都可以作为小学科学课程资源的一部分，不仅能够让学生获取丰富的科学知识，而且还能够激发学生学习科学的浓厚兴趣。

本章小结

本章围绕小学科学教学设计展开讨论，首先阐明了小学科学教学设计的基本概念，小学科学教学设计以培养小学生的科学素养为宗旨，它将教与学的相关原理转换为计划与创设小学科学教学目标、教学内容、教学策略、教学评价等环节的系统过程。从实质上讲，教学设计就是解决教学问题，它的重点在于解决教学问题的方案和决策的过程。在此基础上，阐述了小学科学教学设计的一般过程，包括小学科学教学分析阶段、小学科学教学策略选择与设计阶段和小学科学教学设计结果评价阶段，主要对小学科学学科的特点、小学科学学科学习者的特点、新课程改革对小学科学教学设计的基本要求进行了分析。此外，分别讨论了小学科学教学设计的基本理念和基本原则，并对小学科学教学设计中合作学习的组织与应用进行了系统阐述，包括合作学习的概念、意义、要素、过程与实施，然后从信息技术与网络技术两个方面讨论了小学科学教学设计与信息技术的整合。

关键术语

教学设计、一般过程、设计理念、设计原则。

思考题

1. 小学科学教学设计的一般过程有哪些？
2. 小学科学教学设计的基本理念和基本原则有哪些？
3. 请结合案例分析小学科学教学设计中合作学习的组织与实施。
4. 请举例说明小学科学教学设计与信息技术的整合。

拓展阅读

1. 顾连忠，董博清，刘建军，等．概念图与循环概念图研究[J]．中国电化教育，2010(02)：111—114。

文章详细介绍了循环概念图的构成原则，根据其特点提出了构建循环概念图的三个策略并辅以实例说明。最后，介绍了循环概念图在教学中具体应用的案例。

2. 黄晓，孙丽伟．小学科学教学设计的规范化和学科化[J]．全球教育展望，2014(04)：111—120。

文章以“全国首届科学教育专业师范生教学大赛”中的小学科学教学设计为例，阐述了小学科学教学设计呈现了一种去规范化与学科性缺失的倾向，表现于教学设计整体规范性，前期分析、教学目标、教学方法及教学过程理解与表述中，并进一步针对问题提出建议。

3. 李柏峰．小学科学课小组合作学习的实践研究[D]．长春：东北师范大学，2006。

该硕士论文对合作学习的有关理论与方法进行了阐述，然后剖析了当前小学科学教学中合作学习的现状和问题，在此基础上结合案例分析小学科学教学中合作学习的组织与应用，并提出了改进小学科学合作学习的策略。

第五章 小学科学课程资源及其开发

学习目标▶

1. 认识小学科学课程资源的含义与价值。

2. 理解小学科学课程资源开发与利用的意义、原则、途径与一般步骤。

3. 了解小学科学课程资源开发与利用的实践案例。

导入案例

“电和磁”是科学教育出版社出版的小学六年级科学教材“能量”单元的第一课，它要求学生探究电和磁之间的关系，并进一步探究磁场强度与电流大小和线圈匝数的关系。对于六年级的学生来说，在一节课的时间内完成以上教学目标，具有很大的难度，因为这节课的内容是高中物理才深入研究的。电和磁都是既看不见又摸不着的能量，它对学生的抽象思维、逻辑推理能力要求特别高。

一位小学科学教师设计的比较巧妙，他首先介绍了指南针的原理，也就是磁体的基本性质：同名磁极相互排斥，异名磁极相互吸引。指南针南极指南，也就是指向地磁的北极(地磁北极在地理的南极附近，地磁的南极在地理的北极附近)。小磁铁红色的一面代表北极(N)，蓝色的一面代表南极(S)。

然后，这位教师开始导入新课，他用双手拿住导线拉直置于指南针的上方，与磁针的方向一致。指南针静止后，闭合开关接通电流，观察指南针有什么变化；断开开关切断电流，观察指南针有什么变化。实验现象很明显：接通电流时指南针发生了偏转。是什么原因造成了这种变化？源于教师对指南针受地磁场的影响发生偏转的相关知识做铺垫，学生想到了一定是磁场让指南针发生了偏转，于是进一步做出猜想：可能是通电导线产生了一个新的磁场，干扰了地磁场。显然，这节课的关键或难点在于学生对地磁场知识的认识。

后来一次偶然的机会，这位教师参观了中国科学技术馆。“我被中国科学技术馆的设计布局惊呆了，同时还看到不少小学生在老师的带领与讲解下参观中国科学技术馆。尤其当我看到里面地磁场模型的那一刻，我想如果学生在上课之前能够参观这里，能够形象感知地磁场的结构和布局，在脑海中形成地磁场的清晰轮廓，那么，‘电和磁’一课的气氛会更加热烈，效果会更好。学生最需要的就是这种直观模型。这里关于地磁场的介绍通俗易懂，非常符合小学生的心智特点，如果有家长或老师的讲解，孩子的理解将会更好。关于地磁场南、北两极的介绍也非常严谨，这对学生良好科学素养的形成具有很好的启迪作用。如果学生能够置身于这样的科学乐园中进行科学学习，那将是一种多么美妙的享受啊。学生如果能参观中国科学技术馆，亲自观看并体验电能与太阳能、机械能之间能量的转化过程，‘能量’单元的教学目标何愁达不到。”

对科学课程的理解建立在对科学本质的认识基础之上，并且将逐步引导学生认识科学的本质。与其他课程相比，科学课程整体规划、跨越学科界限，强调各学科领域知识之间的相互渗透和联系整合。科学课程与科学课程资源之间存在着非常密切的联系，科学课程资源的开发与利用是课程研究领域的一个重要方面。越来越多的人认识到，科学课程资源的丰富性和适切性程度决定着课程目标的实现范围和水平。本章将对小学科学课程资源的含义、价值、开发与利用进行系统阐述，最后结合案例进行分析。

第一节　小学科学课程资源的含义与价值

一、小学科学课程资源的含义

(一)小学科学课程的含义

在我国，“课程”一词始见于唐代。我国的课程概念有广义、狭义之分。广义的课程是指学生在校期间所学内容的总和及进程安排。狭义的课程特指某一门学科或一类活动。我们所研究的“课程”是广义的，是各级各类学校为实现培养目标而规定的学习科目及其进程的总和。

首先，课程是指某一类学校中所要进行的德、智、体、美等全部教育内容的总和，即学生所应学习的科目及其进程的总和。

其次，课程不仅包括各门学科的课内教学，也包括课外活动、家庭作业和社会实践活动。

最后，课程兼有计划、途径、标准的含义，不仅规定了各门学科的目的、内容及其要求，而且规定了各门学科设置的程序和课时分配以及学年编制和学周安排。

我国《基础教育课程改革纲要(试行)》规定，在小学中高年级(3～6 年级)开设科学课程。《全日制义务教育科学(3～6 年级)课程标准》中明确指出：“小学科学课程是以培养科学素养为宗旨的科学启蒙课程。”小学科学课程的目的是使学生掌握与周围常见事物有关的、浅显的科学知识，逐渐养成科学的行为习惯和生活习惯，了解科学探究的过程和方法，通过科学实践锻炼科学能力，进而形成科学、积极的情感、态度与价值观，最终实现培养科学素养的总目标。

(二)小学科学课程资源的含义

我国的课程具有广义与狭义之分，课程资源同样具有广义概念与狭义概念，科学课程资源的广义、狭义概念亦兼而有之。广义的课程资源指有利于实现课程目标的各种因素，是指供给课程活动，满足课程活动所需要的一切，它包括构成课程目标、内容的来源和保障课程活动进行的设备和材料。也就是说，课程资源不是指向课程活动本身，而是指向构成课程活动所需要的一切素材和条件。① 狭义的课程资源仅指形成课程的直接因素来源。

我们知道，课程系统包括课程理念、课程目标设置、课程内容选择、课程内容

① 范兆雄．课程资源论[M]．北京：中国社会科学出版社，2002：3—4.

组织、课程评价、课程实施等整个课程编制过程。课程资源是能满足课程编制过程中可资利用的一切信息、人力、物力以及自然资源的总和。课程资源包括教材及学校、家庭和社会中所有有助于提高学生素质的各种资源，课程资源既是思想、知识、经验的载体，也是课程实施的媒介。可见，课程资源是课程发展过程中可资利用的各种有效条件，它是能够转化为学校课程或服务于学校课程的各种条件的总和。课程资源这一系统由人、材料、工具、设施、活动等因素构成。

为此，我们将科学课程资源视为课程设计、实施和评价等正规课程教学过程中可资利用的一切信息、人力、物力及自然资源的总和。小学科学课程资源是指在实现培养小学生科学素养的课程目标过程中，一切可供利用的条件和资源的总和。

(三)小学科学课程资源的分类

小学科学课程资源系统中的有些要素是自然环境和社会环境本身所具有的，并且是可以被直接加以利用的资源，而有些则是为了达成一定的教育或教学目的而特意设计出来的资源。人的思想观念、活动方式，材料的物理特性、化学特性，工具的形态、功能，设施的形状、大小、用途，活动的方式、场所等，构成了极为丰富、可为课程发展利用的资源形态。因此，在不同的区域、不同的学校，甚至不同的学生家庭，就可能会出现不同的小学科学课程资源。此外，依据不同的标准，可以将小学科学课程资源分为不同的类别。

按照小学科学课程资源的功能特点，可以把小学科学课程资源划分为素材性资源和条件性资源两大类。素材性资源的特点是作用于小学科学课程，并且能够成为小学科学课程的素材或来源，它是学生学习和收获的对象，如知识、技能、经验、活动方式与方法以及情感、态度与价值观和培养目标等方面的因素。条件性资源的特点是作用于小学科学课程，且并不是小学科学课程本身的直接来源，也不是学生学习和收获的对象，但它在很大程度上决定着小学科学课程的实施范围和水平，如直接作用于小学科学课程的人力、物力、财力以及时间、场地、媒介、设备、设施和环境等因素。①

按照小学科学课程资源的空间分布，大致可以把小学科学课程资源分为校内课程资源和校外课程资源。凡是学校范围之内的课程资源，就是校内课程资源，超出学校范围的课程资源就是校外课程资源。校内课程资源包括：校内的场所和设施，如校内的图书馆、实验室、专用教室、实习基地等；校内的人文资源，如教师、师生关系、生生关系、班级组织、学生团体、校风校纪、校容校貌等；与教育教学密切相关的各种校内活动，如实验实习活动、座谈讨论、文艺演出、社团活动、体育比赛、典礼仪式等。校外课程资源指学校以外的形成课程的因素与课程实施的条件，主要包括三类。第一类，现代科技馆、科技类博物馆、动物园、植物园、自然保护

① 吴刚平．课程资源的分类及其意义(一)[J]．语文建设，2002(09)：4—6.

区、图书馆、青少年活动中心、老年活动中心、社区活动中心等。学生到这些地方去，可以使学生的学校生活与社会生活融合在一起。第二类，报纸杂志出版物、广播、电视、互联网等大众传媒。例如，中央电视台的“科技博览”“走近科学”、中国教育网络电视台的“电脑之夜”、北京电视台的“探索时空”，还有如“北京科普之窗”“青少年网上科技馆”“中国科学技术协会”等各种科学网站。第三类，科研机构、高校实验室、研究基地、高新技术开发区等。这些地方可以让学生了解社会科技和经济发展的前沿。

二、小学科学课程资源的价值

课程资源是富有教育价值的。课程资源作为课程的有机组成被融合在课程的各个部分中，它是新一轮国家基础教育课程改革所提出的一个重要概念。没有课程资源的广泛支撑，再美好的课程改革设想也很难变成实际的教育成果。可以说，课程资源是任何课程目标顺利达成的必要条件，它是形成课程的因素，是课程必要的且直接的实施条件。

小学科学课程资源的开发和利用对于转变课程功能和学习方式具有重要意义。一方面，可以超越狭隘的教育内容，让师生的生活和经验进入教学过程，让教与学“活”起来；另一方面，可以改变学生在教学中的地位，让学生从被动的知识接受者转变成为知识的共同建构者，从而激发学生的学习积极性和主动性。同时，小学科学课程资源还可以开阔教师的教育视野，转变教师的教育观念，从而更好地激发教师的创造性智慧。可以说，它的作用比以往任何时候都更加重要了。①

第二节　小学科学课程资源的开发与利用

小学科学课程资源的开发与利用，就是要针对小学生的年龄特点，从小学科学教学的实际需要出发，结合各地区、各学校的实际教学环境，探寻有可能进入小学科学课程领域的、能够与科学教育教学活动联系起来的资源，充分挖掘这些资源的科学教育教学价值，有利于促成小学科学课程目标的实现。

一、小学科学课程资源开发与利用的意义

小学科学课程资源的开发与利用对于我国科学课程改革具有重要意义，其价值主要体现在对小学科学课程的发展、小学科学教师的教学方式、小学生的学习方式及学习积极性的影响。

---

① 朱慕菊．走进新课程——与课程实施者对话[M]．北京：北京师范大学出版社，2002：211.

（一）丰富小学科学课程资源，促进小学科学课程的发展

课程资源与课程发展存在着十分密切的关联。课程发展包括课程目标的实现、课程内容的组织与选择、课程的具体实施等，课程发展的各个方面都离不开课程资源的支撑。

“培养小学生的科学素养”是小学科学课程的总目标。从课程性质来看，小学科学课程具有启蒙性的特点；从学生思维特点来看，小学生的感知、注意、记忆尚处于最初的发展阶段。小学生的注意力不稳定、不持久，且常与兴趣密切相关；小学生的记忆最初以无意识记、具体形象识记和机械识记为主；小学生从笼统、不精确地感知事物的整体渐渐发展到能够较精确地感知事物的各部分，并能发现事物的主要特征及事物各部分间的相互关系。这就意味着小学科学课程资源的开发与利用和小学生的科学学习必须与小学生的学习特点和年龄特点相结合，甚至需要从小学生周围所熟知的事物或常见的事物出发，让学生了解一些与之相关的科学知识，帮助小学生体验科学活动的过程和方法，从而为后续的科学课程学习奠定基础。

小学科学课程内容具有综合性的特点，主要包括生命世界、物质世界、地球与宇宙三大块内容，它不以某门科学学科体系为限，强调内容的整体性。这三部分内容的学习，需要开发与利用多种多样的科学课程资源。让小学生投身于大自然中感受生命的多姿多彩，穿梭田野树林、欣赏山川河流、看花草树木、听鸟语花香；让小学生观察物态变化，了解物质的基本性质和物态转化过程；让小学生观察天气变化、四季更替，勘察地表地貌，了解地球与宇宙的具体现象，从而探索宇宙的奥秘。

课程的实施水平很大程度上受限于课程资源的丰富程度。此外，小学科学课程的实施需要充分考虑学生的身心发展规律。例如，小学生的思维以形象思维为主，他们对事物的理解需要具体事物的支撑，这就需要教师采用开放式的教学方式，开发多种多样的课程资源，为学生创造学习科学的良好环境，让学生在学习中感受科学的魅力，培养持久的探究志趣、良好的科学思维和初步的科学实践能力。围绕学生开发与利用多种小学科学课程资源，不仅可以开阔学生的视野、丰富学生的体验，而且还可以充分发挥学生的天赋和特长，激发他们的兴趣、激活他们的思维，使得学生能够根据自己的兴趣灵活开展各种活动。

可见，小学科学课程的发展，包括小学科学课程目标的实现、小学科学课程内容的组织与选择、小学科学课程的具体实施，这些都离不开小学科学课程资源的支撑。开发与利用小学科学课程资源，尤其是那些与学生生活和经验密切联系的课程资源，是小学科学课程发展的重要条件。

（二）提高教师教学能力，推动小学科学教师教学创新

小学科学课程资源的良好开发与利用，给小学科学教师提出了更高的要求，它需要教师花费更多的时间与精力去选择、开发、整合与利用课程资源。小学科学教师需要根据小学科学课程发展的需要，认识并了解学生的身心发展特点，结合当地

资源的实际分布，对丰富多彩的资源进行鉴别与筛选，与此同时，还需要对小学科学课程资源的潜在教育价值进行适当开发并加以合理利用。这一系列的过程就使得小学科学教师的课程意识、科学文化素养(包括学科专业知识、教育教学知识、相关学科知识)、能力素养(包括获取信息的能力、交往的能力、课程设计的能力、教学能力、表达能力、科研能力等)等各方面都获得提升。因此，小学科学课程资源的有效开发与利用为教师的发展提供了平台和机遇，有助于小学科学教师在课程开发、课程设计和课程实施方面进行创新。

(三)拓宽学生学习视野，激发学生探究欲望，提高学生学习能力

能够作为小学科学课程资源的内容，往往就是学生身边常见的事物，这些事物恰恰能够给学生以具体形象的感觉，容易让学生产生亲切感。另外，多种多样、学生耳熟能详的事物往往可以拉近科学与学生之间的距离，使得科学对学生来说不再是遥不可及、冰冷或僵硬的抽象事物，而变为易得、鲜活的具体事物，从而有助于激发学生的学习兴趣和科学探究的欲望。因此，小学科学课程资源的开发与利用可以激发学生的学习动力，为学生学习的主体性、能动性和独立性的发挥创造了机会与空间，让学生不再是学习的被动接受者，而变为学习的发现者与探究者。

根据现代教育理念，科学课程的教学要关注教学的过程，关注学生在教学过程中的情感、态度与价值观。我国小学科学课程标准突出科学探究在科学教学中的中心地位。小学科学课程资源的开发与利用不仅可以拓宽学生的视野，激发他们学习科学的热情与探究欲望，培养他们科学的学习态度，还可以提高他们多方面的学习能力。小学生活泼好动，对世界充满好奇，一旦稍加引导就可以使其产生强大的学习情感。例如，引导学生关注生活、关爱生命，增强学生与自然和谐相处的意识。学生在认识科学技术新产品时，不但可以体会科学带给人类的便利，还可以关注与科学相关的社会问题，扩大知识面。在学生搜集资料、分析、交流与合作过程中，可以培养学生尊重事实、尊重他人，敢于提出不同见解、敢于向权威提出挑战的能力，从而培养他们的批判意识及创新思维。

二、小学科学课程资源开发与利用的原则

课程资源的开发实质上就是寻找一切有可能进入课程，能够与教育教学活动联系起来，并且有助于课程目标达成的条件或素材。课程资源的利用实质上就是对课程中的资源赋予教育教学价值。所以，课程资源的开发与利用是联系在一起的，开发是利用的前提，利用是开发的目的，开发的过程包含着一定的利用，在利用的过程中也会促进进一步的开发。

原则规范着人们的行为，是正确行动的依据、尺度和准则。课程资源的开发与利用不是随意而行的，需要一定的原则来规范。基于小学科学课程资源的含义、分类以及小学科学课程资源开发与利用的价值，我们认为，小学科学课程资源的开发

与利用应遵循以下原则。

(一)科学性原则

科学性原则指小学科学课程资源的开发与利用必须符合科学性的要求，既要符合小学科学课程资源的意义，又要保障不能有思想性和知识性的错误。与此同时，小学科学课程资源开发与利用的方法和途径也需要符合科学性的要求，需要通过调查研究、精心筛选、反复实践和论证等一系列检验过程方可形成。

(二)教育性原则

在教学过程中，学生不仅增长知识、发展能力，而且在思想感情、道德品质、观念意志等方面也在发生着变化，需要加以引导。教育性原则指小学科学课程资源的开发与利用要筛选对学生具有价值的内容，能够促进他们科学素养的形成和发展，遵循课程资源开发与利用的生活性、启发性、探究性与循序渐进性的内容。

(三)开放性原则

开放性原则指小学科学教师要以开放的心态对待可供利用的一切文明成果，尽可能地开发与利用有益于教育教学活动的一切可能的课程资源。首先，小学科学课程资源的类型是开放的，不论以什么类型、形式存在的课程资源，只要有利于提高教育教学的质量和效果，都应是被开发利用的对象。其次，小学科学课程资源的范围也是开放的，不论校内还是校外，城市还是农村，国内还是国外，只要是有利于提高教育教学质量和效果的资源都可以被开发与利用。最后，开发与利用的途径也是开放的，课程资源的开发与利用不应局限于某一种途径或方式，而应探索多种途径和方式，并能够协调配合使用。

(四)适切性原则

适切性原则指小学科学课程资源的开发与利用要遵循学生的生理与心理发展特点及教育教学规律。课程资源的开发与利用是为了课程目标的有效达成，针对不同的课程目标应该开发与利用与之相应的课程资源。一般来说，每种课程资源对于特定的课程具有不同的作用和功能。因此，不同的课程目标就需要开发与利用不同的课程资源。小学科学课程资源的开发与利用就要符合小学生的身心发展规律，如符合小学生注意、记忆、想象、思维、情感、性格等特点，只要这样才能保证开发与利用的针对性及效果。

(五)创造性原则

针对不同地区、学校、学科及教师，可供开发的课程资源具有极大的差异性。因此，小学科学课程资源的开发与利用没有固定的模式，不应强求一律，而应从实际出发，扬长避短，发挥地域优势，强化学校特色，区分学科特征，展示教师风格，突出教师的个性和创造性。小学科学课程资源的开发与利用本身就是一项极具创造性的实践活动，没有了创造性，其开发与利用就会流于机械主义和形式主义，就会陷入照搬、照抄的窠臼，失去课程资源开发与利用的意义。

三、小学科学课程资源开发与利用的途径

从学校和教师层面来讲，小学科学课程资源的开发与利用可以从课程标准、教材、教学辅助材料等出发，对其进行必要的规范化和校本化。此外，还应该进一步探寻小学科学课程资源开发与利用的策略或途径。一般来讲，我们可以从六个方面来考虑小学科学课程资源开发与利用的基本途径。①

(一)开展当代社会调查研究

科学、技术与社会联系紧密，小学科学教师要对当前社会的热点问题、重要问题有所关注，为学生提供各种能够参与的科学探究活动，让学生自己动手搜集资料，开展社会调查与实验，撰写调查报告并进行交流与讨论，让学生在调查研究过程中学习科学知识、锻炼问题解决的能力。可见，社会调查不失为一种小学科学课程资源开发与利用的途径。我们的科学教师需要关注社会生活，不断跟踪社会的发展动向，了解 STS 课程、社会实验课程、人文课程等相关内容，以便确定并揭示学生参与社会生活和把握社会方向所应具备的知识、技能和素质。

(二)开展学生课程资源的研究

科学教育应加强对学生的研究，尤其是对学生已有知识经验的研究。学生对科学的学习是建立在其原有知识经验基础之上的主动建构，这些先前经验不仅影响着学生的感知过程，而且影响着学生的问题解决方式。小学科学教师在教学之前，应设法了解学生对已有知识经验的掌握情况，需要研究一般学生以及特定学生的学习情况，了解他们已经具备或尚需具备哪些知识、技能和素质，以便作为制订科学课程教学计划的基础。

同时，学生学习科学的情感和体验、学生不同的思维方式、不同的观念等都可以成为教师进行小学科学课程资源开发与利用的重要内容。此外，教师不仅是课程实施的执行者，也是课程的建设者与开发者。教师应将自己和学生都视为小学科学课程资源的重要组成部分，在实际教学中，善于抓住科学教学的时机，灵活确定教学计划，有选择、有组织地针对学生的学习兴趣创造丰富的课程资源。

(三)开展教师课程资源的研究

教师本身就是重要的课程资源，教师的观点、思想、知识、经验无不直接影响着教师的教学与学生的学习。在科学教学中，教师的能力决定着课程资源的识别范围、开发与利用的程度。小学科学教师需要更新教学新观念，努力增强自身的课程资源意识，提高自身开发与利用小学科学课程资源的能力。

新课程倡导民主、开放、科学的课程理念，新课程给予教师的自主空间在扩展，教师在课程开发中的作用在逐渐增强。教师熟知当地的文化、经济状况，了解学校

---

① 吴刚平．课程资源的分类及其意义(二)[J]．语文建设，2002(10)：4—6.

的资源分布情况，且对自己学生的个性特点非常熟悉，那么，教师就可以针对学习对象、学习地点和学习情境等因素适时开发与利用各种课程资源。

此外，课程标准是科学课程的行动指南，也是科学教学的出发点与归宿。但是，课程标准并没有对教师的教学和课程的开发有具体、硬性的规定，这就为教师在小学科学课程资源开发与利用过程中的主体性发挥创造了更大的空间。

教材是课程标准最重要的载体，教材的编制参考了课程标准的有关要求以及特定年龄阶段学生的身心发展特点，并对课程资源的开发与利用给出了不少建议。教师在小学科学课程资源的开发与利用实施之前，需要加强对教材的研究，避免盲目或无效地开发与利用资源。

(四)充分利用校外课程资源

教育是一个系统的工程。小学生的科学教育不能局限于学校的狭小空间范围内，校外存在着很多学生学科学、用科学的广阔天地。鉴别和利用校外课程资源，对包括自然与人文环境、各种文化机构和场馆、各种生产和服务行业的专门人才等资源加以利用，使之成为学生学习和发展的财富。

在西方国家，博物馆、科技馆以其巨大的实物教育资源为依托，帮助学生将学校生活与周围环境联系起来，成了学生学习经验的主体部分。在博物馆中进行教育，学生可以根据各人不同的兴趣，获得潜移默化的知识积累与态度培养。

另外，家庭也可以成为一项重要的校外课程资源。学校方面可以通过建立家长委员会、家长学校等组织，开展家长会、家长知识讲座，取得与家庭的合作，寻求家庭的理解与支持，从而为家庭资源的开发与利用创造良好条件。

(五)利用课程资源实施的各种条件

开发与利用课程实施的各种条件，包括图书馆、实验室和各种活动场馆等。审查学生在日常活动中以及实现自己目标的过程中能够从中获益的各种课程资源，包括知识与技能，生活经验与教学经验，教与学的方式和方法，情感、态度与价值观等方面的各种课程素材以及开发与利用的相应的实施条件。

除此之外，小学科学课程资源的开发与利用还要考虑各地和各学校的实际情况，广开思路，多渠道发掘校内外具有针对性和适切性的课程资源，充分发挥各种课程资源的作用，从而为课程实施创造良好条件。

(六)建立课程资源管理数据库

建立课程资源管理数据库，拓宽校内课程资源及其研究成果的分享渠道，提高使用效率。可以根据实际情况，编制各种各样的“课程资源登记表”，将课程资源的类型、所有者、获取方式、开发动态和使用事项等登记造表，分类存档，归口管理，以便查找和调用。

四、小学科学课程资源开发与利用的一般步骤

(一)确定课程目标

小学科学课程资源开发与利用的根本目的是促进课程的实施和学生的学习。因此，小学科学课程资源的开发与利用要以不同的课程目标为依据。课程总目标的达成要以不同维度的具体目标的实现为基础和依托。具体目标体现了学生应该具备的知识、技能和情感、态度等要求，如果没有具体目标的实现，就没有总目标的达成。要实现各个具体目标，要先分析和考察课程的内容标准。

对内容标准的准确把握和深入解读需要教师认真设计每节课的教学流程和学习资源，教师只有对每节课有明确的规划和设想，才能实现课程的内容标准，教师也正是在一个个具体内容标准完成的基础上逐步实现课程的总目标。当然，教师若要顺利完成这些内容标准，就必须调动有助于实现目标的各种小学科学课程资源，寻找最现实、最可用、最优越的资源。

(二)熟知课程资源

教师作为课程资源的开发主体，首先要对本学科最常用的和最有效的课程资源有较为清楚的了解和认识。结合小学科学的教学需要，教师需要对周围潜在的科学课程资源进行考察，这是小学科学课程资源开发与利用的基础。教师需要注意并从中获取教学所需的各种资源，如人力资源、物质资源、知识资源、经验资源等。除了对学校、家庭、社区不同范围内存在的课程资源进行考察和筛选，教师还可以对学校课程资源进行挖掘，如各种资料、参考书、教具、学生具有的可以利用的资源等，这些往往是最现实、最有可能首先被开发与利用的资源。

(三)评估课程资源

并非所有的资源都是课程资源，只有那些真正进入课程领域、对课程开发发挥作用的资源才能称得上是课程资源。对小学科学课程资源来讲，筛选和评估就是在对小学科学课程活动有关的资源加以甄别的基础上，提取有利于课程发展、具有开发和利用价值的课程资源。

首先，小学科学课程资源的选择要有利于小学生科学素养的培养，符合小学生身心发展的特点，能够满足小学生的兴趣爱好和发展需求；其次，课程资源的选择也应考虑与教师的现实教育教学水平相适应；最后，选择的重点还应放在贴近学生实际、学生较为熟悉、易于在科学教学过程中运用的资源上。

教师评估小学科学课程资源的开发与利用价值要历经几个环节。教师先是描述、列举课程资源，将所评估的各种课程资源放入脑海；然后进行比较，比较课程资源与课程目标的相关程度，比较课程资源的优越程度，比较课程资源开发与利用的难度和条件，为课程资源的进一步开发与利用创造条件。

(四)积累课程资源

科学教师平时需要多翻看与搜集相关资料，包括科技图书、文字资料、图片、

录音带、视频资料以及网络上大量的信息资源。同时，教师还应注意校园内外的花鸟鱼虫、树木园林，甚至开展一些动物饲养、植物栽培活动，以备科学教学之需。另外，科学教师平时还可以收集一些低值或废弃的物品，如空饮料瓶、易拉罐等，这些物品在科学实验教学中可大有用处。科学教师还可以做一些手工制品，为科学教学做准备。

(五)课程资源的实际运用

小学科学课程资源开发与利用的最终环节是对课程资源的实际运用。课程资源的运用效率不仅取决于课程资源的内容和类型，更取决于科学教师的素质水平。如果教师课程资源意识缺乏、开发与利用课程资源的能力不高，即便再丰富、再有价值的课程资源也不会被有效利用。为此，教师需要提升自身课程资源开发与利用的能力，结合实际教学情境和学生已有知识经验与学习特点，设计活动以充分挖掘小学科学课程资源所蕴含的教育教学价值。

(六)课程资源开发与利用效果的检查与评价

课程资源开发与利用效果的检查与评价的方式有两种。第一，即时检查与评价。教师运用资源进行教学开展的即时评价，主要根据课堂上学生的精神状态、兴趣、创造性的思维活动等因素来做出判断，并据此随时调整教学的方式，包括语言、神态、表情的变化，教具使用方式的变换，学生活动方式的调整等，从而确保教学目标的实现。第二，课后的反思。一节课或一个阶段的教学活动结束后，教师应对所运用课程资源的整体效果进行系统反思。这是教师专业成长的关键环节，正如教师的课程资源意识与观念一样。反思的主要内容应该是教学的质量，考查教学效果与课前目标间的一致性程度。

第三节　小学科学课程资源的开发与利用案例

学校是教学活动的主要场所，小学科学课程资源的开发与利用需要以学校为中心展开。此外，学校还可以充分挖掘学校周边自然环境资源的潜在价值，一方面可以充分发挥教师课程资源开发与利用主体的作用，另一方面还可以加强教师课程资源开发与利用的意识，提高教师开发与利用资源的能力。

一、自然环境资源的开发与利用案例

案例一：自然环境资源的开发与利用。

自然环境蕴含着丰富的课程资源，从日月星空、山川湖泊、森林草原，到一草一木、花鸟鱼虫，都蕴藏着无穷的科学奥秘，都有可能成为小学科学的课程资源。科学课程最基本的特点是从学生身边的自然事物开始学习活动。对于身边接近的自

然，小学生有种天然的亲切感，如果教师能够给予恰当利用，充分挖掘其课程价值，完全可以得到良好的教学效果。

一位科学教师的做法给了我们很好的启示。①

贝思是一位五年级的科学教师，任教于美国加利福尼亚北部郊区的一所学校。当她讲到生态系统的多样化及相互依赖性这一单元时，她想到了学校附近的一个小池塘。这是一个随着季节变化的池塘，有许多两栖动物、水生昆虫和植被。她希望利用这些资源给学生开展一个月的探究活动，不料这一活动却持续了整整一年。

活动前，贝思做了许多准备工作。她指导学生研究鱼缸里的金鱼来发展学生的观察技能，她还让学生学会了使用显微镜和手持放大镜等工具。为了让学生储备关于生态系统及动、植物相互依存的知识，为了让学生学会质疑，她进行了专门的教学。她和学生一起收集相关的资料，鼓励学生提问，帮助学生挑选一些能够进行实验的问题，教会了学生如何运用文字、绘图、列表来进行记录。贝思自己还专门参加了一个学习班来补充知识，她说："因为我并不了解所有的情况。"

经过这些准备之后，在冬季和春季，她让全班学生每隔一周对池塘进行约一小时的探究活动。起先，她让学生使用放大镜、网兜、小桶在池塘边观察和提问，并记录下问题和观察的结果。之后，她组织学生一起讨论各自所提出的问题。最终，她选择了一些全班都能参与的问题并将学生分成几个小组共同研究。在接下来的几个月里，全班学生在池塘和教室之间来回奔走，并收集了植物和动物样品，在教室里创建了一个"微型孵化池"，孵化出了蝾螈和青蛙，学生们目睹了它们生长发育的全过程。

一组学生通过观察、实验、查找资料之后，有了意想不到的收获。令他们"难以置信"的是：他们证实了有些水生昆虫以两栖动物及它们的卵为食，这些水生昆虫是食肉动物。而起初，他们还以为它们是以草为食的。另一个小组对在池塘水表面上游走的昆虫着了迷，他们通过利用不同物体在水面上的漂浮实验，解开了水的表面张力之谜。还有一个小组研究了池塘为什么会在暮春时节变小的问题。他们还对池塘边的植物腐烂是否会影响水质展开了大量测试工作和仔细的数据追踪。

在这一学年的最后一个月，学生将他们的研究成果编辑成了一本"学生工作册"，还编写了说明，配了图表与照片，并为此创作了诗歌。

贝思在事后总结说："我确信一个科学探究活动历时一年是最重要的。""他们学到了很多有关环境的知识以及'做'科学的知识，远远超出了我的预期。"

贝思老师充分利用了池塘这一看似普通寻常的自然资源，将学生的好奇心和对自然的兴趣转化成了科学探究的动力。这就使得小池塘成为帮助学生认识动、植物，理解生态系统成员间的关系、认识环保的重要意义、培养各种过程性技能等的具体、

---

① 美国国家科学基金会教育与人力资源部中小学及校外教育处．探究——小学科学教学的思想、观点与策略[M]．罗星凯，等，译．北京：人民教育出版社，2003：67—75.

鲜活的课程资源了。可见，小学科学课程资源的开发与利用对于转变课程功能和学习方式也具有重要意义。

二、学生资源的开发与利用案例

案例二：学生资源的开发与利用。

课堂教学是主要的课程活动，科学课堂教学应该作为教师课程资源开发与利用的主要途径。课堂中，师生、生生之间的多方互动，教师与学生彼此分享思考、知识与经验，交流彼此的情感、体验与观念，不但教学内容得到了丰富，教师与学生还可以获得新的发现，实现教学相长与共同发展。其中，学生资源可以得到开发与利用，其他课程资源也可以得到丰富与创生。

在实际教学中，教师应时刻“关注学生的情感、态度与兴趣和体验”，要善于利用学生的经验和资源优势，利用学生不同的思维方式，及时开发学生资源。

一位教师的一节科学课给我们以有益启示。①

曹老师带着精心准备的实验资料，走进教室准备给学生上“热空气”一课。不料，她因为用假发扎了一个马尾辫，改变了平时的形象，使得学生在见到她时炸开了锅。有调皮的学生说：“老师，好美啊！”还有学生嚷嚷道：“是假发！”马上有学生回击道：“是真的！”学生们议论纷纷，根本不把上课铃声当回事。曹老师灵机一动，决定放弃原先的计划，改为教授“蛋白质检验”的教学内容。

于是，她耐心听取了学生之间的争论，并鼓励他们说出各自猜测的理由。说头发是真的一方的同学，他们的知识面令她“吃惊”。他们列举了理发店中各种染发、烫发技术，认为老师完全有可能利用这些技术让自己头发变了样。而认为头发是假的一方的同学，他们的观察能力更让她“佩服”。他们描述了她平时头发的样子、长度，认为即便通过这些技术，也不可能会有那么长的辫子。

在学生的争论再次进入高潮后，曹老师让他们想方法证明自己的假设以说服对方。经过讨论，他们很快提出六套方案：让老师自己说出答案；到近处仔细观察；用手摸，与真发相比较；把头发烧一烧；让老师当众把辫子解开；调查老师的一天。再经过比较，学生认为第二、第三、第四个方案比较可行，既不过于依赖老师，又不失礼貌。于是曹老师配合学生，提供了假发的材料，让学生展开了观察与实验。他们有的看，有的摸，有的干脆用火烧。很快，采用看和摸方案的学生发现：各人的发质不同，这样解决不了问题。于是，学生都改用火烧的方案来研究。

曹老师鼓励他们烧烧周围不同材料的物品，做出对比实验。学生发现烧指甲、汗毛、硬皮、丝绸散发出和烧真头发相同的味道，而烧塑料袋和假发则散发出另一种气味，最后，他们得出结论：头发、指甲等的主要成分是蛋白质，而假发与塑料

---

① 科学（3～6年级）课程标准研制组．走进课堂——小学科学新课程案例与评析[M]．北京：高等教育出版社，2003：41.

是人工合成的化学物质。

下课时间到了，学生们一脸的兴奋，讨论并没有结束，他们又产生了新的问题：化学烫、离子烫是怎么回事？染发对人体有多大危害？曹老师鼓励他们针对自己感兴趣的问题组成研究小组，制定研究方案，在课外通过走访、调查、查资料等方法来解决这些问题。

教师是课程实施的执行者，同时也是课程的建设者与开发者，教师应将自己和学生都视为课程资源的重要组成部分，成为课程的创生者。曹老师在学生对自己的假发产生浓厚兴趣时，抓住科学教育的最佳时机，灵活改变了原定教学计划，展开了对真、假头发的研究，有选择、有分析、有组织地迎合了学生的兴趣而创生了课程资源，体现了新的课程理念。同时，我们也可以看出，教师作为课程创生者，提高自身素质，适时、巧妙地利用教师、学生在实际教学情境中生成的课程资源是非常重要的。

本章小结

本章围绕小学科学课程资源的开发与利用展开讨论，首先，阐明了小学科学课程资源的概念内涵及价值，并依据不同的标准将小学科学课程资源分门别类；其次，针对小学科学课程资源开发与利用的意义、原则、途径与一般步骤进行重点分析；最后，以自然环境资源和学生资源的开发作为实践案例具体阐述小学科学课程资源开发与利用的过程及结果。

关键术语

小学科学课程资源、开发与利用、步骤。

思考题

1. 小学科学课程资源有哪些类型？
2. 小学科学课程资源开发与利用的途径有哪些？
3. 小学科学课程资源开发与利用的步骤有哪些？
4. 请结合实际案例说明小学科学课程资源开发与利用的原则。

拓展阅读

1. 吴刚平．中小学课程资源开发和利用的若干问题探讨[J]．全球教育展望，2009(03)：19—24。

文章从建设课程资源的基本分析框架，包括课程资源的基本类型、课程资源的筛选原则、规划课程资源的开发和利用渠道、课程资源的开发策略、课程资源建设的重点几个方面进行了课程资源开发与利用的阐述。

2. 吴刚平．课程资源论[M]. 北京：北京师范大学出版社，2002。

该书突破人们长期固守的教材概念局限，在课程资源视阈下对知识观、教学观、教师观、学习观和评价观进行反思，重点阐释教学预设资源、动态生成性资源、教室和场馆资源、现代教育技术资源、教师资源、社区资源和时间资源等课程资源开发、利用和共享的理论与技术。

3. 范兆雄．课程资源论[M]. 北京：中国社会科学出版社，2002。

该书从分析课程资源构成要素入手，逐一剖析国家课程资源、地方课程资源、学校课程资源以及课程资源的普查、筛选与建设问题。

4. 美国国家科学基金会教育与人力资源部中小学及校外教育处．探究——小学科学教学的思想、观点与策略[M]. 罗星凯，等，译．北京：人民教育出版社，2003。

该书旨在帮助教师、学校行政管理人员、教育决策者和学生家长了解在小学课堂中实施科学探究性学习的主要思想及实际的应用情况，书中荟萃了这一领域诸多专家的思想与才智，重点介绍教师和师资培养人员的实践经验。

第六章　小学科学课程实施

学习目标▶

1. 了解什么是课程实施及小学科学课程实施。
2. 掌握小学科学课程实施的基本原则及影响因素。
3. 能够结合实践发表自己对小学科学课程现状的看法。

导入案例

小学科学课中开展第二课堂探究[1]

结合我校实际情况和所处的地理环境，在第二课堂中我设置了以下几个兴趣小组：动物饲养小组、植物栽培小组、无线电小组、模型小组、科技制作和发明小组、气象观测小组、标本制作小组、新发现小组等。根据每个小组的特点，我制定了活动方案，拟订了相应的培训内容。开学初，我组织各小组成员集中学习培训，在活动过程中定期或不定期检查指导，学期结束后，对学生在活动中创作的作品和活动的开展情况进行分析、评比、总结，并对开展得较好的小组成员给予一定的物质或精神奖励。

以植物栽培小组为例，以学生自愿报名为原则，学生自主选择不同品种、数量的植物为栽培、研究对象。活动开始前发给学生每人一个活动记录本，并对记录本的内容进行一定设计。记录本中主要记录了栽培植物的基本情况(名称、形状、种类、生活习性等)，每天培植情况，植物的用途，植物当前在市场上的开发情况，植物的再开发利用设想等。如果学生要对这些项目都有比较仔细深入的了解，就需要独立开展大量的课外活动。在开展活动的过程中，需要学生查阅大量相关的图书资料，寻访家长、教师、同学以及其他人，每天按时观察记录，并根据植物的生长状况浇水、施肥、除草、除虫等，还要到市场进行调查了解。通过这些活动的开展和评价，学生能了解到自己所选择研究的植物在生活中的实际作用和意义，从而培养学生学习植物知识、了解植物习性的兴趣，增长这方面的科学知识。从表面上看，学生只单一地获得了栽培植物的知识，实际上却在无形中培养和提高了他们的多种实践能力。以下是四(2)班陈雨同学栽培火棘时的部分记录："火棘又名火把果、红子，是亚热带树种，广泛分布在我国南方各省，喜欢温暖湿润且又通风良好的环境。它是常绿灌木，叶小革质，有柄，枝密生有短棘。初夏开白色小花，花后结球形果实，秋季果实变红，有的一株上能结上万个果子，挂果时间可直至立春。我通过亲自培植和向别人学习知道栽培火棘应注意三点：第一，场地应该选择在日照时间长、通风良好、温暖湿润、排水良好、土壤疏松且肥沃的环境。第二，浇水要不干不湿、浇则浇透，开花期间要控制浇水、土质稍偏干。第三，施肥应该根据生长期需要施品种和数量不同的肥料。为了促进枝干生长发育应施氮肥；为了促进开花结果应施磷、钾较多的肥料。火棘有蚜虫、军配虫等虫害，在防治方面，每年至少应该给它喷雾一次杀虫药。火棘可以用来制作观赏盆景，果实还可以食用。目前在市场上主

---

① 曾恒．小学科学课中开展第二课堂探究[EB/OL].(2013-08-29)[2016-03-02]http：//www.pep.com.cn/xxkx/xxkxjs/kcjc/201308/t20130829_1163627.htm.

要用来开发制作盆景。我想开发它在中药用方面的效用，希望它能给人们治病。”

小学科学课程实施不仅仅是一个课堂教学的过程，更是一个在教师的指导下展开探究式学习的“旅程”。那么什么是科学课程实施？小学科学课程实施的意义有哪些？小学科学课程实施应遵循哪些基本原则？影响小学科学课程实施的因素有哪些？等等。本章将围绕这些问题进行系统阐释。

第一节　科学课程实施的含义与意义

一、课程实施的内涵

课程实施内涵的研究成果丰富，各家观点多达几十种，而富有代表性的观点主要有三种。

第一，课程实施是将方案付诸实践的过程。在有关课程实施的定义中，这是一种比较具有代表性且为人们所普遍接受的观点。例如，课程实施是把某项改革付诸实践的过程，它不同于采用某项改革(决定使用某种新的东西)，实施的焦点是实践中发生改革的程度和影响改革程度的那些因素。课程实施是指把新的课程计划付诸实践的过程。课程实施的研究所关注的焦点是课程计划在实际上所发生的情况以及影响课程实施的种种因素。课程实施是指把课程计划付诸实践的过程，它是达到预期的课程目标的基本途径。如此等等。将课程实施理解为方案付诸实践的观点，基本上可以视为富兰等课程学界先驱在 20 世纪 80 年代对课程实施本质理解的转译。富兰在 1977 年认为，课程实施是指任何课程革新的实际使用状态，或者说是革新在实际运作中所包括的一切。这种定义指出了课程方案与课程实施的区别。事实上，课程实施不仅包括把新课程计划付诸实践的过程，还包括课程制度化的过程。不管一个人采用的方法是什么，实施实质上由三个阶段组成：起始阶段、实施阶段、维护或制度化阶段。在起始阶段，计划者要提出诸如哪些人参与、所期望的支持程度是什么以及人们对革新是否准备就绪等问题；实施阶段是“做”的过程，它要求参与实施的人们在教室中或在其他适宜的教育场所试验它；而维护或制度化阶段则侧重于对革新的修改，如果该阶段未被计划到，被引入的革新计划将会“褪色”或停止存在，变革就会违背它的初衷。这说明，将课程方案付诸实践理解为课程实施，尽管能够厘清部分相关概念，但的确难以反映课程实施的全部本质。①

第二，课程实施就是教学。这是人们在处理课程与教学，或者处理课程论与教

① 李臣之．课程实施：意义与本质[J]．课程・教材・教法，2001(09)：13—17.

学论关系问题时出现的观点。坚持“大课程论”的学者趋向于课程实施就是教学，认为“站到人和儿童的本性是‘活动’的高度，把课程看成是‘一段教育进程’，课程将不仅仅是存在于‘观念状态’的可以分割开的‘计划’‘预期结果’或‘经验’了，课程根本上是生成于‘实践状态’的无法分解的、整体的‘教育’活动”。“课程实质上就是实践形态的教育”“课程实施实际上也就是教学”。也有学者认为，“教学过程是对课程计划的实施过程”，认为凡是依照教育部颁布的课程标准进行的教学就是正常化的教学，凡是未按照课程标准施教的都是不正常的，是应该加以改变的。这实质上是将课程实施过程与教学过程等同视之。“课程实施就是教学”与“课程与教学整合论”也是有内在联系的。20 世纪欧美教育研究领域多以课程研究见长，而我国教育研究领域则是教学论优于课程论。但在总体上，20 世纪的教育研究领域是以课程与教学的分离为特征的，实质上也是内容与过程、目标与手段的二元对立，认为课程即学习内容或教材，教学则是内容的传递过程与方法，内容与过程、教材与方法是分离的、独立的。随着研究的深入，人们越来越认识到，二元对立是将完整的教育或过程人为地割裂开来，不利于人的完整的教育活动的设计与展开，毕竟，教学总是特定内容的教学，它内在地包含着内容，课程作为内容，是教学的内容，脱离了教学的课程是“空置”的内容。从概念外延上看，课程实施内在地包含着教学，教学是课程实施的主要途径。只有教师把教学建立在已有的课程计划的基础上，把课程计划作为自己选择教学策略的依据，并寻求能促使学生吸收课程内容的有效的教学方法时，课程才可能得以实施。实施还需要教学活动中包括教师、学生、课程内容等诸要素的协同作用方能达成。概而言之，教学与课程是内在统一的，课程实施就是教学。①

第三，课程实施即教师的情境性实践。日裔加拿大学者青木（Aoki）试图将“课程实施”一词进行再概念化，试图将它从一种“工具性的行动”转变为一种“情境性的实践”。这一观点的提出引发了我国学者的深刻阐释，哲学解释学认为，课程实施是师生和课程设计者的视界融合过程，是师生文本的对话和课程意义的创造与生成过程，是师生精神相通、经验共享的过程。事实上，这一观点还是对“课程实施即教学”具体内涵的深刻解读。

二、课程实施的取向

由于人们对课程与课程实施的理解和信念等存在差异，课程实施大致可以分为三种取向，即忠实取向、互动调试取向和创生取向。②

（一）课程实施的忠实取向

这种取向假定所期望的课程改革结果应当是忠于原计划的，它将课程看成是现成的、人们已经确定的、固定不变的一套有待实行的材料。课程实施的问题就是如

---

① 李臣之．课程实施：意义与本质[J]．课程·教材·教法，2001(09)：13—17.
② 钟启泉．课程论[M]．北京：教育科学出版社，2007.

何将这些固定的、由专家设计好的内容具体化，以达到所规定的课程目标。当实施者按照既定的课程方案实施，并取得预期成果时，实施就是成功的。课程改革在多大程度上获得成功取决于课程方案在多大程度上按照课程计划实施。

(二)课程实施的互动调试取向

这种取向将课程实施看成是一个连续的动态过程，实施是一个由课程设计者和执行者共同对课程进行调试的过程。在互动调试取向中，对实施的评价更多的是对特定条件下所发生的事件的描述和解释。富兰认为，研究教育改革的实施问题，不应将改革方案看成是一成不变的和完全可以实施的。应当用动态的、变化的方法看待改革的实施。

(三)课程实施的创生取向

这种取向认为，课程并不是在实施前就固定下来的，课程实施过程也是制定课程的一部分，课程是由教师和学生共同参与的教育实践的结果。这种取向认为，在教学之前并没有一种完整的、规定好的课程，而教师和学生的教学实践是修正和制定课程的过程，他们可以根据自己的实际情况确定课程的目标与内容。

三、小学科学课程实施的含义与意义

(一)小学课程实施的含义

小学科学课程实施是将小学科学课程方案付诸实施的过程，其核心是小学科学教学，同时小学科学课程实施还包括学校或教师组织的户外科学活动以及家庭科学活动等。

小学科学课程实施是颁布课程标准、编写教材并展开教学的过程。课程改革，首先要在相关文件以及课程理念基础上设计开发课程标准并颁布实施。课程标准颁布之后，小学科学教材编写机构在新的理念指导下编写新教材。而在学校层面，小学科学课程实施是学校和教师领会小学科学课程的课程理念，并创造条件，展开小学科学课程教学的过程。

(二)小学科学课程实施的意义

1. 小学科学课程实施是科学课程改革的必经之途

课程改革是对于课程体系全面系统的变革，包括课程标准的确立、教材的编写等，但是这些都需要课程实施来完成和检验，因为即使再完美的课程方案也要在实践教学中接受检验，而课程实施即是将课程方案付诸实践的过程。美国学者古德莱德(J. I. Goodlad)将课程分为：理想的课程，即由一些研究机构、学术团体和课程专家提出的应该开设的课程；正式的课程，即由教育行政部门规定的课程计划、课程标准和教材规定的课程；领悟的课程，即任课教师所领会的课程；实行的课程，即在课堂上或课外实行的课程；经验的课程，即学生实际体验到的课程。理想的课程和正式的课程即课程方案，课程方案必须经过教师领悟的课程和实行的课程而由学生内化为经验的课程。这一过程即课程实施的过程。

2. 小学科学课程实施是小学科学课程逐步完善的过程

21 世纪初，我国将小学自然课程调整为小学科学课程，课程名称的变更同样意味着课程理念、课程目标、课程内容、教学方法、评价方式调整的过程。由于小学科学课程是一门新课程，因此小学科学课程从课程标准、教材到实践教学都处于一个不断完善的过程中。小学科学课程实施在教学实践中去审视课程标准、教材、教师教学能力可能存在的不足，从而发现问题并完善之。现实也已经确证了小学科学课程实施对于小学科学课程实施诸要素的完善作用。小学科学课程标准在不断地修订完善，小学科学教材也在调整，小学科学教师也通过教师培训等逐步提升教学能力。

3. 小学科学课程实施助推小学科学教师专业成长

作为文件形态的课程方案必须经由教师的教学才能最终实现课程目标，在此过程中教师的专业成长主要经由三个方面实现。

一是小学科学教师在进行教学设计、集体备课、展开教学并指导学生科学探究活动的过程中实现自身的专业成长。小学科学教师在教学设计过程中，需要对学生、教材、教学资源进行分析，从而确定重点、难点，选择教学方法，确定教学环节与流程，正是在这样的教学设计过程中，教师提升了自身的学科教学知识，从而实现了自我专业成长。

二是小学科学教师在教师培训中实现自身的专业成长。教师职前和在职培训是促进小学科学教师专业成长的重要途径。小学科学教师的培训包括多种方式，包括在职教师攻读教育硕士专业学位、种子教师短期研修班、网络课程研修、送教下乡等。通过这些培训，小学科学教师能够深化科学理解，丰富学科教学知识，拓展小学科学课程知识，提升教学实践能力。

三是小学科学教学科研助推小学科学教师的专业成长。小学科学教师的教学科研活动是小学科学教师专业成长的重要载体。这种教学科研以多种形式展开，包括听专家报告、参与教育研究课题、撰写科研文章、开展科研研讨等。通过教师的教学科研活动，小学科学教师能够认识教学科研的重要意义、教学科研展开的范式以及教学论文的写作方法。

4. 小学科学课程实施是学生科学素养提升的过程

小学科学课程以提升学生的科学素养为宗旨，促进学生的全面发展。但是课程方案并不能自动转化为学生的科学素养，而必须通过教师的课程实施才能实现，即正式的课程必须经过教师领悟的课程和实行的课程才能实现课程目标。课程实施过程不仅包括教师主导下的小学科学课堂教学，而且包括教师组织的校外科学活动，同时也包括教师组织布置的家庭科学活动等。

第二节 小学科学课程实施的基本原则

一、科学性原则

小学科学课程实施必须坚持科学性的原则。所谓科学性的原则主要包括以下几个方面。

一是教学设计的科学性。所谓教学设计的科学性就是要用科学合理的方法进行教学设计，包括对小学科学教材进行科学分析，对小学生的学习能力和原有知识基础要有清晰的认识，确定清晰、明确、科学的教学目标，正确认识教学的重点、难点并科学选择突破方法，合理设置教学环节和流程，同时正确处理师生互动、生生互动的方式，选择合适的教学评级方法，对学生进行科学评价等。

二是教学过程的科学性。教学过程的科学性包括教学环节和流程设计的科学、合理、清晰性，即教学应当是条理清晰的，而不是杂乱无章的。学生探究活动顺应儿童心理学规律并且组织分工科学、合理，而不是违背儿童天性和认知规律。教师决策既要考虑课程目标的达成，同时也要考虑学生的心理感受，即教学决策指向学生科学素养的提升。教师教学方法和教学策略的科学性，即教师应当根据学生特征以及教学需要科学选择。

三是知识内容的科学性。所谓知识内容的科学性一方面是指小学科学教学的知识内容不能出现科学性错误，另一方面是指知识内容安排合理、教学内容多寡合适、教学进度安排合理、教学重点和难点突出。

二、实践性原则

小学科学课程实施的实践性，一方面指学生要在科学实践中学习科学，另一方面指小学科学课程实施本身的实践属性。

一是学生要在科学实践中学习科学。小学科学课程是一门具有活动性和实践性的课程，因此要让小学生在实践中去学习科学，这种实践的范围很广，包括课上的科学探究活动、户外科学活动以及家庭科学活动等。要使学生在科学实践中学习科学知识，获得科学技能，提升学生对于科学活动的认识和理解。

二是小学科学课程实施的实践属性。小学科学课程的实践属性是指要从实践的角度认识、把握小学科学课程实施。与以往的教学大纲相比，《全日制义务教学科学(3～6 年级)课程标准》不仅提出了精确的课程理念，而且还给出了具体的实施建议、案例等，为课程目标的落实提供了重要保障。例如，课程标准在实施建议部分提到“用教材教”而不是“教教材”、用不同的行为化动词表述不同类型的教学目标等，这在一定意义上体现了小学科学课程实施的实践性原则。

三、开放性原则①

科学课程实施的开放性是指科学教育不是一个完全可以预设的过程，尤其对以科学探究为主的教学来说，更是无法预测将会出现什么结果，即使是过程，也很难完全预设与控制。从某种程度上说这是一个不断生成的过程，整个过程将随着教师、学生参与教学的程度与具体情况而展开。因此，科学课程从目标、内容、过程到结果都应该是开放的，既要有一定的目标与要求，又不能死扣这些目标与要求。在教学过程中应体现适当的机动与灵活性，使教学过程跟随学生的学习过程，紧贴学生的学习需求，让学生学有所得，学有成效。

当然，从课程的角度讲开放性，并不是说课程对教学目标、内容、过程与结果就没有什么规定性，完全由学生、教师说了算，上到哪里算哪里。课程标准所提出的目标与内容标准对教材编写者与教师都有一定的参考价值、制约作用。但这种参考与制约应该有一定的弹性，对不同的地区、学校，不同的教师、学生，都可以按照当地的实际情况，在总目标不变的前提下，结合当地的实际情况做适当的调整与变化。

科学课程实施的开放性还体现在对学生探究结果的表述上。由于科学课程要求以学生的探究活动为主要的教学形式，对探究的结果如何表述就显得十分重要。传统的教材都是把科学探究的结论作为课文，明确表达在书上，让学生识记、理解与学习。而以科学探究为主的教材如果也把结论写在书上，学生看到结论就不要探究了。因此，这类教材往往只以问题与情境的表述为主，不能把结论直接写在书上。况且结论到底是什么，事先也不能完全规定死，同一个问题，不同的人完全可以得出不同的结论。这就是科学探究结论的开放性。这个开放性也是科学课程实施开放性的重要组成部分，教材编写人员与教师对这一点必须注意。

四、探究性原则

探究是小学生学习科学课程的核心环节。科学探究既可以使学生体验到探究的乐趣，形成正确的思维方式，还可以使学生形成正确的科学观，识别什么是科学，什么不是科学。学生的科学探究能力的形成一定要结合科学知识的学习，通过学生的探究活动将科学知识内化，而不是简单地通过教师讲授或学生死记硬背来实现。

在以培养科学素养为目标的科学教学中，由于教学目标的多元性，除了书本知识的学习，还包括科学方法与技能的训练，科学能力的培养以及科学情感、态度与价值观的养成，其教学方法就不能简单地照搬知识传授的做法，必须采用新的教学

---

① 顾志跃，任长松，常初芳，等．科学(3～6 年级)课程标准解读[EB/OL].[2016-03-02]http://cs.gzedu.com/jiaoshijixu/xiaoxuekexue/xiaoxuekexue1/05/doc/5_1.htm.

方法。这是因为科学素养中的智慧、能力、情感、态度等因素与书本知识不同，不属于陈述性知识，而是程序性知识，或称为经验知识或默会知识。这类目标学生不可能通过简单的记忆、模仿性操练学会，而是必须习得的。这里的习得是指学生需要通过亲历某些科学探究活动，在参与的过程中产生体验、感悟，最终内化的结果。这是直接经验习得的过程。教师只有充分认识到这一点，在教学过程中安排好各种相关的情景与有意义的科学探究活动，组织学生参与其中，亲历过程，自主、充分地开展活动，才能达到既学会知识与技能，又培养智能以及情感、态度与价值观，促进学生科学素养形成的目的。

第三节　小学科学课程实施的影响因素

一、小学科学课程本身的因素

改革本身对小学科学课程实施产生的影响主要体现在五个方面。第一，地方、学校与教师对改革的需要程度。地方、学校与教师对改革的需要程度会影响人们实施的积极性和主动性。第二，实施者对改革的清晰程度是影响小学科学课程实施的重要因素，有许多研究发现教师并不明确他们正在进行的改革的基本特征。改革越复杂，就越需要教师了解改革的实施以及改革过程中可能遇到的问题。第三，改革本身的复杂性。改革内容越复杂，实施起来就越困难。第四，改革方案的质量和实用性。改革方案中规划的实用性对实施会产生很大影响。第五，课程改革前后课程的差异大小。课程改革迈的步子比较大，则课程改革前后课程方案差异大。课程改革前的课程基础如果不能为课程改革后的课程实施提供比较好的基础，则会对课程实施产生影响。

二、课程改革中课程资源的有用性和实用性因素

在课程改革中，改革者是否为课程实施者提供了足够且实用的课程资源是小学科学课程实施能否成功的重要因素。可以说，改革者为课程实施者提供丰富且实用的小学科学课程资源是课程改革得以实施的重要前提和必要非充分条件。因为，如果课程实施者或者说教师如果不能通过课程资源获得课程改革的相关信息，如果没有充分的资源帮助教师理解课程理念，则课程改革难以获得成功。

三、教师方面的因素

(一)小学科学教师的实践知识

小学科学教师的实践知识主要强调的是小学科学教师在自己的教学实践中形成

的观点和看法，也就是在长期的教学中教师所具有的教学经验。小学科学教师实践知识类型、结构及多寡影响着教师对于小学科学课程和教学的认识，影响着教师教学中教学方法的选择、教学活动的组织以及教学评价等，从而影响着小学科学课程实施。

(二)小学科学教师对科学的认识

小学科学教师所持有的科学观，包括科学本质观、科学发展观、科学价值观，将构成小学科学教师的深层课程哲学，并通过课程实施的方式在教学中体现出来，影响着学生对于科学的认识和科学观的建构。科学本质观是对于科学是什么的回答。而科学发展观是对科学发展主体、动力、过程、模式等方面的总体认识。科学价值观是对科学功能、作用的基本看法。①

(三)小学科学教师对于学生科学学习的看法

有研究表明，教师如果对学生的学习持有的信念不同，在课堂教学中采取的学习方法、组织的学习活动也不同。一个相信学生有着探究天性的教师往往更愿意组织学生进行科学探究学习，一个认为学生不会主动学习的教师更可能采用传统的灌输式的科学教学。同样，一个不承认学生差异和个性的教师可能会不考虑学生的差异和个性而用同一标准衡量所有学生，而一个认为每个学生都不同的教师往往可能去认识学生的差异、发现学生的差异，并为他们安排不同的科学活动，发挥每个学生的固有天赋。

(四)小学科学教师对于科学教学的教学信念、教学态度

教师的教学信念是教师对教学过程中相关因素所持有的信以为真的观点、态度和心理倾向。② 小学科学教师对科学教学的信念包括科学教学的本质、科学教学的价值、科学教学的目标、科学教学的评价方式、科学教学中的教师角色与学生地位、科学教学的展开方式等教师所持有的观点、态度等。在课程改革中，如果小学科学教师不能及时更新课程理念、课程知识、教学方法、教学观、学生观，将会影响小学科学教师的课程实施效果。如教师认为科学教学就是将静态的科学知识传授给学生的过程或者教学就是一个教师教、学生学的过程，将会影响小学科学教师教学方法的选择、对于科学探究活动的态度等。

(五)学校教师队伍的特征

这里包括两个方面的特征，一是学校科学教师的整体素质，二是学校科学教师的内部结构。由于小学科学的前身“自然”课程属于非核心课程，学校大多不重视，因此不会将优秀师资放在小学科学上。虽然在新课程改革后，小学科学课程成为国家核心课程，但是仍由原有教师承担课程实施的任务，这些教师由于视野、观念以及原有的教学习惯等原因难以适应新课程，从而导致科学课程实施质量不高。

---

① 于海波，孟昭辉．科学观的教育价值及其课程实现[J]．课程·教材·教法，2007(09)：55—59.

② 郭晓娜．教师教学信念研究的现状、意义及趋势[J]．外国教育研究，2008(10)：92—96.

同时，由于我国培养的专业小学科学教师较少，因此在许多学校，尤其是边远地区的小学，科学教师往往由其他学科教师兼任或者转任，这部分教师一方面科学教学经验缺乏、实践知识严重不足，另一方面对于科学及科学课程的认识存在不足或者偏差，对于小学科学课程的课程理念难以理解到位或者持抵制的态度，从而导致小学科学课程实施误入歧途。有教师指出了小学科学教师队伍的现状：

“大多数学校的科学课程教师中绝大部分是兼职教师。科学课程教师中拥有大专学历和中师学历的较多，本科学历的较少，还有少数高中学历和少量民办转正教师；只有少数的科学课程教师是理科出身，而绝大多数的科学课程教师均没有科学专业的文凭，属于‘半路出家’。这可能是现在的中师、高校中均没有设置‘科学’这个专业的原因。此外，近一半的小学科学课程教师从未受过任何的专业培训；绝大多数科学课程教师都是由学校指定的，并且科学课程属于兼任课程。”①

四、学校方面的因素

学校方面的因素包括学校课程决策者对于小学科学课程的态度、小学科学课程理念以及学校课程资源的丰富性和可用性。学校课程决策者包括学校领导、小学科学课程负责人以及科学教师等。由于历史的原因，小学“自然”课程是作为非核心课程存在的，也就是一般所谓的“副科”或者“小科”，导致大量学校课程决策者对于“自然”课程不重视，认为可有可无。虽然新课程改革之后，科学课程成了小学阶段的核心必修课程，但是课程决策者往往认为这只是更换一个名头，没有什么实质变化，因此依然认为小学科学课程是可有可无的，这种态度必然制约着小学科学课程的实施。有教师就指出：

“从小学科学课程的地位方面来看，大多数学校对科学课程的重视程度不是很高。由于应试的关系，科学课程并不是主课，学校对科学课程的教学有不同程度的忽略，在考前甚至在平时都存在挤课现象。”②

即使小学科学课程得到了学校课程决策者的肯定，但是其课程理念同样制约着小学科学课程的实施。新课程改革后的小学科学课程，不同于以往“自然”课程的一个重要特征就是更多地强调科学探究，而不是按教材传授系统的科学知识。开展科学探究需要学校为教师和学生配备必要的科学仪器设备，配备必要的科学实验室，同时对于学生开展必要的户外科学活动创造必要的条件，但是如果学校课程决策者还认为小学科学就是教教材的话，就不会为师生配备这些资源，从而影响小学科学课程的实施。

由于历史的原因，小学自然课程之前一直属于可有可无的“副科”，在学校经费和课程资源有限的情况下，许多学校几乎不可能为自然课程提供丰富的课程资源。

---

①② 陈金义．农村小学科学课程教学的一些思考和探索[EB/OL].(2010-11-28)[2016-03-02]http://www.njxjyw.com/Article/jxyj/201011/8916.html.

新课程改革之后，课程资源就成为制约小学科学课程实施的重要因素。如果学校不能为小学科学课程提供充足的课程资源，包括实验器材、教辅材料等，小学科学课程就难以顺利实施。同时，课程资源的可用性也是制约小学科学课程实施的重要方面。许多小学已经拥有了较为丰富的小学科学课程资源，但是可用性不足。现实表现就是许多实验器材陈旧老化，有的甚至已经损坏；许多学校配有计算机，但却长年闲置在机房中。这些都制约着小学科学的课程实施。

五、地区特征因素

地区特征因素主要是从环境和文化上影响着小学科学的课程实施。例如，浙江省作为科学课程改革的试点省份，有着长期的科学课程积淀和环境，这种环境一方面影响着学校课程决策者对于科学课程的观念，一方面也为课程实施提供了很好的范例，利于其他学校学习、借鉴。而在某些边远、贫困的落后地区，学校普遍缺乏实施小学科学课程的软、硬件条件，同时环境闭塞与外界交流沟通少，缺乏可供借鉴的范例，导致小学科学课程实施存在困难。

第四节　我国小学科学课程实施现状与分析

一、实施现状及存在的问题

(一)学校环境及课程资源方面①

第一，大多数学校的班级配置仍以多班级、多人数为主。调查分析表明，大多数学校都能按照国家基础教育课程设置要求，从小学三年级开始设置科学课程。其中，在六年制或五年制学校，从三年级开始开设科学课程的比重分别占 77.5 ％和 15.3 ％，两者合计比重占 92.8 ％，另有 7.2 ％的学校从小学一年级即开设科学课程。但是，在班级学生人数的调查中，每个班级的人数在 65 人以上、51～64 人、40～50 人和 39 人以下的比重分别为 7.6％、29.5％、55.7％和 7.1％，其中班级人数在 50 人以上的合计比重占 37.1％，说明仍有三分之一以上的学校班级配置的学生人数过多；在教师承担的教学班级调查项目中，只有 42.7％的教师承担着同一年级的教学任务，其余 57.3％的教师都承担着两个或两个以上年级的教学任务。在这种情况下，教师不仅负担的学生人数较重，而且需要进行跨年级课程的备课，这对于对要求带领学生开展各种活动，需要提供大量活动器材和实物材料，需要配备相应教具和学具的科学课程教师而言，承担的任务更是重上加重。

① 胡卫平，韩琴，刘建伟．小学科学新课程实施现状的调查与思考[J]．教育理论与实践，2007(05)：58—63.

第二，学校对科学课程的重视程度与设施配备方面有一定进步，但仍有较大不足。学校对科学课程的重视程度与设施配备是保障科学课程顺利实施的基本条件。调查表明，学校教学硬件设施仍然普遍不足，缺乏必要的硬件建设和课程资源，严重制约着科学课程的顺利实施。相关调查表明，科学课程配备的师资力量、学校专门的科学教室、为科学课程教学配备的实验器材和用品、图书馆、资料室、科学教材的配套学具、学校的科学实践基地、学生科学生活的活动，都不能令人满意。这表明大多数学校对科学课程的重视程度与设施配备方面仍存在较大不足。

需要指出的是，对于科学课程而言，因为涉及生物、物理、化学和地理等多学科知识，教师本身的知识水平有限，所以更需要教师查阅大量的资料。但是调查发现，学校图书室建设普遍薄弱，藏书陈旧，数量偏少，加之相当多的学校上网条件落后，上网查阅资料无法实施，其他渠道也有限，远远达不到教学需要。此外，学校的实验器材配备也难以满足教学需求，特别是一些偏远和农村地区的学校经费有限，教学硬件设施更是普遍不足，个别农村学校的实验器材拥有量几乎为零，科学课程的许多活动都无法开展。这对于提高科学课程的教学而言，是必须设法扭转的重要方面。

第三，网络已成为教师查阅资料的主要途径，但网络硬件条件尚不能满足需要。大多数科学教师已具备以网络作为查阅资料、帮助教学的途径的意识，会经常上网查阅信息或者相关资料，但是仍有大多数人并不具备经常上网的硬件条件。

第四，“科学教材不适应当地的情况，缺少教学资源”仍然是教师在教学过程中遇到的最大困难。相关调查表明，小学科学课堂教学中，教师遇到的最大问题是教材不适应当地情况、缺少合适的课程资源。小学生对于课外科学活动非常感兴趣，科学课程本身的魅力深深地吸引着学生，他们渴望科学教师带领他们开展各种各样的实验、观察、饲养、栽培等科学活动，同时，已有一部分学生具备上网查阅资料、帮助科学课程学习的条件，但是，只有少部分学生家长能够与学生一起完成科学课程安排的课外实践活动。这也表明，目前一些教材配置的需要家长参与学生课外科学学习活动以及进行学生科学课程学习评价的要求尚难以达到。

(二)教师方面

我国小学科学课程在教师方面主要存在以下几个方面的问题。

一是数量问题。首先，表现在教师结构上，在被调查的科学课程教师中男教师很少，这种不合理的结构是造成现在培养出的男孩子普遍缺乏阳刚之气的主要原因之一；其次，突出表现在数量短缺上，小学中专职教师少，专职的科学课程教师更少，45.65％的教师同时教授数学、语文等其他课程，教师精力分散严重。

二是教师素质问题。教育质量的高低优劣，在很大程度上取决于教师的教育智慧，即平常所说的教师素质。教育智慧或素质是教师在教育教学活动中表现出来的决定其教育教学效果、对学生身心发展有直接而显著影响的思想和心理品质的总和，概括为三个方面：教师的师德、知识和能力。教师的素质问题主要表现在以下几个方面。第一，教师教学观念。热爱学生、关注全体学生、促进学生全面发展，是师德师魂的核心，但是调查发现仅有不到一半的教师在教学中能关注到全体学生，关注学困生的更是仅有 2.17％ 。每个教师都受到各级机构或组织单位不同形式的培训，科学课程理念学得很多，但真正对这些理念做过仔细考虑或研究的教师仅占全体教师的 53.33％，在教学过程中，并不能将其很好地变成教学行为。第二，教师知识问题。教师知识作为教育专长的基础，是教师为完成教育教学任务所必备的专门知识，是教师在特定的教育教学情境中解决问题时所必备的科学文化知识，是教师从事教育教学工作的前提条件。它主要包括：本体性知识、条件性知识、实践性知识和一般性文化知识。教师的本体性知识是指教师所具有的特定的学科知识，如科学知识、语文知识、数学知识等。丰富的学科知识是一个教师胜任其岗位的基本保证。它是教学活动展开的基础。在某些地区没有科学学科背景的教师，即没有本体性知识的教师竟然占到 80％ 以上，教师授课过程中出现基本的知识性错误的现象也是屡见不鲜。84.78％ 的教师感觉新课程改革中的压力比以前大，感觉自己可以胜任科学课程教学的教师仅有 41.30％ 。条件性知识是教师成功地进行教育教学所必备的知识，即教育科学和心理科学知识。没有条件性知识，本体性知识的传授便难以得到保障。教师的条件性知识可具体化为三个方面，即学生身心发展的知识、教与学的知识和学生成绩评价的知识。在本次调查中，很多教师把丰富条件性知识作为自身素质提高的努力方向。

教师对新课程改革的基本理念有一定理解，但实施条件尚不充足。小学科学课程标准强调让学生运用自主探究活动的方法，切实地经历知识的探索过程，实现知识的自我建构和自我理解。这与传统的教师自己设计问题、将探究步骤详细指给学生的教学过程相比，更有利于培养和发展学生的创造思维，提高学生独立、能动地解决科学问题的能力。这些新要求同时强调教师要更新传统的教学观念，深入理解探究式教学的理念，更多地运用新的资源和方法组织教学活动。调查分析表明，目前，尚有许多教师对新课程理念的内涵以及如何引领学生开展自主探究活动的过程存在着模糊认识，一部分教师甚至放弃对新课程改革理念认识情况调查项目的选择。

教师培训工作取得了一定成效，大多数教师参与过教学培训，并具有主动提高教学行为的意识。但在一些选择参加教研员组织的教学研究活动的教师中，仍有许多人在教学过程中得不到教研员的教学指导。这固然有教师自身是否能够通过培训有效提高自己的原因，但同时反映出有的培训工作存在流于形式甚至走过场的问题，不能使参与的广大教师真正得到提高。例如，在某节小学科学课上，教师讲的是“重力”一课，但这节课只关注了课堂上学生热热闹闹的“活动”，却忽视了学生对知识的正确理解，从而使“科学活动”成了实实在在的“玩或打闹”的课堂。课程失败的关键在于教师自身缺乏对知识的正确理解，这名年轻的教师在授课总结中说道，该课是她从所听的其他评优课中得到启发后，进行了修改而上的，足见其本身并没有从听课学习中真正获得提高。

(三)教学方面

自主、合作、探究学习方式存在以下三个方面的问题。第一，客观条件的限制。该学习方式受领导的重视程度、学校实验仪器的配备情况、班容量影响，在实施方面存在很大的难度，效果不明显。农村的教学设施缺乏严重，实施起来尤为困难。如果安排不到位的话，该学习方式常常流于形式。第二，由于学生的科学知识积累得比较少，探究的方法掌握得也很少，因此在具体探究过程中，大多数学生不知道研究什么、如何研究。从理论上讲，探究式教学方法的功能很强大，但教师并不愿意使用该教法。其中首要原因是教学难度太大，其次是与学生的学习习惯不相适应，最后是对学生的学习没有太大帮助、浪费时间。第三，对教师提出了挑战。由于班容量大，在进行小组合作交流过程中，教师无法关注所有学生。这样就导致一些学习被动的学生更多地表现出自我放弃和自我退缩。

二、对策与建议

(一)教材及课程资源方面

第一，在教材的活动编排上应更好地体现知识与科学性，体现学生认知与心理的发展规律。根据科学课程的学科特点，科学教材应更好地兼顾科学知识的学习、探究能力的培养和思维水平的提高三条线索，以学生自主探究为核心，在内容设计和活动编排上更好地体现学生认知与心理规律的发展阶段，更好地符合学生的认知过程，达到对科学本质理解的最终目的。同时，针对目前科学教材过多地注重活动性、过程性内容的呈现，可读性和结论性知识偏少的状况，教材还应按照实现科学知识之间的并列或逻辑上升关系的要求，在学科编排、活动设计、文字和插图配置上更好地选择和设置，从而使学生经历从已有经验到科学认知能力不断提高的培养过程。

第二，为教师教学和学生学习提供更加丰富的配套资源。针对调研中教师反映强烈的缺少配套资源的问题，科学课程教材在基本完成一轮编写任务的基础上，要大力开发立体化教材，丰富学习资源。一是要完善教师教学用书。在教师用书中要加强对教材的深入分析，提供更多的相关背景知识，同时，根据地域特点，提供相关的替代活动和自制、自配教具的方法介绍，使教师更易于把握教学，操作课堂教学。二是要开发各种形式的面向课堂的资源，包括教学仪器、光盘(包括电视授课的录像资料和课件)及其他资料。教学用具除可以请生产厂家制作适宜教具外，还应鼓励学校或教师自制，或鼓励学生利用身边的材料制作，以节省资金，减轻经济负担。

第三，以通用性与地方性兼顾为原则，编写适用于不同地域特点的科学教材。无论是教师还是学生，客观上都存在着经验背景、知识基础、认知方式等方面的个别差异。特别是在偏远的农村地区，有些前沿科学技术的发展与应用远远滞后于物质流通和信息畅达的城市地区；又限于农村地区的师资力量，总会有些教师在把握教材结构、内容以及教学设计过程等方面存在更多的困难，需要更多的帮助。与城市学生相比，农村地区的学生读的书偏少，接触的信息少，教育性的玩具少。在这些问题存在的情况下，如果使用不适合的科学教材，可能会给农村教师教学或学生学习带来困难。因此，研究面向广大农村地区适用的小学科学课程和教材，编写具有农村特色的小学科学教材，以使广大农村地区的学生在科学课程的学习中受益，促进他们个体的发展，并最终促进新农村建设，已成为亟待解决的问题。

（二）教师方面

第一，针对教师目前对基本理念的掌握及教师知识结构的不合理，下一步的教师培训应该向以下几个方面倾斜。一是知识培训。由于绝大多数教师缺乏学科知识，培训中应注重对教师进行科学学科知识的传授。二是教学方式的培训。小学科学教学以探究式、开放式的教学为主，教学活动形式多样，重视师生互动，应注意教师教学方式的培训，可以组织教师对优秀课堂进行观摩，增加其感性认识。同时，设置一些内容让教师体验该教学方式。三是教师合作培训。由于我国现行国情所致，各地班容量都很大，在活动过程中，一个教师无法关注所有学生。针对此情况，教师可以进行合作教学。该合作教学是教师之间合作而非教学生如何进行合作，是将日常传授给学生的合作理念用在教师自身。四是与高校教师教育挂钩。高校是输出中小学科学教师的源泉，改革高校教学方式、引领师范生关注最新科技动态、努力提高师范生科学素养，培养与基础教育相一致的人才事关重大。

第二，有效地加强对教师，特别是农村地区教师的培训和指导。在课程改革实施的过程中，应构建一个科学教师理论学习与培训的平台，帮助科学教师成长。其中，强化各级教师培训工作仍是最主要的途径。对教师的培训应当转变培训的重心和形式。应当对教师的教学活动进行有针对性的培训，加强对教材使用的具体指导，加强优秀观摩课的研讨，让一线教师多看、多听一些优秀教师的观摩课。尤其是针对部分地区硬件不足、资源不够的现状，需要对教师进行具可操作性的案例培训、教材分析，从教师实践中遇到的问题入手，进行问题会诊，而不是空对空的理论说教，或走形式、走过场。要拓宽培训渠道，使培训成为科学教师和专业研究人员的“合作共同体”，为一线教师之间以及教师与专业研究人员之间的学习与研讨提供一个互动场所，以全面促进教师的发展，提高教师的业务水平。

教师是课程改革成功的关键。教师的素质水平决定着新课程实施的程度。要使每个学生都具有基本的科学素养，需要教师具备科学课程教学的基本素质。特别在科学课堂里，如果说学生的思维是“线”，那么教师就是拿着“针”的手，“穿针引线”的过程就是科学知识的探究和积累过程。没有“针”的引导，思维的“线”就难以准确地找到科学知识的关键点。要发挥好教师“穿针引线”的作用，就要求教师要具备丰富的科学知识，心中要有科学的精神，要本着一种执着的态度和精神去对待教学工作，同时要求教师自身要具有从经验和环境中不断学习的意识，以经验知识与理论知识共同为教学实践提供依据，不断推动自身专业能力的发展，这样才能成长为一名优秀的小学科学教师。

(三)学校方面

学校要进一步加强对科学课程的重视程度。各级各地教育行政主管部门及学校领导应充分认识到科学教育的重要性，突出小学科学课程的地位。一方面，应拓宽渠道，想方设法加大对科学教育资金的投入，配备必要的教学设备、仪器，解除教师教学的后顾之忧。另一方面，要为科学课程配备更多优秀的专职科学教师，要重视、理解、支持科学教师的各项工作，充分鼓励和调动广大科学教师的积极性和创造性，充分发挥他们的主观能动性，充分利用一切现有的资源，开发科学课程教学的材料和器具，保障科学课程的顺利实施，以使学生的科学意识和科学思维得到良好的培养和提高。

本章小结

本章围绕小学科学课程实施相关问题展开探讨，首先分析了什么是课程实施，在此基础上对小学科学课程实施的内涵及其意义进行了探讨，同时阐释了小学科学课程实施过程中应当遵循的若干基本原则及影响因素。最后，本章对我国小学科学课程实施的现状进行了分析，并提出了相应的改善对策与建议。

关键术语

课程实施、实施原则、影响因素、实施现状。

思考题

1. 课程实施与课堂教学有什么区别和联系？
2. 小学科学课程实施要遵循哪些基本原则？
3. 小学科学课程实施过程中存在的问题有哪些？

拓展阅读

1. 刘美娟，刘美凤，吕巾娇．我国小学科学教师专业素质现状调查[J]．兰州石化职业技术学院学报，2010(03)：72—74。

文章指出，我国小学科学课程实施主要存在着如下问题：教学基本配置低，适用性较差；科学教师学历低，兼职者较多；科学教师群体教龄长，但从事小学科学教育时间短。同时小学科学教师存在着知识素质低、教学设计能力不足、缺乏质疑精神、终身学习意识不足的问题。

2. 黄海旺，王海英．小学科学教材与教学现状及对策[J]. 课程·教材·教法，2007(06)：70—76。

文章指出小学科学课程存在如下问题：小学科学教材在体现知识和科学性、适应学生认知与心理规律、教材编制与出版特色方面尚存在不足。在教学方面主要存在大班额、重视程度不够、课程资源不足等问题。最后，文章指出了改善小学科学课程实施的对策，包括：加强科学课程教材研究，编写出适用的教材；加强对教师特别是农村教师的培训和指导；提高学校对科学课程的重视程度；提升教师的科研和学习能力。

3. 吴乐乐，柏杨．小学科学课程实施的价值取向[J]. 教育科学论坛，2014(07)：31—32。

文章指出，小学科学课程实施应坚持四个导向。一是主体性导向：注重激发小学生的科学学习兴趣和内在动机；关注学生差异，注重个性化设计；营造和谐共生的课堂教学系统。二是实践性导向：创造时间环境，突出实践能力培养；教师要具有强烈的实践探究意识和动手实践能力；社会、家庭、学校深入整合校内外优势学习资源。三是层次性导向：课程设计、课程目标均要体现教学的层次性。四是系统性导向：各阶段的科学教育要结构合理、螺旋上升；小学科学内容板块需要系统设计。

第七章　小学科学课程与探究

学习目标▶

1. 学习科学探究的含义及对科学发展和学生能力培养的意义。

2. 了解探究教学的内涵、结构和特点；了解探究教学和传授教学的区别。

3. 掌握小学科学课程的任务、定位及与之相关的小学科学课程内容设计。

4. 掌握基于项目学习、问题解决和模拟软件的科学探究模式。

导入案例

水如何变成水蒸气①

李老师用蘸过水的粉笔在黑板上写了一个“水”字，很快这个“水”字就消失了。李老师问：“是什么使这个‘水’字消失了呢?”有的学生说水被黑板吸干了；有的学生说水变成水蒸气蒸发掉了。当李老师问学生是怎么知道的时，学生们说是猜的。接下来，李老师向学生展示了实验仪器：酒精灯、试管夹和试管等。

实验进行五分钟后，学生就观察到的现象进行了交流。有的学生说看到试管里的水在一点点地减少；有的学生说看到有气泡产生；还有的学生发现，试管里先是有一点模模糊糊的雾，然后又逐渐变成了水……学生交流结束后，李老师告诉学生，大家观察到的现象就是蒸发，即先冒气泡，接着出现白雾，最后管壁有水珠产生。

接着，李老师给学生呈现了四组对比实验，每组有两种方案，问题是：每组的两种方案中，哪一种方案蒸发较快。四组分别是：第一组，折叠的湿毛巾和铺展的湿毛巾；第二组，瓶子里的水和盘子里的水；第三组，用电吹风吹和用嘴巴吹；第四组，太阳晒和电扇吹。在接下来的交流过程中，学生们各抒己见。经过充分的讨论，在李老师的帮助和引导下，学生归纳出了三种加快液体蒸发的方法：吹风，加快空气流动；展开，增加液体与空气的接触面；加热，增加温度。如果三种方法加在一起，液体蒸发的速度是最快的。

接下来，李老师将装有一定量水的烧瓶放在酒精灯上面加热，并让学生观察。过了一会儿，学生们开始不断说出自己看到的现象。有的说冒泡了；有的说冒烟了；有的说温度上升了；还有的说水在减少等。李老师此时引入了沸腾的概念，并让学生讨论蒸发和沸腾的不同。学生提出了各种各样的答案，最后李老师对这一问题进行总结。总结之后，学生的问题和疑惑还是络绎不断。例如，有学生问：“水蒸发了以后，再从天上掉下来，质量会不会减少?”由于时间问题，李老师不可能一一回答学生的问题，就要求学生在课余时间继续探讨这些疑惑。

本章学习探究的含义、探究在科学发展中的意义、科学探究的方法以及科学探究能力在小学科学课程学习中的应用；了解科学探究的背景和渊源，掌握科学探究的方式方法，特别注意科学探究与小学科学教学的整合，从小学科学的课程资源、教学内容、教学方法等方面逐步渗透科学探究方法的应用，培养小学生科学探究的意识和能力。

① 李莉．亲历科学[D]．上海：华东师范大学，2005：20—23.

第一节 探究教学的含义和意义

一、探究教学产生的社会背景

第二次世界大战以后，欧美发达国家的社会生活发生了巨大变化。由于科学技术的高度发展，工业生产出现了崭新的局面，特别是20世纪中期，知识总量急剧增加，知识更新周期缩短，世界进入了知识爆炸时代，这要求人们具有适应时代发展与变化的能力。20世纪50年代末，苏联人造卫星上天，激起世界性的科学竞争浪潮，振兴科学技术和培养科学技术工作者成为各国共同关注的课题。世界对人才的要求也由知识型转变到智能型。为适应这种社会现实，世界各国都先后开展了教育教学改革。在这样的社会背景下，产生了探究教学理论。

二、探究教学的内涵、结构及特点

(一)科学探究

科学探究是科学家运用科学的方法，通过探究的途径去发现人们尚未认识的科学事物及其规律。科学发现的历史也就是科学探究的历史。没有探究就不会有发现，也不能确认理论的正确性和不断扩展人们对自然的认识。科学的本质就是探究，是不断地追求真理和不断地修正错误。科学探究过程充满着艰巨性和创造性，洋溢着科学精神，渗透着科学的思想和方法。

(二)探究教学

探究教学是指在教师引导下，学生主动参与到发现问题、寻找答案的过程中，以培养学生解决问题能力的教学活动。探究教学的实质就是按提出科学结论和检验科学结论的结构方式去揭示科学结论，即要把所提出的观念和所进行的实验告诉学生，要说明由此得到的资料，还要阐明把这些资料转化成科学知识的解释。

在科学课程中，科学探究是指让学生去模拟科学家的工作过程，按照一定的科学思维程序去探究学习的过程，从中学习科学方法，发展科学探究所需要的能力，增进对科学探究的理解，体验探究过程的心理感受。

科学探究与探究教学之间既有共性又有显著的差异，两种探究都是一种求知的过程，探究的结果对探究者本人来说都是未知的。两者进行探究的基本程序和方法也是相似的，它们都由问题、假设(猜想)、事实(证据)、解释、评价、发表与交流等基本要素构成。但这两者是有区别的。首先，是探究的目的不同，前者是以发现人类尚未认识的事物及其规律为目的，后者是以探究的形式为载体，使学生在获取知识的同时，领悟科学的思想方法，培养科学探究所需要的能力，起到培养创新型人才的作用。其次，是在探究过程上的区别，前者是科学探究的真实历程，后者是科学探究的模拟过程，是对科学探究的再探究。最后，是在探究程度上的差异，前者是建立在深厚的专业基础知识上的全方位的探究，后者是学生在浅易的专业基础的背景下进行的局部的、较低层次的探究。

(三)探究教学的过程

探究教学的过程是：发现问题—搜集资料—处理与解释资料—解决问题。探究教学的主要目的是使学生通过经历探究知识或问题的过程掌握科学的思维方法和解决问题的能力。可以这样执行这一程序：教师根据教学目标，寻找与教学内容密切相关的、可以激发学生兴趣的材料，创设情境，向学生提出将要调查研究的领域。学生发现并提出问题。问题是广泛多样的，教师要引导学生集中于一或两个问题进行重点研究。针对已确定的问题，学生共同讨论，寻找解决问题的方法，然后进行观察、测量、比较、分类等活动，搜集与问题有关的信息资料。在掌握资料的基础上，形成假说并提出解决问题的方案，由个人或小组共同实施方案，学生记录这一过程，并将手中的信息资料加工处理。最后对问题形成合理的解释，得出结论或规律，或提出新问题，重新设计实验，用不同方法组织资料，解释资料，再一次进入探究过程。

三、探究教学的特点

探究教学是在学生自主的基础上，主动地去探究事物的本质和形成的过程，并在此过程中获取知识的教学活动。在探究教学中，教师以指导为主，由最初的帮扶指点到最终培养学生具有探究的兴趣、习惯和能力，最终实现学生自觉自愿地获取知识。在探究教学中，学生是事物本质的探究者，在探究中积累知识，通过探究明确知识的来龙去脉，加深对知识的理解。

探究教学通过探究来提高学生的技能。在探究教学中，教师组织学生自主参与探究活动，让学生提出问题、建立假设、搜集整理和分析信息、解决问题、形成结论并进行交流，从而提高学生的有关能力。

探究教学重视在获得知识和提高能力的同时还强调情感、态度与价值观的形成。其中能力的培养是通过具体操作来实现的，而情感、态度与价值观目标的实现要渗透在教学过程中的每个环节。

探究教学视教材为教学过程中的重要参考资料，而且积极倡导学生通过各种信息渠道去获得各类与学习相关的其他资料来参与教学。实验材料和器材除了为验证结论服务，更主要的是为学生探索未知、创新发现、验证假设和猜想而服务。

在探究教学中，教师既是学生探究的合作者，又是学生探究学习活动的引导者、支持者。探究学习活动既重视师生间的交流，也重视生生间的互相交流，提倡合作学习、相互促进和协作精神。

在探究教学中，教师对教学环节的安排较为灵活，对教学程序只是有一个大致的方案，教学环节由教学过程的发展情况来决定，学生有较大的自由思维空间，教师对教学过程的安排是随机应变的、灵活多样的。

探究教学的评价内容主要是学生参与探究的程度，如学生学习过程中的行为表现，对所学知识、技能或方法的掌握情况，形成的情感、态度与价值观，养成的探究习惯等。探究教学的评价方式是开放的、多元的和动态的，是与学习过程有机结合的。

四、探究教学的意义

《全日制义务教育科学(3～6 年级)课程标准》明确提出了探究在小学科学课程中的地位和作用。探究教学在小学科学教学中的重要性主要体现在以下方面。

探究教学有助于学生认识和理解科学的本质。自然界是可以被认识的，探究是认识自然最有效的途径。科学的重要特征就是探究，在探究的过程中，学生发现问题、形成假设、搜集整理和分析资料、解决问题，在此过程中学生认识和理解科学的本质，并形成相应的情感、态度与价值观。因此，探究教学有助于学生认识和理解科学的本质。

探究教学有助于学生适应现代社会的需要。探究教学帮助学生学会生活。作为现代公民，为了应对科学技术发展和社会发展的挑战，需要学会生存、学会工作、学会学习和学会合作，也需要有较高的科学素养。小学科学课程正是从培养未来合格公民的科学素养的要求出发来规划课程目标的，而这些目标的全面达成离不开探究教学。

探究教学是体现教育本质的需要。突出科学探究是因为科学探究的过程作为学生的学习方式具有促进学生发展的内在价值。科学探究的学习过程能有效保持学生对自然的好奇心，激发他们的求知欲，使他们体验探究过程的喜悦和艰辛；科学探究的学习过程能促进学生主动建构具有个体意义的科学知识和技能，习得科学探究思维的方式、方法和能力。探究教学能促进学生主体发展，提高学生自主发展和可持续发展的能力。探究教学还有利于学生更多地接触生活和社会，从而领悟科学、技术与社会的互动关系。

第二节　探究与小学科学课程设计

一、小学科学课程的内容设计

小学科学课程作为一门理科综合课程，以培养青少年的科学素养为目标。科学课程选取对学生发展最有价值的自然科学知识组成基础知识结构，将一些先进的、基本的科学观念通过身边的自然现象呈现给学生，使学生理解什么是科学，对世界产生完整的认知，具有观察和了解自然的能力，养成科学的思维习惯。

小学科学课程将能力培养按学段融入教学内容之中，利用充足的实践活动和现代教学手段，使学生在活动中学习、领悟人类在探索自然的过程中积累的丰富经验和形成的有效方法。小学科学课程要尽量选择实际生活中综合性的问题。自然界存在的真实现象是点燃学生学习热情，激发学生探究的动力。

小学科学课程的教学要创设在活动中探究的学习气氛，激发学生的学习兴趣，养成学生积极进取的精神。小学科学课程的学习过程也是使知识转化为学生的科学思想，进而转化为科学信念，产生正确对待自然和处理社会生活中科学问题的行为的过程。

为了达到以上目标，小学科学课程在内容设计上要有新的思路。按照系统论的观点，整体功能并不等于部分功能之和，小学科学课程不能只是将原有的分科的基础知识经过梳理后归类加和，而应该建立合理优化的、实用的、对未来学习更有支持意义的、内在逻辑性较强的科学基础知识结构。这需要在不断增加的科学基础知识中进行有效选择，明确选择新知识时的原则。

(一)简化基础知识

以反映自然界本质的科学主题为核心，简化基础知识。自然界本身是统一体，人类认识自然的活动和结果形成了科学，科学的核心概念和基本规律就是科学主题。以科学主题来简化和统整基础知识可以围绕着能量、演化、变化形式、尺度与结构、稳定性、系统与相互作用六大主题。

能量主题构成了任何相互作用的系统的基础，是连接不同学科的纽带。在物理学中，所有物理现象及相互作用都与能量的变化相关，能量在不同的形式之间相互转化；在地球科学中，大陆漂移、火山喷发与地震，水、大气、生物有机体的活动形成了气候变化、地表形态变化和生态系统；在生物学中，生命体内的能量流动驱动其新陈代谢和生长发育，生态系统中的能量流动使其得以存在；在环境科学中，研究能源的利用与保护等各个学科中的运动及能量变化都遵循共同的能量守恒与转化定律。能量主题把各个学科内部的不同分支联系在一起，体现了自然界的统一性与多样性。

演化主题从时间顺序上反映自然界面貌。演化涉及自然界的历史并预示未来。演化的方向性、演化的限制性和演化的机会性是学习自然界演化的线索。

变化形式主题包括趋向变化、循环变化和不规则变化，揭示各种变化的共同规律及相互关系，将各个学科内部和学科之间的发展变化相互联系起来，而且将自然科学整体与社会科学、思维科学，乃至哲学与数学联系起来。

自然界中存在诸如宇宙、地球、生命、物理与化学等非常复杂的结构问题，科学研究中也充满了尺度与结构问题。在研究物质的性质时，首先要明确是在哪种尺度上研究，尺度不同，研究方法也不同。

稳定性主题包括自然现象的可预见性及科学具有的可验证性。给定初始实验条件，可以预见应该发生的现象与结果，科学发现应该是可重复的。稳定性揭示自然界较长时间的静态稳定状态的规律与特征，反映自然界普遍存在的动态平衡状态的规律与特征。

系统与相互作用是自然界普遍存在的规律，研究任何事物与现象都离不开其存在的系统与环境，系统之中的要素之间、系统与环境之间、系统与系统之间都存在着相互作用，正是这种相互作用的形式多种多样，构成了运动变化着的自然界。

六大主题相互交叉、相互联系，科学主题可以有多种组合，理论上，优选的主题形成的不同组合所构成的知识结构应该是等效的。通过提炼科学主题，并组合成能够反映自然科学基本面貌的主题组，然后围绕科学主题组选择知识，这样选择出来的科学知识简化、实用、内在逻辑性较强，具有更强的教育功能。学生对于自然科学主题的理解可以迁移到其他领域，这样学生学会整体地、联系地、发展地、本质地看问题，形成科学的思维习惯，掌握有效的学习方法，就会成为有智慧的人。

(二)探索科学课程新的组织方式

学科知识是现代科学教育必不可少的内容，科学课程是科学教育的重要渠道之一，它的内容除知识性内容和能力培养两个方面的内容之外，还包括科学精神、科学思想、科学态度、科学伦理等真谛性内容，科学认识论、科学方法论、科学活动论、能力培养等方法内容。对自然界的观察、探索以及生活、生产方面的有关经验也是科学课程不可缺少的组成部分。各部分内容相互联系、相互渗透，相辅相成，密不可分，充分体现在科学发展的辩证过程之中。

组建科学课程必须十分强调知识内在的逻辑性，吸收课程结构化的长处。科学课程的内容组织原则必须与知识选取原则一致，才能保证课程的逻辑体系完备。其内容围绕科学主题选择，组织形式也必须以科学主题为线索。

选择以科学内容为基础的科学主题，尝试以科学主题的发展为课程内容的内在逻辑。根据科学主题在自然界现象中表现的方式，由具体到抽象，由简单到复杂，由现象到本质。

在教材组织中，选择符合学生认识发展规律的自然科学知识，融入教学内容的科学思维过程的培养，根据学生心理发展的进程，将科学思维过程融入学生的知识结构之中，即将科学工作者从事科学发现的观察、描述、比较、排序、归类、相关、推断和应用等主要思维过程贯穿于课程之中，以培养形象思维、抽象思维和逻辑思维能力。

教材内容的组织与学生实践、实验能力的培养相结合。教学中始终贯穿着观察、动手操作等实践活动，实践活动成为教学内容的有机组成部分，引导学生按照科研的程序，提出问题，收集信息资料，提出解决问题的方案，在教师的指导下，设计实验，处理实验结果，验证方案是否正确，修正方案。

(三)科学课程的任务与定位

科学课程既有知识性内容，又有综合能力培养内容。学科知识性内容应注意学科间的联系，适当地超越学科界限，渗透有关的综合能力培养内容，引导学生从整体上认识自然、认识科学，为学生领悟综合能力培养内容做好相应准备，并注意应用综合能力培养内容来指导、规范各知识性内容教学。综合能力培养内容着重于科学精神、科学思想、科学态度、科学伦理的养育，从统一的科学概念(理论)、科学活动、科学方法、科学本质等科学知识引导学生应用综合性的科学知识来解决具体的科学问题。为学生进一步学习科学课程做好必要的思想准备，帮助学生形成合理的科学观，促进学生形成科学的世界观。

目前小学科学课程定位不准，主要表现在受“知识本位”的影响，在制定课程标准时，过多地考虑了知识性内容，忽略了综合能力培养内容，特别是在知识应用能力培养内容方面，混淆了“综合能力科学课程”与“科学知识课程”的不同任务和功能。综合能力科学课程应注重科学课程适应个体发展和社会发展的需要。

二、探究性科学课程资源的开发与设计

课程资源是指课程实施所需要的资源的总称，它既包括教材、教具、仪器设备等有形的物质资源，也包括教师和学生已有的知识经验、家长的态度等无形的资源。课程资源的开发与设计是科学课程改革和实施的重要保障。探究性课程资源的开发与设计可以从探究主题的发掘、探究材料的获取和利用、探究场所的开辟几个方面着手。

(一)探究主题的发掘

开展探究活动的首要问题是要有一个恰当的探究主题，探究主题的发掘可以从课程目标、日常生活、学科或当代社会重大课题几个方面进行思考。

一是在教材蕴含的课程目标中挖掘探究主题。根据课程目标对教材中的探究主题进行处理和挖掘。小学科学教材中不乏生活场景、自然环境、实验设备等的图片介绍，教师可以指导学生观察、分析教材中的图片资料，建造并观察周边的实际场景，激发起学生的探究热情，丰富探究主题。

二是从日常生活中发现探究问题。关注学生的实际生活，充分挖掘和利用符合学生年龄特点和能力水平的研究课题，是开发与设计探究性科学课程资源的重要途径与方法。教师引导学生关注生活，善于探索日常生活和自然现象中的科学道理，并且运用所学的科学知识解决生活中的问题。这样的探究主题既可以激发学生的兴趣，也有利于发挥学生的创造性，有助于学生把所学知识运用于生活实际。

三是以学科或当代社会重大课题为载体展开探究活动。当代社会的重大课题大多涉及科学与技术在社会经济生活等领域中的重要应用，体现了科学技术对社会的

影响，是我国当前社会经济发展面临的重大课题，如资源和环境、生物工程、通信与交通、新材料能源、航空航天等。这些课题有利于激发学生积极参与研究的兴趣和热情，为探究性科学课程资源的开发与设计开拓了新的领域和思路。

(二)探究材料的获取和利用

科学探究离不开探究材料，由于小学科学课程配套的探究设施还不完善，探究活动又具有开放性，很多探究材料要靠科学教师去想办法获取。

一是充分利用小学科学探究实验室的器材。科学课程和物理、化学等分科课程的基本内容是一致的，实验仪器可以通用，科学教师要充分利用原有的分科实验室的器材，推动科学课程的顺利实施。

二是创造性地收集和利用各种探究材料。实验室的课程资源满足不了开放性科学课程数量众多、形式多样的探究活动的需求，必须发挥广大师生的创造力，利用各种途径来不断充实科学探究所需的课程资源。坚持收集塑料瓶、纸板、小镜子、手电筒、电池、气球、牛奶瓶等日常生活中的废旧物品，作为探究活动的材料，巧妙地利用这些材料，通过简单的加工或改造使之成为探究材料。

三是利用现代信息资源开展科学探究活动。信息意识和能力是现代社会公民科学素养的重要部分，信息技术的发展也为科学探究提供了前所未有的崭新平台。网络和多媒体技术的飞速发展为学生的探究活动提供了大量的丰富多彩的材料，极大地激发了学生的探究兴趣。充分利用现代信息资源，对于培养学生的信息意识和信息检索、收集、筛选、分析、处理能力等都有着不可替代的作用。在利用现代信息资源时，教师应当提醒学生注意分析信息的权威性和可靠性，提高学生信息评价的意识和能力，这对于学生的终身发展是非常有益的。

(三)探究场所的开辟

科学课程中的探究性实验和调查需要特定的活动场所，探究场所的开辟可以从以下几个方面入手。

一是开辟校内的科学探究场所。学校的图书馆、实验室、生物园等都是学生进行自主学习和主动探究的可以利用的场所，要鼓励学生利用这些场所收集资料，查阅书籍，或开展探究活动。

二是充分利用校外可开展探究活动的场所，包括少年宫、高校、科研机构、博物馆、集贸市场、植物园等。这些校外课程资源都可以用来开展不同学科或门类的探究活动。

三是指导学生创建家庭实验室。科学课程中的许多探究实验非常适合学生在家中进行。教师可以指导学生把自己的书房或卧室一角布置成一个小实验室，用几个包装箱装各种探究材料，把自己收集的实验器材分门别类装入每个包装箱，自行配置一些工具，这样就可以创建一个简单、实用的家庭实验室。有条件的学生还可以在家中饲养动物、栽培植物，既装扮室内环境又提供了活生生的探究材料。

通过上述方法，既可以丰富探究性科学课程资源，又可以培养师生的创新意识，全面提高学生的科学素养，也为推动小学科学课程的实施提供了重要保障。

第三节　科学探究的模式

在《全日制义务教育科学(3～6 年级)课程标准》中，科学探究占有重要的地位。那么，在课程实施过程中如何设计、指导和评价学生的探究活动呢？这些对我们来说都是需要探讨的重要问题。

一、基于项目学习的科学探究模式

小学科学课程是一门以培养学生科学素养为宗旨的义务教育阶段的核心课程，具有跨学科的整合课程特点。因此，小学科学课程的探究教学可以从基于项目的学习入手。

基于项目学习的科学探究模式以学生的社会建构和科学探究意识为内核，关注科学课程的教学设计、课堂的创生以及形成性评价；以科学概念、原理为核心，以生活世界的真实问题为背景，利用学习共同体的协作，选择多种资源构建学习环境，在师生互动中培养学生主动探究的学习能力。基于项目学习的科学探究模式有利于学生体验知识、技能获得的过程，掌握科学探究的基本方法，体验探究过程的乐趣，全面理解科学、技术与社会的关系，逐步形成对科学的情感、态度与价值观，提高学生的科学素养。

基于项目学习的科学探究模式主要包括驱动问题、情境探究、协作和技术工具支持等要素或环节。其中，驱动问题是核心。驱动问题的设计策略主要有以下几个要点。

首先，确认驱动问题的真实有效性。驱动问题要与学生的经验有实质性联系，即该问题必须在一定地域和文化背景下生成，是学生常见常历的，并且能够激发学生的探究欲望而又有一定的认知层次。驱动问题一定要基于学生的发展目标，是学生有能力参与的。

其次，构建与驱动问题相联系的真实情境。真实情境的实质就是模拟出真实生活中或自然状态下能够碰到的问题，将学生与学科知识、教学法知识和教学技术结合起来，构建一个与驱动问题相联系的实习场，引发学生的探究欲求；提供探究的时间和空间，学生亲自动手进行探究，进行问题解决。

最后，设计适合学生心理发展特征的探究形式。小学生对有关具体的事实或经验比较有兴趣，尤其是游戏活动在低年级学生的学习中发挥着重要的作用，因此，游戏是小学科学探究活动的重要模式。

驱动问题必须考虑其本身的价值性，应与学生的认知发展水平相一致，并且要与跨学科的知识进行整合。在基础教育阶段，生成符合学生认知水平的前概念尤为重要，驱动问题的设计必须既能积累合理、有效和有趣的前概念，又能促进学生探究活动的螺旋式系统发展。

二、基于问题解决的科学探究模式

随着现代科学技术不断发展和普及，通过电视、网络以及日常生活的所见所闻，学生往往会提出各种看似天真的问题。基于这些问题的解答，就形成了问题解决式的科学探究模式。这种模式以学生为主体，通过探究各种经过设计的与科学课程内容密切相关的研究问题，有利于引导学生深入思考，提高学生分析和解决实际问题的能力。这种模式的基本思路是确定探究问题、课题论证、查找资料、制定研究方案、实施方案、问题解决、小组交流研究成果、教师进行总结点评。

(一)探究问题的确定

这种模式的关键环节是设计和选择探究问题。教师需要基于课程知识特点并结合学生的知识基础、实验条件、生活环境等进行问题设计，设计若干个探究问题供学生选择。探究问题的设计要考虑学生知识背景，尽可能体现科学性和基础性，如雾霾、污染、干旱等生活中常见的热点问题。教师尽可能列出涉及的相关领域知识内容的参考文献或参考书籍，减少学生开展探究学习的难度。

(二)对探究活动的考核

这种模式的考核方式应避免复杂化，以学生的口头回答或集体讨论作为考核方式。考核内容力求体现对学生探究学习能力的考核。首先，考查学生运用课堂知识来分析和解决问题的能力，要求学生针对探究问题用现有知识进行分析，对探究问题要有正确的分析思路，并建立求解问题的主要步骤。其次，考查学生自主学习与综合学习的能力。高质量的问题探究需要了解所选题目的背景，选题有一定的深度，需要综合运用不同学科的有关知识，要有正确的研究结果和条理清晰的总结表述等。此外，考核还要涉及学生的合作意识和能力。学生要在有限的时间内，保质保量地完成以问题为导向的综合学习内容，需要小组成员运用集体智慧，合理分工与协同配合。

(三)基于问题解决的科学探究模式的优点

基于问题解决的科学探究模式加深了学生对基础知识和基本分析方法的理解，有利于培养学生的问题意识，有助于呵护学生与生俱来的好奇心，培养他们对科学的兴趣和求知欲，引领他们学习与周围世界有关的科学知识，进而体验科学探究活动的过程与方法，了解科学、技术与社会的关系；有助于培养学生的合作意识和合作能力。

三、基于模拟软件的科学探究模式

科学探究的环境包括真实环境和模拟环境。真实环境可分为自然环境和实验室环境。科学探究应该充分利用真实环境。然而，在真实环境中开展科学探究受许多因素限制。随着教育信息化的发展，基于信息技术的教学形式必然引入科学课程。模拟软件创设的环境在安全性、时空转换、内容结构、具体与抽象的结合、观察、控制和活动引导等方面明显优于自然环境和实验室环境。因此，模拟软件既可作为真实环境的补充和扩展，又是不可替代的必然选择，尤其适于学生个体或小组的自主探究学习。

基于模拟软件的科学探究模式基本构成因素包括内容的呈现、学生操作以及这两者关联形成的活动程序。以下从模拟的呈现、模拟的操作、模拟的程序等方面分析模拟软件对科学探究活动的作用。

（一）科学探究对象动态视觉化表征及作用

模拟软件把真实对象转变为学生控制下的动态形象，实现科学探究对象的动态视觉化表征。动态视觉化表征物是模拟中的观察对象，模拟的动态视觉化表征物既有原型的基本特征，又附加了引导观察的因素，能优化显示，突出和加强与探究目标相关的特征，使学生集中注意于探究的关键点，增强学生观察的指向性。

模拟的动态形象在学生控制下呈现，适应学生观察的意图，使学生观察与思考相结合。学生在模拟中能见证事物变化的过程，便于发现观察对象的运动规律；还能变换多种情境，在短时间内扩展探究和比较的范围。模拟的动态视觉化便于引导科学探究活动。模拟图像是对真实事物形象的简化和强化，具有示意性，能把在真实环境中学生仅仅对物的观察和思考，转变为对介于物与符号之间的表征物的观察和思考，从而有助于揭示抽象概念和规律。

（二）探究对象的动态视觉化呈现

探究对象的动态视觉化呈现可以起到引导观察、激发思考、支持思维过渡的作用。在科学探究中，学生会遇到一些术语、概念、对科学现象的抽象或理想化的表述、科学现象涉及的数值等以符号形式存在的因素，模拟软件可以将这些抽象的因素转变为可以交互的图形。根据符号的性质和可操作的范围，常用如下的呈现方式。

“物体”，泛指在科学探究中学生观察、操作和控制的任何物理实体，包括人工制品和自然产物等。物体在模拟中的呈现类型一般是被操纵的对象，被操纵对象的呈现方式通常采用简化的静态图像和简单的动画，并且以静态图像为主。动画一般只用于引起学生的兴趣。在科学探究中，模拟物体的外形不是主要学习内容，不必追求形象的逼真，只需在外观特征上能够识别和区分，可以删略无关的细节而突出本质特征。

“过程”，是指因物体之间的相互作用而引起的变化现象。自然过程表现在模拟中是被探究的系统，可以用多种方式呈现。对自然过程的模拟要考虑其精确度。模拟中所揭示的科学规律，严格遵循自然法则。模拟的精确度与软件设计者对科学规律的认识程度和模拟的技术实现能力有关。在科学教育中，学生学习的都是已经被人类揭示的科学规律，然而由于课程标准对不同学龄段学生有不同的学习要求以及模拟的技术实现两个方面的原因，软件制作者会近似地再现自然过程。要避免由于编程技术难于实现，把本来应该严格遵循科学规律的过程，模拟为近似系统，这就使模拟的科学性出现了问题。

（三）创设表征物关联的可操纵情境

1. 可操纵情境与关联的表征物在科学探究中的作用

探究学习环境是学生自主地与内容交互的环境。模拟的可操纵情境体现了“在做中学”的思想。与真实环境相比，模拟的可操纵性环境更有助于引导学生动脑，给学生提供频繁的机会与探究对象进行交互作用，提供近似于与真实对象进行交互的经验。

模拟中的探究活动是以观察为基础，通过与模拟软件的交互，获取事实、收集数据和发现证据的过程。模拟创设的探究情境，能够在学生操作的同时呈现相应的现象或数据，并且是相关联的一系列的操作结果。这在最大程度上使操作、观察、验证紧密结合起来。

模拟在本质上是反映真实现象或活动的模型，而科学探究模拟可以抽象为一定的参数条件下自变量与因变量的数学模型，也可以描述为一个系统的输入与输出的物理模型。学生在模拟中的操作，是在控制自变量或系统的输入，而模拟呈现的相应的表征物则是因变量或系统的输出。因此，各种表征物之间本身是相互联系的，如果把其间的联系外显出来，就能够促进探究学习。相互关联的表征物有图画、表格、图形、方程式、数值等，它们既可以是当前的操纵对象，也可以包括先前的数据和图形。表征物的关联便于学生即时发现多种信息之间的动态联系，不同来源资料的相互佐证。

2. 学生操作行为的类型及其表征物

学生对模拟的操作应该是有目的的学习行为，操作的效果应该联系多种表征物。为此需要明确操作行为的类型及其表征物，以便有目的地设置操作。学生的操作行为与探究对象的呈现类型有对应关系，包括选择行为、控制行为或运行系统、反应行为、收集信息行为。

选择行为。选择行为对应于符号的表征物和物体的表征物，有两种作用方式。一种是模拟每次运行前设置参数和确定变量，操作施加于被选择对象，而选择的效果是在系统运行时才能观察得到的。另一种是模拟运行的任何时刻都可实施的选择，操作引起即时效果。

控制行为。控制推动着模拟的进程，对应于物体的表征物和过程的表征物。模拟中因学生的控制行为而呈现的表征物有两种关联方式。一种方式是直接操纵对象，引起对象本身或相关联的其他对象的变化，多种表征物表现出即时关系。另一种方式是在设置参数和变量之后，控制模拟过程的启动和终止，被探究系统呈现随时间的变化，多种表征物反映连续变化趋势。

反应行为。反应行为是相对于系统的反馈的、基于学生先前行为的选择或控制操作，如系统提示操作顺序不当、告知应该选择的对象等。学生需要给予反应，系统才可能继续运行。反应行为的类型和表征物与选择行为或控制行为相同。

收集信息行为。学生在整个科学探究过程中，都应该有意识、有目的地观察和记录，把收集到的信息汇聚为证据，以便证实假设。在模拟中可以设置专门的数据和资料呈现功能，学生可以选择需要呈现的内容，关联的表征物是数据图表和文本资料。

(四)计算机模拟科学探究活动的程序

计算机模拟科学探究活动的基本程序包括以下几个方面。

导入说明。明确所要探究的科学问题，启发学生猜想与假设结果，提出活动任务和目标。

系统呈现可以设置的参数和特征。学生按照自己的认识和系统的提示，设置参数。系统的参数设置会影响模拟运行的启动，有的系统对未设置的参数会采用默认值，或任由学生在其他时间设置而不影响模拟的运行。

系统呈现可以操纵的变量，即学生可以控制的变量。它们一般是与参数设置同时出现在界面上。参数与变量往往是相对的。可以操纵的变量应该是多个，模拟要对科学问题真实现象中的影响因素筛选简化，选择最体现事物本质的因素作为模拟的变量。

系统给予学生不同程度的操作提示。从完全不予提示，到具体说明操作步骤和每一步操纵的变量。可以采用直接提示或间接暗示的方式。

学生操纵变量。作为探究的模拟应该允许学生操纵任何一个变量，学生的操纵受自己的理解和系统指导的影响。

系统呈现学生操纵变量的结果。学生操纵变量的同时就能够观察到操纵的结果，即因变量以图形或数据形式直观表现出来。

学生反复尝试—检验的过程。从参数设置到呈现变量操纵结果的过程要反复多次，直到学生发现了操纵因素变化与结果之间的关系，总结出规律。

总结规律与应用练习。作为引导探究的模拟软件，不是直接给学生呈现出探究的最终结论，而是给予学生一定的提示或暗示，让他们自己表达所发现的规律，并且通过应用问题的解答来验证自己的发现。

探究过程中的反馈。反馈是系统对学生操作行为及其结果的反映，应设置在探究过程中的关键点上，包括提示和警示，即时矫正学生不当的操作行为，或仅仅是告知学生操作的不良后果。

(五)科学探究活动程序中的指导

科学探究活动程序中的指导不仅仅限于操作提示，也包括导入说明、反馈设置等。模拟中对探究学习的指导类似于真实环境中教师的现场指导，指导的程度和水平会影响学生学习的性质，包括从无指导的“尝试—错误”学习到适度指导的发现学习，或每一步骤都遵从教师示范的模仿学习的不同程度的指导。

总之，模拟软件以动态视觉化表征的探究对象为中心，构成有一定内在结构的、具体与抽象结合的学习材料，提供可以观察和操纵的情境，设置引导学生交互的活动程序和即时指导，使学生能够自主进行探究性模拟实验。由此，模拟软件能够在创设自主探究学习环境和有效引导探究活动两个方面促进科学探究学习，并且有不可替代的优势。设计和应用模拟软件可以扩展科学探究学习的途径，在信息技术支持下落实课程标准关于科学探究的思想。

本章小结

探究是自然科学的基本研究方法，本章讲解探究的含义、探究在科学发展中的意义、科学探究的方法以及如何在小学科学课程学习中培养学生的科学探究能力等内容。分析了探究教学的内涵、结构和特点以及探究教学和传授教学的区别。讨论了小学科学课程的任务、定位及与之相关的小学科学课程内容设计。最后研究了基于项目学习、问题解决和模拟软件的科学探究模式。

关键术语

探究、探究教学、项目学习、问题解决、模拟软件。

思考题

1. 什么是探究？科学探究的意义是什么？
2. 如何在小学科学课程学习中培养学生的科学探究能力？
3. 探究教学的内涵、结构和特点以及探究教学和传授教学的区别是什么？
4. 小学科学课程的任务和定位分别是什么？
5. 如何进行小学科学课程内容设计？
6. 分别阐述基于项目学习、问题解决和模拟软件的科学探究模式？
7. 如何培养学生的科学探究能力？

拓展阅读

1. 探究教学的思想起源可以追溯到古希腊哲学家苏格拉底的问答式教学法。美国教育家杜威认为，采用赫尔巴特的“教师中心”“从课中学”有局限性，培养出来的人难以适应社会变化。杜威主张“学生中心”“从做中学”。它的基本教育过程是暗示—问题—假设—推理—验证。杜威的实用主义教育理论为探究教学理论的形成打下了初步的基础。

探究教学理论的代表人物有美国教育学家萨其曼、施瓦布和加涅等，他们从不同角度论证了教学过程中探究教学的重要性。萨其曼注重实践，主张探究方法的训练模式，重点是帮助学生认清事实，建立正确的科学概念，并形成假设以解释新接触到的现象或事物。施瓦布则试图以科学的结构及其不断的变化为前提，从理论方面揭示探究过程的本质及其特性，并力图在教学中引进现代科学的成果，使学生把握学科的结构，体验作为探究的学习。加涅在探究教学理论的基础上，研究了构成学习的前提条件。

2. 刘莹．探究性学习教学示例：物理[M]. 杭州：浙江教育出版社，2004。

该书以上海名校的教改实践为依托，精选一线骨干教师探究学习的教学示例，对课堂教学中如何实施探究学习，如何介绍、引导学生主动参与探究学习进行了介绍，解答了教师的种种疑虑和困惑，对目前正在进行的新课程教学具有较大的借鉴意义。

3. 吴子健．探究学习与教师行为改善[M]. 上海：上海教育出版社，2007。

该书从理论和实践两个层面深入研究改善教师行为的机制、途径等，涉及教师教学行为的改善、育德行为的改善、管理行为的改善、学习行为的改善、研究行为的改善，内容富于科学性、前沿性，在研究中使用了现代教育技术。

4. 张军朋，许桂清．中学物理科学探究学习评价与案例[M]. 北京：北京大学出版社，2010。

该书从国际科学教育的视角，结合我国中学物理课程的实际，对中学物理科学探究学习评价问题进行了理论研究和实践探索。该书上编是中学物理科学探究学习评价的理论探讨与实践研究，包括科学探究与探究教学的基本理论、科学探究学习评价的基本问题、科学探究能力的评价标准、中学物理实验探究学习目标的分类与评价等；下编是科学探究学习评价的案例，每个案例包括任务概要、评价目标、评价方式、完成任务所需时间、所需材料和器材、事先的准备和安全提示、题目样卷、评分标准等。

5. 刘儒德．探究学习与课堂教学[M]. 北京：人民教育出版社，2005。

该书把理论高度与实践深度结合起来，系统概括教学心理学的最新研究成果，结合当前国内外课程与教学改革的趋势与要求，将教学心理学的理论和方法与提高教学的有效性密切结合。

第八章　小学科学学习技能

学习目标▶

1. 学习观察现象、发现问题、建立假设的方法。

2. 了解小学科学实验的分类，掌握设计实验、做实验和测量、记录实验结果的技能。

3. 能够看懂图表并从图表中获取有关的信息；能够根据需要制作简单的图表。

导入案例

米饭变色了[1]

教师教学生认识了碘酒之后，建议大家吃午饭前(上午第四节课)，一起用碘酒对手进行杀菌消毒。

师：我为大家准备了一份菜单：青菜、土豆、红薯、橙子、刀豆、面包、面条和米饭。下面每位同学用刚才消过毒的手挑两粒米出来，放在白纸上排好，要注意，不要弄脏它们。

(学生们认真地捡数着米粒，随即发现米饭和手指上的颜色变化了。学生们惊异，讨论，兴奋地举手，举手的越来越多)

生1：颜色变了。手指和米粒变成黑紫色的了。

生2：为什么会变成黑紫色?

生3：是什么让米粒变成了黑紫色?

……

师：米粒还干净么?

生4：不干净了。

师：这么干净的米是被你弄脏的吧，肯定是你刚才没有把手洗干净。

生4：不是不是(连忙辩解)。

师：那你怎么为自己证明，不是因为手脏呢？大家想想，到底是什么原因呢。

(学生们陷入困惑，开始进行思考)

生4：我想是因为这个碘酒，碘酒涂在手上一碰到米粒，就变成了黑紫色。

师：光说没用，咱们搞科学研究要用事实来验证才行。

生5：可以把米粒滴在没有涂过碘酒的手上，如果它没有变色，那就说明不是因为手脏。

师：但是这样只能证明不是因为你的手脏，怎么证明确实是碘酒作的案呢?

生6：把碘酒直接滴在米粒上，看看有什么效果。

师：这个建议不错，我们一起试试看。

(学生们用装有碘酒的滴管在米粒上你一滴，我一滴，把米粒都“染”上了颜色)

师：发现相同现象的同学请举手。谁来解开这个谜?

生7：把所有的东西跟酒精混在一起，这个东西就会变成黑紫色了。

师：把所有的东西跟酒精，有没有谁来纠正?

---

① 李莉．亲历科学[D]．上海：华东师范大学，2005：28—32.

生 8：是所有的东西跟碘混在一起。

生 9：我刚才手上碘酒太多了，就把它擦在白纸上，结果发现白纸也变色了，这是为什么？

……

（学生们提出了各种各样的问题，提问的兴致高涨）

师：大家提了很多好问题，实际上这些问题总结起来就是两点：为什么变色？是不是所有东西碰到碘都会变色？认为所有东西碰到碘都会变色的，请举手(两三个学生举手)。认为不是的举手(绝大多数学生举手)。这只是我们的猜测，那怎么办呢？

生：实验！

（接下来，学生们开始将碘酒滴在不同的东西上，进行实验）

生 10：我发现含有水的东西，青菜、橙子、刀豆不变色，土豆、面包、面条、红薯会变色。

生 11：红薯的外皮和刀豆的里面都不变色。

生 12：我发现用面粉做的东西会变色。

师：那土豆和红薯又怎么解释呢？……还有刚才那个同学说含水的不变色，结果橙子的局部也变色了，到底是什么原因呢？（学生困惑）这个问题很难，让我来帮大家一把吧。一起来思考这样的问题：蛋糕是甜的，对不对？巧克力呢？苹果呢？

生：都是甜的。

（在教师的引导下，学生们得出，与碘酒混合变色的东西都含有同一样物质）

师：科学家很早以前就成功地把这种物质提炼出来，并称之为“淀粉”。因此，最终我们得出的结论就是……

生：淀粉＋碘→黑紫色。

本章学习小学科学课程的学习技能，不同于普通学科的学习技能，科学课程的学习技能与科学课程的特点密切相关，科学课程的内容源于自然科学，科学学习技能必然涉及自然科学发展的研究过程。涉及观察与发现、问题与假设、实验设计与实施、测量与图表分析以及结果交流与问题解决方面的内容。图表是一种直观表达数据的工具。图表教学是为了让学生用这个工具去揭示、分析数据内在的规律与特征。因此，教学有必要让学生经历一个学工具、用工具、学以致用的过程，并在这一过程中实践、体验运用信息技术统计和分析数据的方法。

第一节　观察与发现

观察是人类认识世界的最基本途径，也是小学生初步认识自然界，进行科学启蒙教育的重要途径。观察又是实验的基础，在实验过程中，认真细致、实事求是的观察伴随着实验的每个细节，只有同时重视观察和实验，科学研究才能得出科学的、正确的结论。所以说，观察能力的培养直接影响着其他能力的培养，不可轻视。

一、观察

(一)观察课

观察是对事物有目的、有计划、有组织的直觉过程，在观察的过程中，包含着积极的思维和对观察的结果进行记录或记忆，观察是非常基本、重要的科学探究技能之一，是一切科学研究的基础。小学科学课程中的观察是学生运用感觉器官去感知事物形状特征的活动过程，在小学科学课程中，以观察为主组织教学过程的课程属于观察课，它是一种指导学生有目的、有计划地利用感官对自然现象、物体特征及属性，动、植物生长及其他习性等进行系统的观察，以获得知识、经验，并培养观察、分析、比较和概括能力的教学活动。这种教学活动具有直观形象的特点，能使学生获得深刻的、真实可信的感性认识，从而提出问题，发现规律。教师提供合适的观察材料，通过观察，训练学生观察的能力；学生通过分析观察现象，形成科学概念，探求科学规律。

(二)观察课的主要类型

运用感官感知事物的观察课。运用感官进行观察，即用眼、耳、鼻、舌、手、皮肤去直接感知事物的特性。训练学生用自己的感官去感知事物，教师不但要激发学生的观察兴趣，更重要的是指导学生掌握用各种感官进行正确观察的方法。

借助工具进行的观察课。有些观察内容，要求学生利用一些观察工具观察认识事物，如用放大镜、显微镜观察微小物体或组织，用望远镜观察远处物体等。

综合型观察课。根据具体的教学内容，学生在观察中灵活运用观察方法，用观察工具或直接用自己的感官去感知事物，发现事物的现象和规律。

(三)观察课的基本结构

观察课一般由三个环节构成。一是导入新课。导入新课要提出问题，明确观察的任务。二是自主观察。观察过程是观察课的主体部分，学生利用感官或观察设备观察，获得感性认识，并通过思维获取知识，培养学生的观察能力。三是交流总结。观察是手段，旨在发现和探索。学生之间交流观察结果，发现事物蕴含的规律。交流可以促进学生观察能力的提高，也是探寻事物规律的过程。

(四)观察的分类与方法

全面观察法要求对观察对象的各个方面、各个部分、各个角度进行细致观察。全面观察就是对事物全貌、事物的发展过程、事物构成的各个部分以及事物与事物之间的关系，从头至尾、由此及彼地进行观察。全面观察可以把握全局，避免以偏概全和片面性。只有通过全面观察，才能对所观察的事物形成完整的认识。

比较观察法的实质是观察同中之异、异中之同，辨析科学现象、概念、规律，以把握其本质属性。通过对两个事物或现象的对比，或对某一现象发生变化的前后情况进行对比，从而获得观察信息。

归纳观察法是指对同一类现象的某些特征进行观察，得到一些个别的认识，再通过归纳得出普遍性的结论。归纳观察法得出结论的正确性需要科学论证并在实践中加以检验。

二、发现学习

(一)发现学习的含义

发现学习是学生通过独立学习、独立思考，自行发现知识，掌握原理原则。发现学习是学生通过自己再发现知识形成的步骤，以获取知识并发展探究性思维的一种学习方式。它并不局限于寻求人类尚未知晓的事物。发现学习既是教的方法，又是学习方法。发现学习是以培养探究性思维为目标，利用教材使学生通过一定的发现步骤进行学习的一种方式，其主要特点是学习的主要内容由学生自己发现。发现学习需要向学生提示学习的有关内容。它最适合于可引出多种假设、原理并能明确展开的数理学科，需要学生具有相当的知识经验和一定的思维发展水平。

(二)发现学习理论的形成与发展

世界著名的心理学家、教育家布鲁纳吸取了德国格式塔(Gestalt)心理学的理论和瑞士皮亚杰发展心理学的学说，在批判继承杜威教育思想的基础上，逐渐形成了发现学习的模式和理论。

布鲁纳强调，发现是教育儿童的主要手段。发现不限于只是寻求人类尚未知晓的事物的行为，确切地说，它包括用自己的头脑亲自获得知识的一切形式。不论是儿童的发现，还是科学家的发现，其实质都是把现象重新组织或转换，使人能超越现象进行组合，获得新的领悟而已。20世纪八九十年代，研究者对发现学习本身的过程、机制做了更深入的研究，探讨如何发挥发现学习的优势，促进这种学习的效果和效率。当代信息技术、计算机模拟技术为发现学习的实施提供了有力的支持。计算机模拟环境下的发现学习成了发现学习研究的热点问题。

(三)发现学习的基本特征

发现学习强调学习过程，教师教学的主要目的是让学生亲自参与所学知识的体系建构，自己去思考、发现知识，培养学生发现知识的能力。

在发现学习的过程中，学生的直觉思维对学生的发现活动十分重要，直觉思维能充分调动学生的积极性，学生运用丰富的想象，发展思维空间，获取大量的知识。

学生的内在动机是促进学生开展学习活动的关键因素，外部动机也必须转化为内在动机才能起作用。发现学习最能激发学生的内在动机。教师把教学活动建立在唤起学生学习动机的基础上，充分调动学生的学习积极性，取得良好的学习效果。

记忆功能是学习活动中必不可少的条件，记忆的首要问题不是对信息的储存，而是对信息的提取。提取的关键在于组织，在于知道信息储存在哪里和怎样才能提取信息。一个人按照自己的兴趣和认知结构组织起来的材料，是最有希望从记忆中提取的材料。

(四)如何引导学生发现问题

小学科学课程中的许多科学知识来源于生活，又服务于生活，其实践性非常强。教师在小学科学教学活动中明确学生的主体地位，让学生在主动发现问题的过程中深刻感知科学知识的奥妙，从而有效提升学生的科学素养。

通过联系实际进行教学，在小学科学教学中，教师利用学生喜爱生活、乐于在生活中体验科学的特点，通过联系生活引导学生主动发现问题，从而提升学生学习科学这门学科的质量。教师在教学设计中，通过整合生活中的有关科学的课程资源，提出生活中关于科学的问题，加强学生对科学知识的理解，提升学生学习科学知识的兴趣，促使学生将所学的科学知识有效地应用到生活中去，从而增强科学知识的实用性。

兴趣是学生学习的动力，同时也是发现问题的起点。教师通过激发学生学习科学的兴趣来引导学生主动发现问题。教师在教学过程中，可以通过现代信息技术增强科学教学的直观性与趣味性，有效地激发学生学习科学的兴趣。

宽松、和谐的课堂教学环境能让学生放松心态，积极参与教学活动。教师在科学教学中，应努力创造宽松、和谐的学习环境，让学生的思维活动起来，学生才会产生新看法，才会主动发现问题，提出问题。

总之，在小学科学教学中引导学生主动发现问题的途径多种多样，而这就需要广大的小学科学教师在教学实践中不断总结与探究。通过引导学生主动发现问题能够有效地提升学生的科学学习效率，这对于学生综合素质的提升有着非常重要的推动作用。

(五)发现学习的优点与局限性

发现学习强调学生学习的主动性，强调学习的认知过程，重视认知结构的形成，注重学生的知识结构、内在动机、独立性与积极性在学习中的作用，有利于激发学生的探究欲望，有利于培养学生分析问题、解决问题的能力。

发现学习的局限性在于其耗时太多，不经济。发现学习不利于知识的系统讲授，容易导致片面夸大学生的学习能力，忽视了知识学习活动的特殊性。同时，发现学习运用范围有限，只适用于少数学生，适合自然科学的某些知识领域，对教师的知识素养和教学能力要求过高。

第二节　问题与假设

问题是科学之源，而假设和猜想则是通向科学理论道路的必要环节，形成假设和验证假设的过程是科学活动的核心。课堂教学是一个发现问题、探究问题、解决问题、发现新问题的过程。科学问题能够激发学生的学习兴趣，启迪学生积极思维。问题假设为学生提供了一个虚拟的情境，引导学生积极主动地进行探究学习；问题假设蕴含着对科学教学内容、教学方法、教学目标等一系列问题的探索和考究，是提高课堂教学效率的教学方法。

一、问题在与自然、生活的接触中产生

科学的本质是提出问题并解决问题，特别是日常生活中的问题。科学教育的目的是培养学生科学的思维方法，努力去发现学生解决问题的能力，使得学生在日常生活中亲近科学、运用科学，把科学转化为对自己日常生活的指导。问题是开启科学大门的金钥匙，广阔的自然天地和真实的日常生活为我们创设了无数的问题情境，为我们的小学科学教学提供了丰富的课程资源。

二、假设在知识、经验的碰撞中生成

问题就是矛盾，研究问题就是要解决矛盾。科学课程标准指出了猜想、假设的具体内容是能应用已有的知识和经验，对所观察的现象做假定性的解释。面对问题，激发学生探究的欲望和热情，引导学生提出对问题的猜想，明确进行科学探究的内容和方法，使学生将已有的知识经验在脑海中整合、分析、综合，形成假设。这是学生旧知识的升华，也是思维能力的提高。

三、探究在回归科学研究的原生态中进行

小学科学课程的学习以探究为核心，探究既是科学学习的目标，又是科学学习的方式。亲身经历以探究为主的学习活动是学生学习科学的主要途径。小学科学课程应向学生提供充分的科学探究机会，使他们在进行科学探究的过程中，体验学习科学的乐趣，增长科学探究的能力，获取科学知识，形成尊重事实、善于质疑的科学态度，了解科学发展的历史。

在科学探究过程中，教师是组织者、引领者和学生亲密的伙伴，学生是探究学习的主体，学生在参与中感悟，在过程中体验，教师应尊重学生自己探究自然的权利。

四、猜想、假设的方法与策略

认识猜想与假设在科学探究中的重要性，尝试根据经验和已有知识对问题的成

因、探究的方向和可能出现的实验结果进行推测与假设。猜想是探究活动的前提，猜想决定了科学探究的方向、方案、方法、过程，科学合理的猜想能使探究活动有计划、有目的、有步骤地进行，确保探究有序、有效。猜想要求学生根据现有的生活经验和已掌握的知识对提出的问题的成因或对探究可能出现的结果做出猜想。

教师必须认识到教学是要培养学生学习的能力，使他们拥有敏捷的智慧。而猜想与假设是科学智慧中最活跃的成分，是探究过程中的重要环节。将猜想与假设真正地落实在课堂教学中，从培养学生的兴趣到学生积极投身其中，促进学生猜想与假设能力的培养，提高学生学习的能力。为学生创设猜想与假设氛围，鼓励学生大胆猜想与假设，依据猜想进行实验，通过分析、归纳，得到探究结论，达到开展探究活动的目的。在猜想与假设中进行反思，通过辩论反思，逐一剖析，引导学生去伪存真，保留有意义的猜想，开展有效的探究。

学生掌握一定的科学猜想方法很重要。例如，类比法，可以借助于日常生活中学生熟悉的现象进行类比，针对不同的探究内容，找到合适的类比对象，学生的猜想有了明确的指向性，就能做到有的放矢，有助于学生学习任务的顺利完成；联系法，科学中有很多相似的物理或化学量，在学习一种新的知识时，借助于以前的相似知识比较找出它们的联系；归纳法，科学知识是观察自然界的现象，进而归纳得来的；逆向法，即利用逆向思维的方法来实现猜想，逆向猜想在科学的发展中起重要的推动作用，曾导致许多重要的定律的建立和发现。

第三节　实验设计与实施

小学科学课程中的科学实验教学，是一项非常重要的内容。通过实验，培养学生的学习兴趣，养成学生勤于动手、善于动脑的学习习惯；通过实验，让学生在学习的过程中开发智力，激发学习潜力。进行小学科学课程的教学必须结合实验教学，才能很好地达到教学的目的。

一、小学科学实验的分类

科学实验在小学科学课程的学习中有着极为重要的作用。对教材中的科学实验活动进行分类认识，有助于引导学生有效地开展实验活动，并针对不同类型的实验采用不同的教学策略。

(一)根据实验环境分类

1. 实验室实验

在实验室里，针对研究对象有目的、有计划地利用实验器材，控制或改变实验对象的状态或条件的实验，就是实验室实验。开展实验室实验要选择好所需的实验器材与实验方法，观察记录实验现象和测试数据，开展数据分析并得出结论。

2. 自然态实验

自然态实验就是指研究对象处于自然环境中和自然状态下，对其进行观察的实践活动。科学教材中的饲养、栽培活动就是要求在自然状态下进行的。教学自然态实验时，教师的组织指导是关键。教师应充分考虑学生的年龄特点，激发学生的兴趣，组织好观察记录活动，培养学生持之以恒的科学精神和实事求是的科学态度。

(二)根据实验目的分类

1. 探索性实验

探索性实验是指探索研究对象的未知属性、特征以及与其他因素关系的实验。凡是学生通过自主探究获得知识的实验都属于探索性实验。教学探索性实验时，教师应提供全面的实验器材，强调操作技能的训练，关注学生的发现及思维活动，并引导学生提出新的问题，做进一步的探索性实验。

2. 验证性实验

对研究对象有一定的了解，并形成了一定认识或提出了某种假说，为验证认识或假说的正确性而进行的实验，就是验证性实验。验证性实验基本上都是在分析猜想之后，为了得到验证时进行的实验。学生进行的验证性实验大部分内容是对前人探索的结果予以验证，有利于培养学生的探究能力和探索精神。教学验证性实验时，教师应组织引导学生根据事实提出问题，有理有据地对问题产生的原因进行猜想，训练学生的实验技能，指导学生有针对性地观察记录，为结论提供真实的证据，培养学生实事求是的科学态度。

(三)根据实验数据是否量化分类

1. 定性实验

判断研究对象的性质、判断某种物质的组成成分、了解物质结构或鉴别某种因素以及某些因素之间的关系时，所做的实验就是定性实验。定性实验要判定的是有无、是否等问题，在实验中得出的是研究对象的一般性质以及与其他事物之间的联系等初步知识。定性实验多用于某些探索性实验的初级阶段，它把注意力集中在事物本质特征方面，要对实验明确定性，为定量实验提供条件。

2. 定量实验

对研究对象的性质、组成及影响因素之间的数量关系开展研究而进行的实验称为定量实验。定量实验侧重于研究事物的数值，主要采用物理测量方法进行，所以测量是定量实验的主要环节。定量实验一般是定性实验的继续，是为了对事物的性质进行深入研究所采取的手段。教学时，教师应关注定性实验与定量实验的关系，准备好所用的测量工具，关注学生操作工具的技能，使他们学会正确使用工具的方法，运用对比、推断等思维方法得出结论。

(四)根据实验作用分类

1. 析因实验

为了寻找、探索影响某种事物发生变化的主要原因进行的实验，即析因实验。析因实验是由已知结果去寻找产生结果的原因而设计和进行的实验。教学时，首先要尽可能全面掌握可能导致结果的各种原因，进行详细的调查研究，找出造成结果的多种因素，分别设计实验，采用对比等确定其主要因素，以实验事实为依据，用分析推理的方法，弄清楚影响事物的原因。

2. 对照实验

为了弄清楚影响事物的内、外因素与事物本身的关系，通过实验对影响事物的内、外因素进行验证并加以确定，即对照实验。用对照实验可以研究和揭示研究对象的某种属性或发生某现象的某种原因。对照实验一般要设置对照组和实验组：一般保持原有状态的组作为对照组，人为改变条件的组作为实验组；或者已知实验结果的组作为对照组，未知实验结果的组作为实验组。教学时，教师应明确实验条件的异同，对学生进行实验操作指导，特别要指导学生对实验现象进行细致的观察记录，运用对比分析的方法，逐渐深入地发现实验现象的差异以及这种差异中所包含的事物变化的某种规律，从而培养学生的思维能力。

3. 模拟实验

按照实验的目的，利用仪器和设备去控制条件、探究未知的实验是直接实验。但自然界有许多现象，无法直接控制和改变，如被研究对象的空间和时间遥远，被研究对象涉及范围广、存在和发展的时间长，被研究对象的性质决定了不可能进行直接实验，对于这些自然现象只能采用模拟的方法进行实验。

由于研究对象不能或不允许进行直接实验，为了取得对研究对象的认识，可以通过模型进行实验，模拟研究对象的现象或变化过程。模拟实验工具只直接作用于模型，将模型实验的结果类推到原型上去，从而揭示研究对象的本质和规律。教学时，首先选择和建立关于研究对象的模型，依据原型的特点，按照相似性原理并运用类比推理，建造与原型结构上相似或功能上相似的事物作为实验模型；将模型置于与原型相似的条件下进行实验，以保证从模型上获得的信息能有效地类推到原型上去；通过思维活动，将模型实验的结果外推到自然状态中去，从而发现自然现象的真实原因。

小学科学教材中的大量实验各有其侧重点，共同的目的是通过实验培养学生的科学素养。在实际的教学活动中，根据教材中的实验内容，结合学生认知水平设计好实验的步骤方法，准备好实验所需的器材，组织好实验过程的相关活动，使学生在实验中学会技能方法，获得科学知识，养成科学精神，充分发挥科学实验在小学科学课程中的重要作用。

二、小学科学实验教学中的问题

在小学科学课程的学习过程中，实验是一种主要的教学手段，在培养学生动手动脑和创新思维等方面发挥着重要作用。实验教学方式逐渐由按部就班、模式化、程序化向自主开放的形式发展，提倡学生自主选择研究的问题和方法，提倡实验中的合作和交流，提倡由注重课堂实验向课外延伸实验活动转变。但由于先期经验的缺乏，小学科学实验教学中还存在一些问题。

一是学生实验兴趣高，但计划性、目的性差。实验教学的可操作性深深吸引了学生，学生的兴趣为教师顺利开展课堂教学提供了条件。但在实际教学中可以发现，许多学生对实验的兴趣只是因好玩、好奇而引发，开展真正意义上的实验探究时兴趣就减弱，具体表现为实验目的、计划不明确，玩得高兴但收获甚少。

二是实验的开放性与方法的科学性存在矛盾。传统的实验教学过程是教师为学生准备好实验材料，确定统一的研究课题，进行实验方法的指导，在统一的指导下，大部分学生的实验方法和步骤都是正确的。新课程教学中，实验要求具有很大的开放性，学生需要根据实验中的疑问，自主地、有选择地探究问题，自己思考实验的方法和选择实验的材料。在这样的情境下，学生研究课题的多样性造成方法的多样性和需要实验材料的多样性，但是研究方法的科学性却得不到保障。

三是课外探究缺乏主动性。科学探究活动是一个连续的过程，很多科学实验活动不可能在一节课内得以解决，需要课外继续开展。对于一些需要长期观察的实验项目，难度大，学生缺乏耐心和毅力而不去做，离开了课堂，学生能主动开展实验的习惯很难养成。

三、改进小学科学实验教学的对策

一是加强教研力度，理顺知识体系。教师积极参与各项教研活动，寻找提升教学质量的教学方法和教学手段，加大研读教材的力度，紧紧围绕课程标准从培养学生的科学素养的高度去深入钻研教材，把握教材的重点、难点和关键部分。教师要善于挖掘教材对学生的思维训练点，制定出教学环节目标，有步骤、有层次地逐步落实。在实验教学活动中，教师对低年级的学生进行详细的说明和指导；随着学生年龄和经验知识的增长，则有意识地放手让学生自己去从事包括实验活动的设计、探究、交流的全过程。在这一过程中，教师由说明者、讲述者、指导者转向服务人员、咨询人员和提供帮助的人，使学生学会科学探究的方法，培养良好的实验习惯。

二是优化教学方法，引导学生参与探究过程。小学科学的学习以探究为核心，以活动为载体。教师在科学课程上指导学生进行实验设计，要使学生明确实验目标，理解实验步骤和方法，提高实验效果，逐渐提高学生发现科学问题的能力。教师创设发现问题和探究问题的情境，培养学生发散性提问的能力，指导学生在实验中思考，让学生掌握科学探究的全部要点，包括探究目标、探究内容、材料器具、假设、猜想、计划制订、观察、实验、数据收集、信息整理、归纳和分析、表达和交流，真正有效地提高学生的科学素养。

三是鼓励学生交流与合作。学生是学习的主体，教师要改变观念，努力创设实验条件，积极组织学生完成更多的实验探究活动。教师应尊重学生的见解、技能和经验，保护学生的创造性和好奇心，鼓励学生的进步，树立学生学习科学的信心和勇气。教师应鼓励学生进行交流和合作学习，利用小组，分工合作、相互监督、进行交流，最终培养学生的协作精神，让学生养成自主学习、探究学习与合作学习的良好习惯。

四是感受规律源于科学实验。教师提供尽可能多的机会让学生到大自然中去观察事物的生长，让学生从生活的事件中认识教材内容，以身边的科学、常见的事件为主题，让学生去关注能观察到的事物。学生对事物的发展变化产生认识，对相关实验产生渴求，才能科学、严谨地做实验，对实验的理解才更透彻，才能在观察中获得丰富的知识，提高动手能力，养成科学思考的好习惯。

第四节 测量与图表分析

一、测量

学生在科学探究活动中对事物的大小、长短、快慢等特性进行比较，这就是测量。小学科学课程培养学生的科学探究能力，需要学生掌握一定的测量能力，培养学生的测量能力也是小学科学课程的主要任务之一。测量能力是指把待测定的量和同一标准同类量进行比较的能力，它是学生数学认知能力的重要方面，还能反映学生对客观事物的认知操作水平。发展学生的测量能力，为科学探究活动中获得比较准确的数据提供保证，有利于学生养成严谨、认真的学习习惯和科学态度。测量能力需要经过测量技能的学习来获得，测量技能是指借助工具进行的一种定量观察的技能，测量技能是科学研究中的一个主要技能，也是培养探究能力的技能之一。

(一)规范使用测量工具，培养测量技能

一是从需求入手，学习使用测量工具。探究活动需要用测量作为量化手段，帮助学生寻找证据。在教学过程中，教师需要让学生了解使用测量工具的必要性。测量技能在测量实践活动中获得，当学生有测量需求时，顺应学生学习的需要，教师把测量工具及其使用知识介绍给学生，使学生对测量有深刻印象。在探究中建构测量工具的规范使用方法，比单纯开展训练测量技能的教育价值更大，教师在教学中可以巧妙地使用实验材料引出测量工具。

二是从规范使用测量工具入手，学习测量技能。测量可以分为精确测量和粗略估计两种形式。在科学探究活动中，精确测量关系到探究结果的精确性，因此学会精确测量有重要意义。在科学课程中，教师应指导学生掌握温度计、量筒、测力计等测量工具的使用，培养学生掌握精确测量的技能。培养学生精确测量技能，让学生学会诸如平视刻度、匀速拉动等正确操作方法，同时注意让学生知道怎样做才能保证测量结果的精确性。让学生了解测量工具的单位刻度表示数值的意义，学会精确测量和估算测量的方法，尽量使测量结果更准确，让学生明确实验误差以及通过反复测量、求平均值，减小误差的方法。

(二)测量技能转化为测量能力及建立测量意识

一是测量技能转化为测量能力。测量能力与人类的生活紧密相连，在认知发展中有重要作用，它直接反映学生在实践中对客观事物的认知操作水平，有助于学生在直观认知基础上进一步理解事物的各种特性。可以通过反复运用测量工具使测量技能转化为测量能力。测量工具的应用会促使学生运用标准单位测量各种物体，掌握使用测量工具的正确方法，促进相关数学知识的学习。

把测量技能转化为测量能力，使学生将测量方法融会贯通，从简单操作到根据具体要求灵活运用测量方法来解决实际问题。测量工具的使用方法有相通的地方，可以用迁移方法学习不同测量工具的使用方法，这样测量技能可以转化为测量能力。

二是建立测量意识。测量意识是学生在进行探究活动时定量观察的意识，用数据说话的意识和用数据解释现象的意识。测量的目的是为了寻求证据、支持猜想和假设，学生测量的目的要与探究内容结合，才能使学生有意识地将测量作为获取证据的手段来使用。观察方法从定性向定量发展是人们认识能力、观察水平提高的体现。对观察的事物能够做定量测量，表明人们从认识事物的特性、特征向更深层次的本质认知发展。开展测量前首先让学生明确测量什么、怎样测量等问题，然后才能正确地选择和使用测量工具，通过定量测量得到数据，在测量过程中逐步建立测量意识。小学生科学测量技能的学习能够更好地建立学生的测量意识，只有提高测量意识，才能使学生更主动地进行测量，同时测量意识的建立也是学生探究能力发展的必经过程。建立测量意识不能忽略测量技能学习中仪器的使用，在测量技能学习中引进先进的科学仪器，培养学生精确测量的意识，从而使探究过程的科学性更强。

二、认识图表

随着科学技术的发展和社会进步的需要，科学技术的交流媒体大量地使用了图表。能够阅读这类资料并初步运用这类资料形式说明问题，是测试综合能力的内容之一。图表所表达的信息丰富，可以考查学生对知识横向和纵向的联系能力以及对知识的综合运用能力。认识图表需要仔细阅读图表，抓住关键字与教材相关内容的联系，理解图表中的数据，筛选出有效信息，明确科学内涵，准确规范地用语言表述。因此，加强对学生进行图表的使用指导与训练是非常重要的。

(一)标志性

每个图表都有自己特定的主题和项目，这些特殊的标志指明图表所反映的内容。一般统计图表的标志性表现为：标题、时间、其中各种项目及标注等。看清统计图表的标志性，是准确分析图表的前提条件。

(二)数量性

数量性或叫可比性，主要包括图表中的数量多少、数量关系、数量界限等。图表都由标志与变量构成，变量就是标志的数量特征，任何标志都通过数量表现。任何统计信息都不可能是纯数量的研究，都是在定量分析的基础上进行定性分析的，通过定量分析达到新的定性认识。统计标志在数量上的增减，真实、直观地反映事物的状态和发展趋势。数量关系也明确反映标志间的相互影响作用。数量界限表明事物存在的“度”是对事物稳定性的表达。把握了图表中的数量性特征就可以把握事物的状态和趋势。

(三)总体性与具体性

总体性表现在统计图表中都是以一类事物或现象为背景，反映事物总的数量特征；统计图表的标志排列构成整体，统计图表的设置构成了对事物现象的总体性认识。

统计图表中，任何数据的存在均以一定的时间、地点、条件为前提，离开具体时间、地点和条件的数字没有任何意义。分析图表中的数量关系变化要看清相关因素，一切以时间、地点、条件为转移。

三、图表分析方法

利用图表可以对自然现象进行系统的、全面的描述。对图表进行分析，认识数据、公式、图形之间的关系；发现自然现象之间的区别，把握自然现象之间的联系。利用图表解释说明有关概念，掌握事物的特征和发展变化的规律。

认识、分析图表类材料应审清图表的标题，标题规定了图表内容及其特点，也是分析时思考的方向与依据；审清图表内的数据，既要认识静态的数据表达的信息，也要发掘一系列静态数据之间所隐含的动态变化趋势，对数据进行纵向比较、横向比较，分析出变化的趋势、规律；分析单个图表的个性和多个图表的共性，分析图表之间的内在联系。经过分析图表，从中提取有用信息，注意图表反映问题的总体性，最大限度地获取有效信息并充分利用有效信息；注意问题的具体性，针对具体问题，对数据分析、比较、推断，得出结论。把数据变化规律转换成用语言文字准确表达。分析图表必须掌握找到图表分析的有效方法。

(一)比较法

比较法来源于图表的数量性特点，就是对标志的数量特征进行对比，从比较中找差距，从差距中提高认识。数量比较可以从横、纵两个方向进行比较，充分注意图表的注释。运用比较法要通过对数字大小的比较上升为理性认识。

(二)动态分析法

动态分析法是指对事物现象在不同时间上的数量表现进行对比分析，了解事物现象变动的方向、幅度，变动的速度和规律性，从而预测未来发展趋势的方法。动态分析的关键在于预测性，这种预测性是建立在现有资料的分析基础上的。运用动态分析法分析图表，看到数字表明的变化趋势会随着时间的延续而继续存在，因而可以预测今后的发展变化情况，当然这种预测必须控制在一定“度”的范围内。

(三)相关分析法

图表的具体性决定了必须采用相关分析法。数字的变化表明一定的变化趋势，利用相关分析法确定数字变化的原因和条件。相关分析法分为背景分析法、因素分析法、后果分析法。

任何事物数量的变动都是在一定背景条件下发生的，利用背景分析法可以探求数字变动发生的背景。对数量关系变动原因的分析可以采用因素分析法，它分析的重点在于探求有哪些因素可以导致这种数量关系的变动，属于发散性思维。因素分析法中的因素有决定因素、引发因素、影响因素等。对数字变动的影响作用分析可以采用后果分析法，分析正面的积极作用和负面的消极作用。通过相关分析，可以找出数字变动的原因，也可以分析出数字变动的后果，从而总结经验，吸取教训，提高解决问题的效率。

(四)整体分析法

图表的总体性特点决定了对图表分析必须坚持运用整体分析法，以个别标志数量变化分析为依据，综合概括出整体变化的趋势和特征，分析图表之间的内在联系，全面看待问题，提出解决问题的办法。

(五)数字分析法

统计图表的数量性以一定的时间、地点、条件为存在的前提，由于统计离不开数量关系，因此，可以用数字分析法来进行图表分析。坐标法是很好的一种方法，把两个内容一定的标志，表示为坐标中的横、纵轴，通过对其数量特征变化的标注，就可直观地看出两者在交叉上的运行曲线和发展趋势，从而把握两个数量特征之间的关系。

任何统计图表都是一份详尽的综合资料，都是由个别数字信息所构筑的整体图画。重视各个准确的数据，才能分析得出准确的结论；重视图表的总体性，才能得到对事物的全面认识。因此，对图表的分析没有独一无二的分析方法，只能综合利用各种分析方法。

四、曲线分析方法

曲线、图表、数据分析能较好地培养学生获取信息并运用相关知识或原理做进一步分析和判断的能力，而曲线重在培养学生对事物、现象、环境等某种变化的理解和掌握及获取相关信息的能力。曲线分析让学生借助数学工具、数学思想分析解释现象和规律。

正确理解曲线的意义，有助于快速准确地提取有效信息，找到分析问题的切入点。认识坐标曲线的一般方法分为识标、析点、析线几个步骤。识标需要先仔细阅读资料，认真识别坐标图中横、纵坐标的含义及单位，找出横、纵之间的联系和教材有关知识点对接。析点即找出关键点，明确起点、顶点、转折点、交叉点和终点及某些特殊点各自表示的意义。析线即分析坐标曲线变化趋势及其含义，如曲线何时上升、何时趋向平缓、何时转折、转折的原因，找出与此曲线代表的事物现象相关的因素，厘清因果关系，充分利用数学中的有关知识，如斜率和辅助线等，化繁为简、总结规律、提取有效信息。依据横、纵坐标的含义，得出在一定范围内随横坐标量的增加纵坐标量逐渐增加或减少，超过一定范围后随横坐标量增加纵坐标量减少或增加，或达到某种平衡状态等，这是分析曲线的根本所在。

指导学生观察、分析坐标曲线中横、纵坐标量的含义，寻找突破口，合理获取有效信息，分析总结出图像数据相关变量的变化特点及规律，通过图文相互转换、迁移完成对曲线数据的分析，加深学生对基础知识的理解掌握和深化拓展，拓展学生的思维空间，培养学生的科学素养，提升学生的综合分析能力。

第五节　结果交流与问题解决

一、交流能力及其在科学教学中的意义

交流是人与人之间信息与情感的传达与沟通。教学中的交流是指在教学情境中师生、生生相互交流思想、情感和共享信息。交流能力则是体现在学生接受、加工、传递信息的动态过程中的一种能力。义务教育阶段科学课程关于科学探究内容的交流要求学生能选择自己擅长的方式(语言、文字、图表、模型等)表述研究过程和结果，能倾听和尊重其他同学的不同观点，能对研究过程和结果进行评议，并与他人交换意见。交流是一种综合的能力，听要抓住要点，说要表述清晰。

科学认识的形成以成果作为标志，把科学认识形成的成果表达出来的途径就是交流，进行交流也是科学探究的重要组成部分。通过交流，个体的想法和经验会给其他人带来启发和参考信息，促使科学探究向正确的方向迈进；通过交流，个体得以展示研究成果。交流能力是学生实现探究活动价值和适应未来社会生活的必要条件，在科学探究中培养学生的交流能力显得尤为重要。

二、交流能力的培养策略

学生交流能力的培养可以从以下几个方面进行。

一是培养学生倾听的能力。倾听是表达和交流的前提和基础。让学生学会交流，首先就要让学生学会倾听。认真倾听他人发言，认真吸取他人的见解，才能更好地调整自己的观点，使探究得以深入。倾听也是尊重他人的一种表现。倾听习惯的培养是一个长期的过程，在课堂教学中，教师采用提问的方式，了解学生倾听的情况，通过长期训导，让学生在交流活动中，明确自己的观点，了解他人说的要点，让交流更有成效。

二是组织学生进行小组合作学习。组织小组合作学习才能更好地培养学生在各个环节中的交流能力。小组合作学习有益于科学探究的开展，有利于发挥学生的特长。在合作学习中，学生学会倾听他人的意见，学会表达自己的观点，通过交流与他人达成一致，通过交流分享共同的成果。在这种充分尊重他人意见，同时自己的意见也被充分尊重的气氛中，学生的交流能力得到训练。

三是营造宽松、民主、和谐的课堂氛围，建立师生融洽的情感，激发学生表现的欲望。尊重学生所说所想，尊重学生的不同见解和表达，学生在愉悦的氛围中，敢于发表自己的想法、需求，敢于对同学的发言提出质疑、补充，教师要为学生的表达与交流能力发展提供良好的课堂教学氛围和空间。

四是通过作业展示学生，借此很好地培养他们的交流能力。通过作业中科学探究式题目的布置，学生学会通过多样的(语言、文字、图表、模型等)方式表述自己的研究过程和结果；通过作业的展示，学生学会更好地组织事实资料支持自己的结论；通过展示作业后学生之间的讨论，学生能对研究过程和结果进行评议，并与他人交换意见。

五是通过课堂评价，引导和激励学生对自己在科学探究过程中的表达与交流，进行深层次的思考，不断提高学生表达与交流的能力和水平。教师在实施激励性评价时，注意评价内容和评价方式的情知结合，在评价内容方面，既要评价学生的表达与交流能力，也要评价学生的学习方式、方法，在评价的方式上，注重过程评价、定性评价以及学生内部评价。通过教学过程中的激励性评价，激发学生自我发展的内驱力，让学生充满自信，追求成功，促进学生表达与交流能力的提升。

三、问题解决

问题解决教学是小学科学教学的重要组成部分，对学生独立思考能力、探究能力和科学综合应用能力的培养有很好的促进作用。

(一)问题解决教学的意义

随着教学改革的不断深入，教师有意识地培养学生分析解决问题的能力。通过运用问题解决教学法将学生带入问题情境中，学生在该情境下进行自主探究学习，在观察、思考、实践、探究中寻找事物间的内在联系，并形成一定的科学猜想，全面培养分析解决问题的应对能力。学生在问题解决教学过程中处于绝对的主体地位，这种教学法不仅激发了学生的求知欲望及学习兴趣，还增强了学生学习的主观能动性及创新意识，对小学科学教学质量和教学效率的提高有极大的促进作用。

(二)问题解决教学模式

问题解决教学是践行新课程理念的一种模式，它的核心理念就是围绕解决问题这一主线，调动学生的主动性和积极性，激发学生的科学探究兴趣，强化科学实践探究，培养学生的创造性思维和实践能力。这一模式强调学生科学探究和问题解决过程的体验，注重让学生在实践过程中获取科学知识、掌握科学思维、训练解决问题的思维能力，有效提高其科学素养，使学生成为一个合格的问题解决者。

1. 创设问题情境

成功实施问题解决教学模式的关键是为学生营造发现问题的情境。所谓创设问题情境，即设计一系列的问题，成功构建已有知识与新知识间的冲突，激化学生思维意识的碰撞，激发学生强烈的探究欲望，从而使其能够全身心地投入到解决问题中，提高其综合素质。利用实验激发兴趣产生疑问，科学实验具有有趣、直观、形象、生动的特点，能激发学生参与的兴趣。所以，在教学实践中，教师应设计一些有趣的小实验，将科学知识融入其中，激发学生的思维能力。

2. 利用多媒体激发思维

低年级学生的思维特点以形象思维为主。借助多媒体手段，可以有效创设教学情境，吸引学生的注意力，使学生融入教学情境，有利于教学课程的展开。

3. 分析明示问题

分析明示问题是一个信息转换过程，帮助和引导学生根据已知的信息提出问题。在小学科学教学起始阶段，应鼓励学生提出问题，然后通过深层次的探究，有效地认识和审视提出的问题，最终获得事物的本质。问题的巧妙设计，可以激发学生探究的冲动，在问题的驱使下不断回顾、搜索、分析整理学过的内容，积极思考和比较，发现知识点的关联和异同之处，由此得出最本质的知识信息，获取新知识。这种新、旧知识的转换和交融，有助于帮助学生建构新的知识体系，更深刻地思考问题和现象，更有深度地认识事物。

4. 引导解决问题

问题解决教学模式注重班组讨论、集体研究、假设验证、解决问题等学习形式。其中，解决问题是该模式的核心环节，是展现学生创造性和思考能力的重要过程。在解决问题的过程中，学生通过不断对新知识和旧知识、情境矛盾、问题难点深入思考分析后，成功建构出自己独特的科学认知模型。在这一过程中，教师注重培养学生的实验设计意识和能力，鼓励学生敢于质疑，大胆创新试验，提出自己的实验设计方案，从独特视角解读实验的不同结果。在解决问题的过程中，教师需留出充裕的时间让学生自由活动，充分体会实验的过程，获得更多的知识信息。

5. 课堂信息反馈

信息反馈是问题解决模式的最后环节，也是得出结论的阶段。教师应鼓励学生采用最擅长的表述方式阐述自己的研究过程和观点；帮助学生学会倾听他人意见，尊重他人观点；引导学生学会解决问题的方法，进行客观评价，并养成检验反思学习过程的习惯，全面提高学生的基本科学素养。

问题解决教学模式强调的是发挥学生的主动性，尊重学生的主体地位，让学生通过全程参与，全身心体验整个学习过程，使得学生在实践中探究学习，并且掌握新知识，从而提升小学科学课堂的教学实效。

四、提高小学科学问题解决教学质量的策略

(一)培养学生的问题意识

在问题解决教学过程中，小学科学教师应该加强对学生问题意识的培养，教师先对学生做出适当的引导，使学生对自己所学的科学知识产生某种疑问，学生在困惑心理的驱使下会不断发现问题、提出问题、研究并解决问题。科学源于生活，教师在问题解决教学过程中要联系生活，通过引入生活化情境激发学生的科学探究兴趣，使学生在科学实践中了解科学与社会、生活之间的关系。鼓励学生独立思考、积极探索，使学生在问题的探究、分析中学习新知识，理解新知识。在问题解决教学过程中，教师注重运用前、后知识点的内在关联，将学习迁移理论巧妙地运用到教学当中，提升学生的学习兴趣和分析解决问题的能力。

(二)培养学生解决问题的能力

不断培养学生分析解决问题的能力和创新探索的能力是问题解决教学的核心价值体现。让学生成为问题解决教学模式下的学习主体，教师引导学生发现问题、提出问题，并在学生解决问题期间给予引导，教师时刻关注学生的动态，对学生的想象、研究给予充分认可，并及时指出学生的不足之处。教师在教学过程中根据教学实际需求灵活创设问题情境，利用学生的好奇心来引导其发现问题，并鼓励学生独立解决问题；借助多媒体、游戏、趣味竞答等形式引导学生，提高学生的学习兴趣，活跃课堂的气氛。

(三)对问题解决教学过程进行反思

教师要对问题解决教学过程进行反思，突出学生在过程中的主体地位，发现教学过程中存在的不足之处并及时改进，不断优化问题解决教学方法，提升教学水平和教学素养。

五、问题解决教学中应注意的问题

小学科学课程的核心在于培养学生的科学素养，问题解决是培养学生科学素养

的重要途径，所以在小学科学教学中，教师应注意学生问题解决的过程，以提高学生的科学素养。

一是激发学生的问题意识。学生兴趣度的高低决定了课堂成效，教师要激发学生解决问题的激情，才能让他们对小学科学课堂产生兴趣，激发学生自主学习的积极态度。

二是引导学生进行探究。教师是学生学习的支持者和引导者，引导学生主动探究，亲历科学探究的过程，有利于培养学生解决问题的能力。小学科学学科是一门需要学生动手去操作实验才能解决问题的学科，所以教师在教学中要依据问题，留给学生充分的思考问题、解决问题的时间，引导学生从自己的操作、实验中解决问题。

三是让学生体验到问题解决的乐趣。小学阶段的学生有着较强的自尊心和自我意识。教师在教学时，既要注意到教学的成效，又要注重学生的心理发展，尽可能多给学生一点成就感，让他们体会到解决问题的收获和快乐；在鼓励评价过程中，注重多方面评价相结合，挖掘学生的闪光之处，赞赏他们的能力，给他们充足的信心去解决问题。

总之，开展小学科学课堂问题解决教学，提升学生学习科学的积极性和主动性，还原知识生成的过程，在具体构建问题解决教学模式中，通过教学情境构建，结合教学目标，应用各种认知活动的技能，引导学生完成发现问题、分析问题、提出假设、实验验证，最终完成教学的总目标，提升学生的问题探究能力和解决问题的能力。

本章小结

本章的内容包括观察与发现、问题与假设、实验设计与实施、测量与图表分析、结果交流与问题解决五节，看似各自独立的五个部分，其实是研究科学问题的五个步骤，具有相关联系、构成一个整体的完整结构。通过学习小学科学课程的学习技能，使学生了解自然科学的研究过程，掌握实验测量、图表分析与问题解决的方法。

关键术语

观察、发现、问题、假设、实验设计、实验实施、测量、图表分析、交流、问题解决。

思考题

1. 简述观察课的类型及基本结构。
2. 简述观察的分类与方法。

3. 什么是发现学习？发现学习的基本特征是什么？

4. 发现问题的引导方法有哪些？如何引导学生发现问题？

5. 猜想与假设的方法有哪些？

6. 小学科学实验的分类有哪些？与之相应的教学策略是什么？

7. 小学科学实验教学中存在的问题及解决问题的方法有哪些？

8. 如何培养小学生的测量技能？

9. 图表的特性有哪些？分析图表的方法是什么？

10. 如何培养学生的交流能力？

11. 小学科学问题解决教学模式的方法是什么？

拓展阅读

1. 刘瑞．科学学习理论概论——科学哲学的视角[M]. 北京：科学出版社，2015。

科学教育研究越来越重视科学哲学的作用，科学哲学作为科学教育理论的基础，其地位逐渐得到人们的认可。该书以科学哲学为理论基础，从起源、过程、结果和本质四个方面探讨学生的科学学习。该书首先剖析了基于实证主义的科学学习起源的基本观点，随后对其进行批判性反思，而后从批判理性主义的视角重建科学学习的起源。该书着重讨论了科学学习过程中的认识论细节——问题及其成长、尝试与清除错误以及这一过程中的创造思维。在学生本能和科学属性的互动与冲突中，彰显科学学习过程的动态性和发展性。

2. 新成长学习研究机构．如何有效改善你的学习技能[M]. 北京：中国商业出版社，2007。

该书从预习、听课、复习、笔记、做题、记忆、阅读等几大学习环节入手，介绍了全国100位考入知名大学的学生的学习方法和学习习惯。书中记录的每一种方法和技巧，简短、易读，并且容易理解。

第九章　小学科学课程与教学评价

学习目标▶

1. 认识小学科学课程与教学评价的含义、价值取向与类型。
2. 了解小学科学课程与教学的评价模式。
3. 理解小学科学课程与教学的评价理念。
4. 了解小学科学课程与教学的评价方法。
5. 理解档案袋评价和表现性评价在小学科学课程与教学中的应用。

导入案例

臭氧层①

阅读以下关于臭氧层的内容：

大气层是地球上支持生命存在的珍贵资源，然而不幸的是，人类为了个人或组织的利益进行的一些活动正在破坏着自然资源，其中，最引起人们注意的是被认为是地球保护伞的臭氧层正在逐渐变薄消失。

臭氧分子与氧气分子不同，它是由三个氧原子组成。臭氧分子非常的稀少，在大气中的含量不到十万分之一，然而在将近一亿年的时间里它们是地球不可缺少的保护者。由于它在大气中的位置，臭氧在保护地球上的生命的同时也可能对地球上的生命造成破坏。在大气对流层(从地面到高空一万米左右距离的大气层)中的臭氧能破坏动物肺部器官和植物。但是90%的臭氧都在大气层的平流层(离地面一万米到四万米距离的大气层)中，它们对吸收太阳中危险的紫外线(UV-B)有重要作用。

如果没有这层有益的臭氧层，人类将由于受到大量的紫外线辐射而感染一些疾病。在过去的几十年时间里，大量的臭氧正在消失。在1974年时，人们认为这是由氯氟化碳(CFVs)引起的，到1987年时，经过科学评估，科学家认为CFVs并不是引起臭氧消失的全部原因。1987年9月，世界外交官在加拿大的蒙特利尔举行了一次会议，在限制和减少使用CFVs的问题上达成了一致。

[问题一]

科学过程：评价科学事实或证据。

科学概念：科学与地球环境(地球/空间)。

背景：全球。

臭氧能在雷暴中形成，它能产生一种特殊的味道。在文中，作者提到臭氧有有益的一面，也有有害的一面，从下列答案(如表9-1所示)中选择与文中相符合的答案。

表 9-1

	臭氧有益或有害	解释
A	有害	它在坏天气中形成
B	有害	它在对流层中形成

① 这里摘译了国际经济合作组织设计的评价科学素养的试题与评价标准的示范和参考．OECD. Sample Tasks from the PISA 2000 Assessment：Reading，Mathematical and Scientific Literacy[EB/OL].(2002-05-28) http：//www.oecd-ilibrary.org/education/sample-tasks-from-the-pisa-2000-assessment _ 9789264194274-en.

续表

	臭氧有益或有害	解释
C	有益	它在平流层中形成
D	有益	它闻起来味道很好

评分：选 B 得一分，选其他选项不得分。

［问题二］

科学过程：与他人交流从科学事实或证据中得出的结论。

科学概念：科学与地球环境(化学与物理变化)。

背景：全球。

文中没有提到臭氧在大气中是如何形成的，实际上，每天都有一些臭氧气体在形成，也有一些在消失。下面的漫画(如图 9-1 所示)描述了臭氧形成的方式。

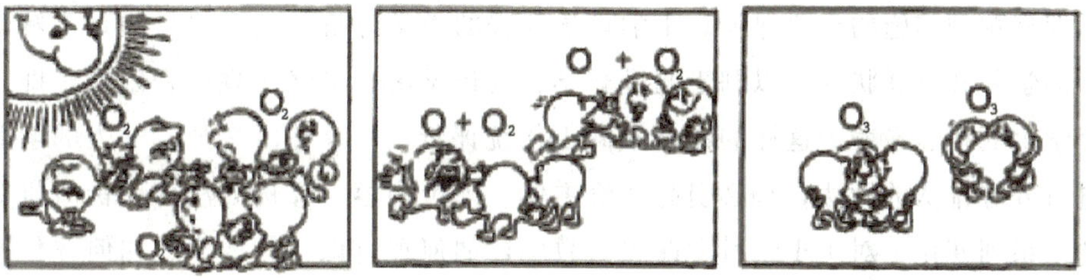

图 9-1　臭氧形成方式漫画图解

如果你有个叔叔想了解漫画的含义，假设你这个叔叔没有受过学校的任何科学教育，完全不懂这幅漫画的意思。他知道空气中是没有漫画中这些小家伙的，但是他想知道这些头上标有 O、O_2、O_3 的小家伙到底是什么，漫画表现了一个什么过程，他请你来解释。假设你叔叔知道：O 是氧的符号，原子和分子是什么。请为你叔叔写下你对漫画的解释，可以使用原子、分子这样的专业词汇。

评分：

(3 分)回答提到了以下三个方面。

第一，氧气或氧分子(它们由两个氧原子组成)可以分裂成氧原子。(漫画图 1)

第二，氧原子的分裂发生是受到太阳光的影响。(漫画图 1)

第三，氧原子和氧分子结合在一起形成臭氧分子。(漫画图 2 和图 3)

评分标准：

对第一个方面，描述第一张图片对 O、O_2 必须使用氧原子、氧分子这样的正确术语。如果 O、O_2 被描述成“粒子”或者“小的成分”，不得分。

对第二个方面，阳光的影响必须和氧原子的分裂有关。如果阳光的影响和漫画图 2 和图 3 中的内容“一个臭氧分子由一个氧原子和一个氧分子形成”相联系，不得分。

对第三个方面，回答中必须提到由O组成O_2，如果表述中认为O_3是由三个独立的氧原子组成，不得分。如果没有说O_3是一种分子，而说成是“一组原子”，这种答案可以接受。

由以上案例可以看出，用等级评分法对科学素养进行过程评价的方案主要包括两个部分：试题的设计和评分标准的设计。试题明确包括了背景、过程和概念，科学问题的展开是以一定的科学背景为依托的。评分系统提供了详细的评分标准及说明。那么从学生的回答中，就可以了解学生的想法及思维过程，同时也可以了解和收集更多关于学生错误概念和错误解决问题方法的信息，从而为课程计划提供反馈信息。

小学科学课程是一门以培养学生科学素养为宗旨的义务教育阶段的核心课程。小学科学课堂是培养学生科学素养的主阵地，而课堂教学评价是有效改进教学，使科学课程顺利实施的重要保障。小学科学课程的教学评价，其主要目的是了解学生实际的学习和发展状况，以利于改进教学、促进学习，最终实现课程宗旨，即提高每个学生的科学素养。这样的评价不同于传统评价——单纯由教师对学生的学业成绩进行分等排队的做法，势必引起评价主体、评价内容、评价方法和评价时机等方面的一系列变化。对于小学科学课程与教学，如何理解课程与教学、如何评价课程与教学、如何评价学生和教师等，本章将围绕课程与教学评价的相关概念、模式、理念和方法展开讨论。

第一节　课程与教学评价概述

一、评价的含义

关于评价的定义或内涵，《现代汉语词典》(第6版)的解释是：评定价值高低，如评价文学作品；评定的价值，如观众给予这部电影很高的评价。在学术上一般把评价定义为“泛指衡量、判断人物或事物的价值”。也就是评价是主体对价值的一种认识活动，评价活动是对人物或事物的价值进行分析、衡量和判断的过程。可见，评价关注两个问题：“价值”和“判断”。评价与价值问题密切联系，评价建立在不同的价值取向上。也可以说，探讨评价问题本质上就是探讨价值观的问题。以此为基础，我们将对评价的几点理解阐述如下。

第一，评价既要体现内在价值也要体现外在价值。内在价值即为事物自身存在的意义或价值，是一个事物对自身的有用性。例如，棉袄在冬天穿很暖和，棉袄本身具有保暖性，这就体现了棉袄的内在价值。外在价值是一事物对别的事物所具有的意义或价值，也就是对其他事物的有用性。例如，棉袄冬天对人有益处，电风扇对人有凉爽的作用等。我们在课程与教学评价中，既要看到评价的客观对象，又要看到评价主体与客体之间的关系，还要看到评价本身和评价对象本身所具有的内在的、固有属性。

第二，评价既是对目标的追求，也是对真善美等理想道德的追求。评价不仅仅是目标导向的功利性的活动过程，也是对目标以外的精神价值，诸如真善美等理想、道德的追求。

第三，评价既要关注共同性，也要注重多元性。评价不仅要考虑不同利益主体在价值追求上的共同性，也要关注不同人或不同利益主体在价值追求上的差异性，也即个性化的价值追求。在小学科学课程与教学中，我们在关注评价共同价值的同时，也要关注评价的多元化。

二、课程与教学评价的含义

课程与教学的关系是讨论课程与教学评价的一个前提概念。关于课程与教学的关系，我国自新中国成立以来受苏联教育体制的影响，普遍认为课程包含于教学中，持一种“大教学论”的观念。20 世纪 80 年代以来，越来越多的教育工作者认识到，课程开发与教学是相辅相成的，教学理论有逐渐向西方“大课程论”方向靠拢的趋势。也就是说，课程包含教学，将教学看成是课程开发的一部分。因此，关于课程评价、教学评价、评价的词层出不穷，甚至相互混用。在本章中，我们结合第五章(小学科学课程资源的开发与利用)的讨论，倾向于在大课程的意义上使用课程评价的概念，不再区分课程与教学两个概念，而把它们看成是一个整体的概念，在整体意义上讨论小学科学课程与教学评价的含义、模式和策略等。

“课程”与“评价”是两个比较复杂的概念。若将两个词作为一个复合词“课程评价”来看待，就更为复杂了。因此，关于课程评价的含义也并没有统一的看法。例如，1950 年泰勒在《课程与教学的基本原理》一书中提到，课程评价是决定学生实际发生变化、实际达到何种程度的过程；李雁冰在《课程评价论》一书中则指出，课程评价是在运用一定的手段和途径的作用下对课程的规划、活动的执行以及教育的结果等相应问题的价值做出合理评判的过程。综合已有观点，我们认为课程评价的含义至少可以从两个方面去理解：第一，课程评价就是一个搜集与课程有关信息和资料的过程；第二，课程评价的目的在于根据这些信息和资料，来对学生的学习效果做出价值判断，从而为课程改革提供客观的依据，促进课程编定的科学化。当然，在小学课程与教学中，课程与教学评价的含义与关注的内容要视情况具体考虑。

三、课程与教学评价的价值取向与类型

课程与教学评价的价值取向指每一种课程评价所体现的价值取向或价值观。我

们根据不同的视角，归纳总结国内外学者对评价的研究，将课程与教学评价的价值取向及类型归为以下三点。

(一)目标取向及评价类型

目标取向，顾名思义，即把课程与教学的目标作为参照标准，将课程与教学的结果和目标做对比，得到一致性程度的判断。目标取向下的评价类型主要有：目标本位评价、总结性或终结性评价、各种标准化测验评价等。

(二)过程取向及评价类型

与目标取向评价相对，过程取向评价将师生在教学过程中的全部情况或全部信息都纳入评价的范围，强调评价主体与评价客体等在具体情境中的交互作用。过程取向评价不仅关注结果与目标之间的对比，也关注评价的过程，承认与目标不一致的结果，并考虑结果的教育价值。过程取向下的评价类型主要有：诊断性评价、形成性评价、目标游离评价等。

(三)主体取向及评价类型

主体取向评价突出被评价者与评价者的平等地位和参与，将师生都看成是评价的主体，注重教师与学生评价的主体能动性，强调评价主体的交往协作性。主体取向下的评价类型主要有：质性评价、内部评价等。

第二节　小学科学课程与教学的评价模式

一、小学科学课程与教学的目标评价模式

目标评价模式是在泰勒的“评价原理”和“课程原理”基础上形成的。泰勒的评价原理是以目标为中心来展开的。他认为，评价实质上是一个确定课程与教学计划实际达到教育目标程度的过程，是一个确定学生实际发生的行为变化程度的过程。泰勒在其著作《课程与教学的基本原理》中对评价的步骤和方法进行了明确表述。评价原理可概括为七个步骤：确定教育计划的目标；根据行为和内容来解说每一个目标；确定使用目标的评价情境；设计呈现情境的方式；设计获取记录的方式；确定评定时使用的计分单位；设计获取代表性样本的手段。

但是，在实际的评价过程中，教师、学生、教学过程、教学活动往往被看成是被控制的对象，教师与学生的主体性、创造性被压制。况且，评价的目的被严格限制于目标的达成，而不关注在实际教学中其他有意义过程和结果的产生。所以，评价无异于变为甄别评价对象好坏的工具。为此，对于小学科学课程与教学评价来讲，除了要关注预期的目标和结果之外，还应关注非预期的结果。评价的指向不应该只是课程计划满足目标的程度，而更应该考虑课程计划满足实际需要的程度。

二、小学科学课程与教学的 CIPP 评价模式

美国教育家斯塔弗比姆于 20 世纪 60 年代，在对泰勒目标评价模式的反思下提出了 CIPP 模式，即背景(context)—输入(input)—过程(process)—成果(product)模式。他认为评价的目的不是证明被评价者的优劣，而是改良被评价者，使被评价者变得更好，为决策者提供更多有用的信息。该评价模式包含四个评价组成，分别为：背景评价、输入评价、过程评价、成果评价。它们之间无先后顺序，可以根据不同决策者或研究者的需要，开发出各种各样的评价方案，这就打破了目标评价模式单一线性式的评价结构。

我们知道，教育是实现个人改变与发展的过程，用一个统一的标准去评定一个人的发展或改变，很难获得自由合理的评价。另外，除了目标之外的结果，其他非预期的结果，其他未达到目标的效果如何评定，它们的价值又何在？我们要不要对这些非预期的效应进行评价呢？这一系列问题对于实际的评价来说都是需要慎重考虑的。

CIPP 评价模式强调评价者与被评价者之间的交互作用，强调教育过程和评价过程本身的价值，关注评价者对评价情境的理解，这是对目标评价模式的创新和突破，但是，此模式的评价实施仍受决策者控制，评价者围绕决策者的需要搜集信息并报告结果，而且信息的重要性由决策者决定，这在很大程度上就对评价产生了限制。不过，CIPP 评价模式和目标评价模式都对我们认识和反思小学科学课程与教学评价提供了借鉴，促使我们去思考合理、全面的小学科学课程与教学评价模式应该是怎样的，它的价值取向、它的评价主体应该有哪些等。或许，小学科学课程与教学的过程评价模式可以给我们提供思路。

三、小学科学课程与教学的过程评价模式

过程评价是形成性评价在我国特定教育环境下的衍生与深化。过程评价模式是针对整个教育过程中只注重结果和学生的成绩评定而忽视学生整体素质发展而提出的，它是对以目标为价值取向的形成性评价的一个新突破。过程评价模式以人为本、以促进学生全面发展为核心，全面关注学生发展和教学过程最优化，重视评价主体多元化等。过程评价模式的价值取向主要体现在以下几点。

第一，关注学生发展，体现人本主义价值取向。

小学科学课程以提高学生的科学素养为总目标，不仅包括科学探究过程、方法和能力，还包括科学知识与技能、科学态度、科学精神、科学技术与社会关系、科学情感与价值观等。过程评价模式突破了知识本位价值观，尊重学生主体性，全面关注学生在教育过程中的发展情况，包括对学生的表现、情绪感受、过程参与、合作交流、知识获得等多方面的评价。

第二，坚持评价促发展促改进，体现过程价值取向。

在新课程背景下，教师的角色和任务发生改变，他们变为课程的建设者、开发者与创造者，成了学生学习的帮助者、促进者、引导者与参与者。由此，在课程改革道路上，教师的教学方法、教学设计、评价方式都需要革新或更新。过程评价模式是以过程性和情境性为特征的当代教育评价模式，它关注教育过程的最优化，重视课程的改良、教学的革新，凸显过程价值取向下的评价促发展的功能。

第三，提倡评价主体多元化，体现建构主义价值取向。

小学科学课程与教学评价的核心主体是教师和学生，评价过程由教师和学生共同设计与完成，家长、管理者、研究人员等作为外部人员，可以提供政策方针与方法上的指导，也可以提出一些参考性的建议。另外，小学科学课程与教学的过程评价模式采用多种评价方式，包括同学互评、师生互评、学生自评、外部人员评价等，由多方评价、多种评价组成，体现了建构主义思想及以人为本的价值取向。

第三节　小学科学课程与教学的评价理念

在小学科学课程与教学评价的含义、价值取向与类型及评价模式的论述基础上，我们总结得出小学科学课程与教学的评价理念。

一、评价宗旨是提高学生的科学素养

《全日制义务教育科学(3～6年级)课程标准》前言部分将小学科学课程定性为以培养科学素养为宗旨的科学启蒙课程。“科学素养的形成是长期的，早期的科学教育将对一个人科学素养的形成具有决定性的作用。”科学素养的形成是一个漫长的过程，它需要落实到每个学生的每节课当中，甚至到每一个细微的探究活动当中。

因此，小学科学教师的评价应包括对学生科学知识和技能的评价：评价学生是否掌握日常的科学知识，能否将掌握的知识运用到日常生活中去，并养成良好的行为习惯和生活习惯；评价学生是否能够用科学探究的方式去解决日常生活中遇到的困难，是否形成科学的思维习惯，能否对身边的自然事物进行观察、发现和提出问题，能否运用已有知识对问题提出假设并制定科学的探究活动方案，能否科学地搜集信息，整理分析信息，进行实验，并根据实验信息得出结论，进行解释；评价学生是否保持和发展对周围世界的好奇心和求知欲，形成大胆想象、尊重证据、敢于创新的科学态度和爱科学、爱家乡、爱祖国的情感，是否亲近自然、欣赏自然、珍爱生命、积极参与资源和环境的保护，关心科技的新发展等。

二、评价主体的多元性和互动性

根据人本主义和过程价值取向的指导思想，评价需要关注教育中一切有意义的

现象，一切有益于人发展的信息和过程，改善和改良教育过程和教育结果。为此，小学科学课程与教学评价就应该反映教育的全过程，体现各主体的不同需要，评价的目标、评价的标准也需要体现多元性，这就需要多方评价主体的共同讨论和共同决定。《全日制义务教育科学(3～6年级)课程标准》前言部分基本理念中关于科学课程的评价写道：评价主体应包括教师、学生、家长等。

在实施过程中，可以科学课程标准为评价准则，考虑广大师生、科学研究者、行政人员、家长的广泛意见，因为课程标准本身就是在实践基础上，广泛征求不同人群的意见而制定的。那么，评价方案的制定则是在符合总目标和总标准前提下的具体化，它的制定以学生、教师为主，其他成员为辅，并且，评价的具体实施也主要由学生和教师参与，参与方式可以是自评，也可以是互评。在评价的多元主体互动中，教师仍然担负着重要责任，教师是科学教育的组织者和协调者，教师应该让所有的有利的评价资源为教育所用。

三、评价内容的全面性

小学科学课程与教学涉及的内容众多繁杂。从培养和提高学生的科学素养来说，小学科学课程与教学评价的内容应该涵盖学生科学素养的每个方面。我国小学科学课程的“科学素养”总目标分别包括四个方面的分目标：科学探究(过程、方法与能力)，科学知识与技能，科学情感、态度与价值观，科学、技术与社会的关系，每个分目标下又划分了具体的目标内容。科学素养是整个评价的核心。同时，小学科学课程与教学评价还包括其他多项评价内容，如课堂教学的实施、学生的参与程度、教师的教学风格、教学的环境等。此外，科学教师不仅需要关注学生科学学习的学业成绩，还要关注学生在情感、动机、人生观、价值观、生活态度、信念方向方面的发展。这些不同的内容和评价目的，决定评价的指标不同，也为全面反映小学科学课程与教学过程提供必要的信息。为此，小学科学课程与教学评价的内容不仅是全面的，而且也是多样化的。

四、评价方法的多样化

评价内容、评价主体的多元化必然导致评价方法的多样化。科学素养是个整合性的目标结构，不仅包括知识领域的目标，还包括情感、态度与价值观和过程与方法领域的目标，而三者又不是属于相同性质的目标结构。这就需要科学教师或者采用量化评价方法评价基础知识与基本技能，考查学生对知识的掌握情况；或者采用质性评价方法，考查学生对于科学学习的情感、态度与价值观方面的体验等。此外，教师还可以运用观察、谈话、讨论、成长记录等方式来评价学生的学习表现。

五、评价语言的严谨性

教师的言语评价行为对提高学生的积极性和促进学生自我发展具有重要意义。

教师的有效评价言语应该是具体的、真诚的，评价语言是需要有精确性和区分度的。在小学科学教学中，教师的言语评价行为是一个教师综合素质的展现，它体现了教师的教学理念与教学基本能力，是促进学生发展的重要途径，也是保证教学顺利开展的重要保障。小学科学教师的评价语言首先要具有科学性和严谨性，能够为学生提供一个科学的学习环境，为培养学生的科学精神和科学态度奠定基础；其次，教师的评价语言需要准确且具体，能给学生以准确判断，尤其对于小学生而言，他们很注重教师对自己的评价，特别是鼓励性的评价；最后，教师的评价语言还需要具有启发性，能够对学生指点迷津，能够引导学生进行深入思考，促进学生的思维发展。

第四节　小学科学课程与教学的评价方法

方法是实现目的的手段，不同的评价目的伴随有不同的评价方法，评价方法总是与评价目的相联系的，离开评价目的也就很难把握评价方法的实质。为此，我们将小学科学课程与教学的评价方法做一分类，然后讨论具体方法的含义及应用。

一、小学科学课程与教学的评价方法分类

我们将小学科学课程与教学的评价方法分为四类。

第一类：以社会科学的研究方法为工具，建立价值形态作为评价标准的评价方法，它的目的是发现新的价值，我们称这类评价方法为质化评价方法。

第二类：以数学和自然科学的研究方法为工具，建立价值形态作为评价标准的评价方法，它的目的也是发现新的价值，我们称这类评价方法为量化评价方法。

第三类：根据已建立的价值形态作为评价标准，建立价值形态的描述性模型，并以此评价对象价值的评价方法，它的目的是证实价值，我们称这类评价方法为质化后评价，它就是传统意义上的定性评价方法。

第四类：根据已建立的价值形态作为评价标准，建立价值形态的确定性模型的评价方法，它的目的也是证实价值，我们称这类评价方法为量化后评价，它就是传统意义上的定量评价方法。

小学科学课程与教学的评价方法包含质化评价和量化评价，也包含定性评价和定量评价。质化评价就是用价值形式表示事物的现实价值，目的在于寻求事物的价值所在，发现被评价者潜在的价值，揭示事物的本来价值，丰富价值世界的现实价值。质化评价依赖于对事物质的理解，推理分析涉及的质性数据，包括叙事数据、谈话(口头、书面)数据等，强调被评价者的真实经历。质化评价在逻辑上是归纳的，其基本组成形式或环节为：—局部分析—不完全归纳—。一个完整的质化评价就是

几个甚至是几十个这样的环节交互形成的。

在这里我们需要说明的是，质化评价与定性评价不能画等号。因为定性评价是有价值做先导的，也就是在评价之前，评价者已经知道了价值标准的理想状态，评价的目的就是证实被评价者是否具有这种理想的标准所要求的价值；而质化评价在开展评价之前以及在评价过程中是没有既定的标准可参考的，也就是没有理想的价值状态作为评价的标准。

档案袋评价就是典型的质化评价。真实性评价是据以学生的真实表现来进行价值判断的评价，它也属于质化评价。表现性评价是建立在标准之上的定性评价方法。档案袋评价和表现性评价都是真实性评价的操作模式，也都属于质化评价的范畴。在后续讨论中，我们将阐明真实性评价的内涵及价值取向，并重点阐述档案袋评价和表现性评价在小学科学课程与教学中的应用。

二、真实性评价的理论概述

随着基础教育课程改革的进行，传统的多项选择、判断、测验等评价方式已不再是唯一的方式。当代教育评价更多关注学生的实际生活，注重学生解决问题的过程和技能。与此同时，一些新的评价方式，诸如学生课程作业、学生展示汇报等逐渐受到人们的重视。这些评价方式的特点在于反映了学生在学校学习的全面真实情况。下面我们将从真实性评价的内涵、价值取向方面来认识真实性评价。

(一)真实性评价的内涵

真实性评价的目的是要促进并提高学生实际解决问题的能力，即学生运用自己所学的知识和掌握的技能解决生活中的或与现实情境相似的真实性任务，以便通过自己的创造性活动，培养、展示和证明自己的知识、才能以及解决问题过程中的策略。① 真实性评价的特点在于反映学生现实生活中的活动、表现或挑战，并与学生的学习目标及生活相联系。真实性评价要求学生在完成任务的过程中建构自己的行为，创造性地运用所学的知识和技能解决问题。

总之，作为一种评价理念，真实性评价所体现的是一种多元化的、发展性的学生评价思想，其出发点是多途径、多方面地收集学生学习和发展的信息，在日常教学生活中对学生进行观察和理解性的评价，以达到真实、有效、全面、生动地对学生做出有针对性的评价、促进学生持续发展的目的。

作为一种评价方法，真实性评价的核心是通过提供给学生与现实生活相关领域类似的真实性任务，让每个学生充分应用相关知识、技能以及策略，表现其理解水平和对知识的应用能力。如果从以上角度来理解真实性评价，那么真实性评价在很大程度上是一种教育性评价、发展性评价、表现性评价。

---

① Grant Wiggins. A True Test：Toward More Authentic and Equitable Assessment[J]. Phi Delta Kappan，1989(07)：81—93.

从小学科学课程与教学来看，小学科学课程资源丰富多彩、小学科学教学多种多样，更贴近于小学生的实际生活及社会生活，将真实性评价用于小学科学课程与教学评价，将更全面、更翔实地记录和反映小学生学习科学所掌握的知识与技能以及学习科学的情感、态度与价值观。与此同时，真实性评价赖以为基础的人性观、知识观、学习观也是与小学科学课程与教学的课程标准及评价理念相符合的。

(二)真实性评价的价值取向

第一，真实性评价认为学生是具有潜能，具有能动性与创造性的，评价应促进学生潜能的发挥和发展。

学生是活生生的人，他们在认识过程中有建构的欲望、探究的冲动、社会的交往倾向以及表现的欲望，这些本性的冲动又是学生学习源源不断的动力和来源。因此，小学科学教师要充分认识到学生在认识中的主动性和能动性，意识到学生的学习兴趣在整个教学活动中的重要激励作用，珍视并利用学生学习的这些可贵资源。此外，教育及评价的主要功能是创造良好的条件帮助每个学生个体发现与自我更加协调的学习内容和方法，为学生提供一种学习和成长的良好氛围。

第二，真实性评价认为知识是学生内部主动建构的，是在真实性的操作中处于不断的创建当中的。

学生是主动的学习建构者，他们通过学习知识和体验来建构自己对周围世界的理解，通过社会交往和真实性操作来不断地思考及重构。尤其是对于从形象思维到逻辑思维过渡的小学生来讲，他们的学习经验越多、越丰富，就越能将新知识、新信息与已有的知识联系起来，在重复的实践操作中，将自己的经验迁移到更为广泛的情境中去。

学生在真实的生活经验中学习，能够把新知识、新信息建立在已有的经验基础之上，能够更好地理解新知识、新信息对自己学习的实际意义。因此，在真实的情境中学习并对学生进行观察和评价，可以促使学生把新知识、新信息与现实世界的应用以及已有的相关经验结合起来，加强信息之间的意义联结，从而更好地促进学生对知识的理解。

第三，真实性评价认为学习具有社会合作性，具有真实情境性。

建构主义倡导教师与学生之间的社会互动性，认为每个学生都是以自己的经验为背景，从不同的角度认识事物的不同方面，并在此基础上创建对事物的理解。因此，每个学生建构知识的数量、质量、侧重和深度各不相同。也就是对于建构主义者来讲，不存在对事物唯一的理解，教育就是让学生认识到事物的不同侧面，使自己对事物的认识更加丰富，能够站在对方或他人的立场或角度上理解他人。

真实性评价强调在真实的情境、真实的环境中促进学生意义学习的发生。知识具有情境性，与相关的活动、文化等因素紧密相连，知识的意义产生无法脱离它赖以存在的情境。因此，对于小学科学课程与教学来讲，学生的学习不是抽象的，是不能脱离科学知识产生和应用的背景的。真实性评价认为教学要以真实性任务为学习内容，让学生在真实的活动中解决遇到的问题；学生也只有在与周围环境的互动中，与他人、环境进行积极沟通和交流，才能提高社会文化交往水平。

在真实的情境教学环境中，教学与评价融为一体，评价尽可能让学生参与其中，评价尽可能地接近学生的真实生活，而且评价要更多地贯穿于学生的整个学习过程和问题解决过程。为此，观察、访谈、记录卡片、探究活动、档案袋评价、表现性活动及评价通常作为真实性评价的操作模式或评价方法。

三、档案袋评价在小学科学课程与教学中的应用

(一)对档案袋评价的认识

档案袋评价是在新课程改革实践中实施的一种新的评价方法。档案袋评价中的“档案袋”一词的英文是 portfolio ，有“代表作选辑”的意思。最初使用这种形式的是画家、摄影家，他们把自己有代表性的作品放在“档案袋”里，以为他人展示、证实自己。后来人们将这种方法用于教育评价(特别是学生发展评价)，以表明学生的学习进展。档案袋评价是指教师和学生有意地将各种有关学生表现的材料收集起来，并进行合理的分析与解释，以反映学生在学习与发展过程中的努力、进步状况或成就。档案袋评价是一种综合性的评价方法，是对观察、调查与访谈、测试等方法的综合运用。

档案袋里可以装什么呢？我们给出了一个范围(如图 9-2 所示)，但并不意味着图中的所有内容都应该在一个学生的档案袋里出现。哪些材料应该进入档案袋，是一个有选择的过程。通常档案袋里内容的选择或提交，是由被展示作品的作者与档案袋提交的对象决定的，即由学生和教师共同决定。档案袋的制作进程，涵盖了一项从起始阶段到完成阶段的整个跨度。制作档案袋的关键是必须清楚建立档案袋的目的是什么，档案袋适应的对象是谁，档案袋将如何使用，它对学生有什么帮助等问题。

档案袋评价最大的优势是向教师、家长和学生展示出一个真实、丰富的学习过程，它比纸笔测试和其他传统评价更能说明学生知道什么和能够做什么。另外，在作品的收集过程中，学生同教师积极参与作品的选择、项目制定、标准确定等档案袋评价的全过程。为此，档案袋评价可以提升学生动机水平、发展学生的自我反思能力，促进学生的积极参与和师生合作。

(二)档案袋评价的实施过程

第一，组织计划阶段。

此阶段包括四个步骤。首先，教师向学生阐明档案袋评价的含义，向学生解释档案袋的作用、是否需要打分、是否排名次，教师还可以向学生展示档案袋评价的样例，让学生认识到档案袋可以展现自己的实际学习情况。其次，确定评价的目标，

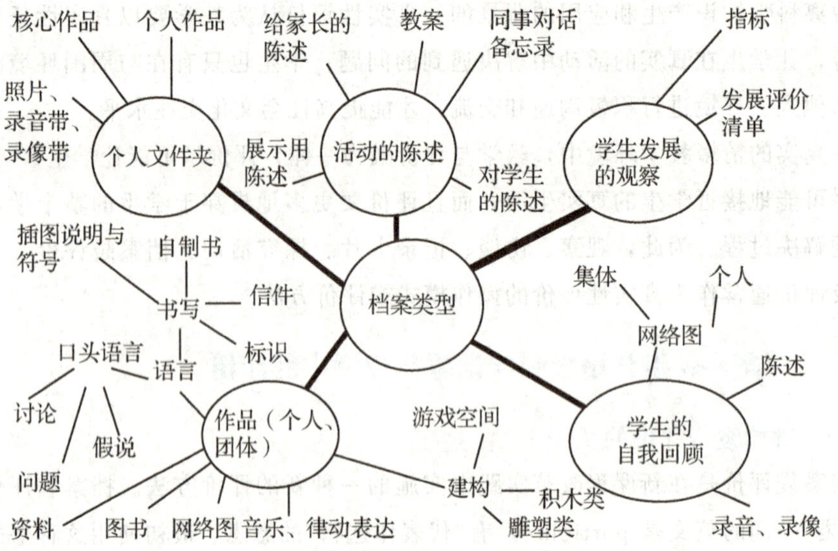

图 9-2　档案袋中材料的类型

为学生收集资料信息提供方向。目标的确定需要师生共同参与，也可以教师通过广泛征求学生的意见和想法，然后做出决定，从而提高学生学习的兴趣和积极主动性。再次，制定评价的内容和范围，教师需要确定哪些是需要评价的，不仅包括活动的内容、方案与过程的记录，而且包括学生学习的信息和资料、学习的结果、自我评价与他评的结果等。最后，常与家长进行沟通。小学科学课程资源丰富多彩，已经超越了课堂，家庭、社会都是重要的课程资源。因此，小学科学课程与教学的评价也需要家长的理解与支持，教师与家长的沟通就显得尤为重要，家长对学生的鼓励与支持有助于实施档案评价。

第二，资料收集阶段。

在档案袋评价中，教师与学生会经常进行沟通与交流，在师生的互动过程中，教师可以及时了解学生的学习进展和学习进步，并为学生下一步的学习和评价确定目标。在此，教师可以用头脑风暴法、小组讨论法、交谈法等方式，启发学生思维，鼓励学生对自己的学习进行反思，如“你通过这个活动学到了什么？知道了什么？明白了什么？”“你最大的收获是什么？”“你遇到的困难有哪些？”“你还希望自己可以做些什么？”等。教师需要通过各种活动和问题引导学生对自己的学习困难、学习收获、学习进展等情况进行深入思考和反省，培养学生的反思性思维和发散性思维，甚至是创造性思维。当然，在这个过程中，教师收集了关于学生学习的系统信息。

第三，展示成果阶段。

学生把自己收集的有关自己学习过程和学习成果的档案袋信息以汇报、会演等方式展示出来，这是让学生体验学习成就感的重要方式和重要阶段。当然，学生的展示可以邀请家长、同伴等相关人员的参与，得到大家广泛的认可是对学生最大的尊重与鼓励。

学生档案袋的成果展示时间可以根据需要决定，一个学期两次，一个月一次等不同时间间隔的展示都是可以的。学生每经历一次档案袋的成果展示，都会从中获得成功和喜悦，并与他人分享这种自我成就感，也都会得到教师和同学的赞赏，从中也可以获得改进学习的建议。这对于激发学生的学习原动力，激励和促进学生更好地发展很有助益。

(三)档案袋评价的实施策略

第一，档案袋的设计。

一是封面设计。档案袋的封面可以不拘一格，并且能够充分发挥教师与学生的聪明才智，如小小科学家、蜜蜂集、七彩阳光等。档案袋的封面上，学生可以根据自己的兴趣设计图案，可以出现学生的姓名、年级、班级、兴趣、特长、编号等信息，甚至可以附上学生的艺术照等。档案袋的形式制作最好能够统一，可以是相册也可以是资料袋或文件夹，让学生把各种学习情况分门别类地放入各个小袋子里边，如小组讨论袋、特长表现袋、观察记录袋等。总之，教师需要带领学生将各种信息有条理地进行收集和存放，以便于鼓励学生收集及以后的查找和评价。

二是内容设计。档案袋的内容没有明确规定，教师可以根据实际需要灵活决定。可以放入档案袋的材料有：对学生进行的诊断性结果，即为反映学生学习情况的测验成绩；教师通过观察对学生的日常学习行为表现的评价；同学及同伴的观察与评价，学生之间朝夕相处，了解最多，通过学生之间的细微观察与记录可以反映学生对科学知识的掌握、学生学习情感态度的变化、学生学习能力的形成等信息；学生自我反省、自我评价和自我认识的相关信息；展现学生兴趣的作品；学生自认为最优秀的作品或成绩；关于学生学习过程中在学习态度、兴趣或技能等方面的改变或成长的记录；来自于家长或家庭成员的评价信息等。

第二，档案袋的存放。

每个人都有一个学习档案，档案袋的存放也是需要考虑的一个问题。学生可以将档案袋放在自己的家中，让家长协助保管，需要的时候再带回学校使用；还可以将档案袋的内容做成电子版本，或者刻录成光盘。总之，可以通过各种形式进行保存和存储。

第三，档案袋的交流展示。

在展示环节，可以让最优秀、比较出色、进步最大的学生向全体观众进行汇报，展示自己的成长记录过程，让家长或教师看到孩子们的成长进步过程，同时将家长关注孩子成长的积极性和主动性调动起来。与此同时，让学生对自己的成长记录进行展示和解释，锻炼学生自己的语言组织、语言表达、临场反应等能力。另外，给予学生充分的时间，让学生做好准备工作，相互观摩、相互欣赏各自的特长、进步和突出表现，让学生记住自己的骄傲自豪的成长历程。

第四，档案袋的定期评定。

档案袋的内容很多，我们可以分别对各个内容进行评价，可以按照 A、B、C、D、E 五个等级的形式进行评定，或者按照及格、良好、优秀的等级进行评定。关于档案袋的评价标准不宜太细也不宜太繁，易于理解和操作即可。同时，我们可以采取评价主体的多样化评价，如自评、教师评、小组评、家长评等，如表 9-2 所示。

表 9-2　档案袋内容的综合评价方式

评价方式	小测试	小论文	书面作业	课堂观察量表	实验记录	情绪态度量表
自评						
教师评						
小组评						
家长评						
教师的总结性描述						

例如，对一个学生的作品进行等级评价，假如一个星期之内，每天学生的评定等级分别为 B、A、C、A、D，就可以做成曲线图的形式，如图 9-3 所示。

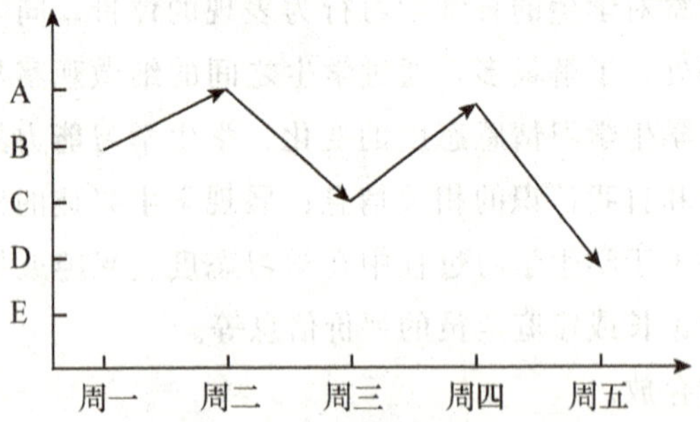

图 9-3　学生评价等级曲线图(示例)

再如，学生探究的成果报告，成果报告活动的目的在于激起学生的参与积极性，学生需要明确探究的问题和内容、在探究活动过程中遇到的困难以及获得的最大收获，还包括学生在学习过程中的自我反思，哪些方面需要改进，哪些事项需要下次注意等。在实际的探究活动中，教师可以根据学生的实际情况，有计划地让学生进行交流探讨，让学生将自己的心得体会、深刻感悟记录下来，发挥学生的主观能动性。同时结合小组评价，记录学生参与探究活动过程的详细内容及评判结果，如表 9-3 所示。

表 9-3　探究活动成果报告表

班级		组号	组长		日期	
探究内容						
探究成果记录						

续表

学习中遇到的问题或困难		
学习中获得最大收获		
小组评价	姓名	
	等级	

又如，关于“眼睛”的评价，将其放入档案袋中的内容如表 9-4 所示。

表 9-4 档案袋中“眼睛”的评价表

学生姓名：__________ 日期：__________

观察眼睛，画出所见的不同类型的眼睛，包括单眼皮、双眼皮以及大眼睛、小眼睛等。 怎样保护眼睛呢？(可以写一篇小论文) 收集有关眼睛的资料，包括儿歌、图片、音乐、故事等，举办一期汇报展示。其中还包括自身体会、与同学的交流体会、对这一话题的好奇心与兴趣点等深刻体验。

四、表现性评价在小学科学课程与教学中的应用

(一)表现性评价的内涵

我国学者张敏雪认为，表现性评价是由教师设计相关的情境，由此情境针对学生所应达到的学习成果，设计一些问题，让学生在情境中或实际参与实验操作或观察后，以分组活动或个别思考的形式，进行问题解决，同时针对学生在过程中的表现，以客观的标准加以评分的一种评价方式。

表现性评价关注的重点是学生的实际表现。表现性评价就是在学生参加一些活动时，让他们实际表现出某些特定的表现技能，或者创造出符合某种特定标准的成果或作品。也就是通过观察学生执行具体的操作，然后对其表现进行直接评价。[①]表现性评价的实施有两点至关重要：一是要求学生执行的表现性任务，二是用来评判表现和结果的标准。表现性任务及评分规则都是依据我们期望学生达到的学习效果进行制定和开发的。所以，表现性评价的核心要素就是表现性目标、表现性任务和评分规则。[②]

(二)表现性评价的特点

表现性评价具有以下基本特征。

一是表现性评价需要借助于一定的表现性任务，这个任务与学生所学的内容或

---

① [美]斯蒂金斯．促进学习的学生参与式课堂评价[M]．国家基础教育课程改革“促进教师发展与学生成长的评价研究”项目组，译．北京：中国轻工业出版社，2005：10.

② 周文叶．超越纸笔测试：表现性评价的应用[J]．当代教育科学，2011(20)：12—16.

生活实际密切联系。学生完全可以投入现实问题的解决当中，学生学习的积极性和主动性可以被充分发挥出来。

二是表现性评价考查学生多方面的综合实际表现。对于实际的现实问题，往往需要学生多方面的知识与能力，并非单一的知识技能可以解决。而且，问题解决的答案也并非是一个，也并不是让学生选择一个正确答案就可以完事，而是让学生亲自去摸索、去探究，让学生自己寻找、分析、创建问题解决的办法。表现性评价要求学生的是多角度、多侧面的能力的考察。

三是表现性评价的标准要能够反映学生在发展上的差异。在真实的问题情境中，学生的表现是不同层次的，高水平的学生可以挑战更高层次的问题解决，从而发挥他们的聪明智慧甚至是创造潜能，而对于低水平的学生，可以让他们解决与其能力水平相当的问题，让他们在学习中有所收获和提高。

(三)表现性评价实施的案例分析

下面以“探究尺子音高变化”一课为例，分析在学生探究活动中开展表现性评价。① 在此之前，学生已经学会了用强弱高低去描述不同的声音，了解了声音是由物体振动产生的，懂得了研究声音变化时也要将目标锁定在物体振动的变化上。例如，音量是由物体振动幅度决定的，振幅越大，音量就越大，音高是由物体振动快慢决定的，振动越快，音高就越高。

“探究尺子音高变化”将通过探究实验分析尺子伸出桌面部分的长度变化和尺子音高变化的关系，从而建立“物体大小—振动频率—音高”三者之间的关系。

具体教学过程和表现性评价操作如下。

[提出并聚焦问题]

教师用同样的力度敲击不同型号的音叉。

教师提问：“它们的声音有什么区别?”(学生用音高高低来描述两者的不同点，用已学知识激发探究兴趣)

教师出示尺子，提问：“你们有什么办法使尺子发出声音?”

在“声音是怎样产生的”一课中学生已经试图使尺子发出声音，并且认识到尺子的发声有两种方式，一是完全由尺子本身振动发声，二是尺子和桌面碰撞发声。通过多名学生演示，再次使学生明确如何避免第二种发声方式的干扰。(此处，既纠正了错误的发声方式，同时也使其他学生注意力更加集中，并且有一次生生交流的机会)

教师通过调整尺子长度，使尺子发出高低不同的两种音调，提问：“为什么同一把尺子会发出不同的声音呢?”

通过师生、生生之间的交流，将问题聚焦到“尺子的音高变化与尺子伸出桌面部

---

① 石飞军．浅谈在小学科学课中以表现性评价促进学生的发展[EB/OL]．(2011-12-18) http：//www.yzkx.net/Article/ShowArticle.asp?Article ID=3668.

分的长度有关”上。

[表现性评价操作]

本环节重点评价学生对所学知识的掌握程度和面对新问题的探索热情。

观察学生是否能正确地表达已学过的知识；

是否能及时排除实验中可能出现的干扰现象；

能否根据具体现象做出大胆的假设；

是否能虚心听取他人的意见。

在一节课的开始阶段，很多学生还未能进入科学探究的情境当中，如果直接提出“探究尺子音高变化”的研究内容，有相当一部分学生还会处于不解、迷乱、游离的状态。针对这一情况，教师借助表现性评价，从学生的已知水平出发，鼓励学生大胆发言，充分调动学生的学习热情，最终引导出本节课的研究主题。

[设计实验]

师：尺子伸出桌面部分的长度和音高有怎样的关系呢？我们先来预测一下。(有些学生的预测是瞎猜的。而有些学生能抓住教师刚才的演示操作要点，预测出：尺子伸出桌面部分长，发出的声音就低，尺子伸出桌面部分短，发出声音就高，对这部分学生要多加表扬)

师：尺子振动的快慢情况又会和音高有怎样的关系呢？我们也来预测一下。

当尺子伸出桌面部分长时，

预测 1：声音高，振动快。

预测 2：声音高，振动慢。

预测 3：声音低，振动慢。

预测 4：声音低，振动快。

教师将四种预测结果用板书的形式写于黑板上。

师：到底哪一种预测是正确的呢？请小组合作讨论出一个实验方案。

有了预测部分的提示，学生们的设计分成了三个层次：知道通过调整尺子伸出桌面的长度，拨动尺子，听发音的高低和观察振动的快慢；能通过具体的长度数值来表示尺子伸出桌面的长度，从而进行拨动、倾听、观察和比较；能把尺子伸出桌面部分的长度设计成多个数值，再通过拨动、倾听、观察，寻找出音高变化规律。教师应对各个层次的设计都做出肯定的合理评价。

师：你们觉得哪种实验方案更加科学，更有说服力？(学生基本选择第三层次的方案)

师：为了便于比较，使实验现象更加明显，我们确定尺子伸出桌面的长度分别为 8 cm、12 cm、16 cm、20 cm。请同学们边做实验边完成表格(如表 9-5 所示)。

表 9-5 振动尺子——我能听到和看到的

尺子伸出桌面的长度(cm)	我听到的	我看到的	音高变化的规律
	音高	振动快慢	
8			
12			
16			
20			

师(追问)：实验中需要注意哪些事项？

[表现性评价操作]

从学生探究能力方面评价。

观察学生能否明白预测在探究实验中的重要性，并尝试用较科学的语言进行预测；

观察学生能否通过小组讨论，设计出具有可操作性的实验方案；

观察学生能否预想实验过程，明确实验中的注意点；

观察学生能否有条理地表达自己的意见和小组的设计方案；

观察学生能否科学地说明所设计的实验操作步骤；

观察学生能否虚心听取别人的意见，并对自己的设计及时做出改进和完善。

在探究课中，实验设计环节格外重要。小学生很难一下子就达到教师所期望的设计水平，因此逐级引导非常关键。从预测到最终确立实验方案，学生们的思维在讨论中不断碰撞，不断升级。可是在小组讨论中，往往发生“个别带头，其余盲从”的现象，这种现象不利于大部分学生的思维发展。针对这样的问题，教师应利用好表现性评价中的小组评价，调动所有组员的探究积极性，要求每位组员都发表和实验有关的意见，在汇报设计方案前能对这种意见进行取舍和整合。

本章小结

本章围绕小学科学课程与教学评价展开讨论。首先，阐明了课程与教学评价的含义，明确了课程与教学评价的目标取向、过程取向和主体取向及各自的评价类型；其次，讨论了小学课程与教学的评价模式，包括目标评价模式、CIPP 评价模式和过程评价模式；再次，从评价宗旨、评价主体、评价内容、评价方法和评价语言五个方面分析了小学科学课程与教学的评价理念；最后，阐述了小学科学课程与教学的评价方法分类，重点对真实性评价的内涵和价值取向及真实性评价的两个具体操作模式——档案袋评价和表现性评价在小学科学课程与教学中的应用进行了分析。

关键术语

课程与教学评价、评价取向、评价类型、评价模式、真实性评价。

思考题

1. 课程与教学评价的价值取向及类型有哪些?
2. 小学科学课程与教学的评价模式有哪些?
3. 小学科学课程与教学的评价理念有哪些?
4. 小学科学课程与教学的评价方法的分类是怎样的?
5. 请结合案例分析档案袋评价和表现性评价在小学科学课程与教学中的应用。

拓展阅读

1. OECD. Sample Tasks from the PISA 2000 Assessment: Reading, Mathematical and Scientific Literacy[EB/OL]. (2002-05-28) http: //www. oecd-ilibrary. org/education/sample-tasks-from-the-pisa-2000-assessment _ 9789264194274-en。

文章详细说明了2000年PISA(国际学生评估项目)测试的主要评价框架,从过程、内容和背景三个方面介绍了阅读、数学和科学素养的评价,同时给出了关于2000年PISA测试的样题及评分标准。

2. [美]泰勒. 课程与教学的基本原理[M]. 罗康,张阅,译. 北京:中国轻工业出版社,2016。

该书是被誉为"现代课程理论之父"的教育学家泰勒的经典著作,是迄今为止课程领域最有影响的著作之一。泰勒在书中提出的四个基本问题,构成了考查课程与教学问题的基本原理,既为课程开发提供了坚实的理论基础,又为现代课程研究开创了范式。本书适合高校教育专业师生、教育研究者和中小学教师等使用。

3. 李雁冰. 课程评价论[M]. 上海:上海教育出版社,2002。

该书内容包括:课程评价概论、课程评价的哲学基础、课程评价的历史发展与价值取向、课程评价的理论流派与典型模式、典型质性课程评定方法等。

4. [美]斯蒂金斯. 促进学习的学生参与式课堂评价[M]. 国家基础教育课程改革"促进教师发展与学生成长的评价研究"项目组,译. 北京:中国轻工业出版社,2005。

该书是美国评价专家斯蒂金斯基于自己在课堂评价领域二十余年经验的力作,是全美极实用和应用广泛的教育评价书之一,荣获了多个奖项。

评价是一个过程,教师的目的就是通过课堂评价得出准确的结果,并进行有效的交流,从而最大限度地帮助学生获取学业上的成功。该书对美国学校里使用和流行的各种课堂评价方法做了详尽的介绍,还特别关注了学生情感倾向的评价。同时,该书通篇都在探讨各种让学生参与到课堂评价中的方法和策略,提供了很多操作性很强的建议,以帮助教师让课堂评价真正成为学生进步与发展的动力和契机。

第十章　小学科学教师

学习目标▶

1. 了解教师专业化发展的过程。
2. 了解教师专业发展的含义及特征。
3. 认识和理解小学科学教师必须具备的专业素质。
4. 了解新形势下的教师角色的转变。
5. 了解小学科学教师的职前培养和职后培训情况。

导入案例

美国佛罗里达州立大学小学教育专业课程结构如表10-1所示。

表10-1 美国佛罗里达州立大学小学教育专业的课程结构①

时间	学科性质	数量与学分	学科范围与主题
大学前两年的通识教育课程	A. 基础学科	3/9	英语写作Ⅰ和Ⅱ为必修课程；数学为限定选修课程
	B. 公共选修学科	2/4	人的思维、人的语言、文化比较和全球化问题(4门选2门)
	C. 人文学科	4/12	文学学科组、艺术学科组和语言学科组(选2个组，每组2门课程)
	D. 科学、数学与技术	3/11	天文、地理、气象、生物、化学、物理。每个领域开设2门课程供学生选择
	E. 社会学科	4/12	美国历史和美国政府为2门必修课程；还有世界历史、全球问题、经济学、人类学、心理学、社会学、犯罪学、人文地理、女性研究等课程供学生选择
大学后两年的专业教育课程	F. 与专业相关的学科	6/18	教育问题、人的成长与发展、特殊儿童心理与教育、计算机技术、数学原理、艺术教育
	第一学期：学前教育(含实习)	4/12	儿童教育中的文化多元性、早期儿童教育入门、语言和阅读教学、课堂管理
	第二学期：低年级教学(含实习)	4/15	语言和阅读教学、课堂管理、数学教学与技术、儿童发展/课堂管理
	第三学期：高年级教学(含实习)	5/15	语言和阅读教学、数学教学、小学社会课的教与学、教学实践
	夏季学期教学课程	3/9	3门数学课程
	第四学期学生实习	—/12	一个学期的实习
总计		38/129	教育专业课程占55.8%，非教育专业课程占44.2%

在新一轮基础教育课程改革中，我国小学的“自然”课被改为“科学”课。从“自然”到“科学”，不仅课程的名称更科学、更合理，目标更明确了，而且在要求上也更高、更全面。“科学”课程突出了科学探究，强调情感、态度与价值观的养成。小学科学课程名称和内容的变化，给科学教师提出了新的要求。教师作为课程实施的主体，其素养是实现课程改革理想的关键因素之一；同时，在新课程实施过程中，教师的素养也将获得新的发展。随着课程改革不断深入，教师的专业素质、专业发展已成为人们关注的焦点之一。

① 刘德华．小学科学课程与教学[M]．北京：中国人民大学出版社，2009．根据相关内容整理．

第一节　小学科学教师的专业发展

第二次世界大战结束以后，发达国家普遍开始提高教师的入职标准，其中，小学教师必须具有本科学历。受国际教师专业化思潮的影响，我国也制定了有关的法律法规，为促进我国教师专业的发展提供了保障。例如，我国于1994年开始实施的《中华人民共和国教师法》规定："教师是履行教育教学职责的专业人员。"《中华人民共和国教师法》从法律的角度确立了教师的专业地位。1995年，国务院颁布了《教师资格条例》。2000年，教育部颁发了《〈教师资格条例〉实施办法》，从此，教师资格证书在全国开始实施。2000年，我国出版的《中华人民共和国职业分类大典》将我国的职业分为八个大类，教师属于其中的"专业技术人员"一类。自2001年4月1日起，我国首次开展全面实施教师资格认定工作。我国教师专业化的发展一步一步地走向深入。

一、教师专业化的发展过程

教师这一职业从产生到逐渐发展为一种专业，经历了一个漫长的过程。1681年，法国"基督教兄弟会"神甫拉萨尔(La Salle)在兰斯创立了世界上第一所教师培训学校，标志着师范教育的诞生。18世纪中下叶，一些国家开始普及初等义务教育，加上在当时一批教育家(如卢梭、裴斯泰洛齐、赫尔巴特等)和教育实践工作者的推动下出现的"教育科学化"和"教育心理学化"运动的发展，现代教学方法也逐渐形成体系，教育理论有了长足的进展。这些都为教师进行职业训练提供了理论指导和实践依据，也为教师职业进一步走向独立提供了重要基础。在此基础之上，欧美各国相继出现了师范学校。

然而，这一时期教师专业发展仍处于初级水平。因为教育科学尚未得到社会的广泛承认。当时各国比较重视教师的职前培养，教师培养方式以班级授课制为主，不注重实际能力的训练；另外，各国对教师的在职培训缺乏足够的认识，缺乏必要的途径与措施。即使在20世纪前半期，许多国家依然把教师的学术能力放到非常重要的地位，而忽视教师"师范"能力的培养，忽视教师"教育专业"的训练，教育学科是否属于科学还在被怀疑或被否认。

1963年的《世界教育年鉴》以"教育与教师培训"为主题，1980年以"教师专业发展"为主题。1966年，联合国教科文组织与国际劳工组织在《关于教师地位的建议》中提出，"应当把教师职业作为专门职业来看待"，并宣称教师职业是一种"专业"，即"通过特殊的教育或训练掌握了业经证实的知识、具有一定的基础理论的特殊技能，从而按照来自非特定的大多数公民自发表达出来的每个委托者的要求从事具体的服务工作，借以为全社会利益效力的职业”。1989—1992 年，经济合作与发展组织(OECD)相继发表了一系列有关专业化改革的研究报告，如《教师培训》《学校质量》《今日之教师》《教师质量》等。1996 年，联合国教科文组织召开的第 45 届国际教育大会以“加强在变化着的世界中的教师的作用之教育”为主题，提出“在提高教师地位的整体政策中，专业化是最有前途的中长期策略”，并建议从以下四个方面予以实施：通过给予教师更多的自主权和责任提高教师的专业地位；在教师的专业实践中运用新的信息和通信技术；通过鉴定个人素质和在职培训提高其专业性；保证教师参与教育变革以及与社会各界保持合作关系。①教师教育问题引起了国际组织的密切关注。

20 世纪 60 年代初期，由于入学人数的增加，世界各国均面临着教师短缺的状况，因而都采取了各种应急措施以应对教师“量”的需求。60 年代中期以后，由于出生率的下降、经济上的困难、教育效果不理想等原因，导致了对教育质量和教师素质的讨论，进而引发了对教师教育的批判。时代给教师提出了新的要求，不仅要求教师精通专业知识，而且还要掌握一般的教育专业方面的知识。

到了 20 世纪 80 年代，教师专业发展逐渐成为人们关注的焦点和教育改革的主题之一。就美国而言，1980 年 6 月 16 日，《时代周刊》发表了“危急！教师不会教”一文，引起了美国公众对教师质量的担忧，从此拉开了以提高教师素质、促进教师专业发展为核心的教育改革的序幕。之后，美国发表了一系列关于提高教师素质的报告，如由高质量教育委员会于 1983 年发表的《国家在危急中：教育改革势在必行》、霍姆斯小组于 1986 年发表的《明天的教师》、卡内基工作小组于 1986 年发表的《国家为培养 21 世纪的教师做准备》、复兴小组于 1989 年发表的《新世纪的教师》、霍姆斯小组于 1990 年发表的《明日之学校》和 1995 年发表的《明日之教育学院》等。这些报告引起了学校和教育行政机构的关注。其中，霍姆斯小组的系列报告认为，要提高教学质量，就必须确立教学工作的专业性地位，并建立确定教师专业性的标准；教师教育的任务在于培养出训练有素的达到专业化标准的教师，以确保未来学校对师资的需求，同时还可以赢得较高的社会地位。

二、教师专业发展的含义及特征

(一)专业标准

社会职业一般可以分为普通职业和专门性职业两大类。一般情况下，我们所说的“专业”即指专门性职业。一个职业是否达到了专业的水平，需要一定的衡量标准，不同的专业具有不同的标准。

美国教育协会(NEA)于 1948 年提出了专业的八项标准：含有基本的心智活动；

---

① 王延文．教师专业化的系统分析与对策研究[D]．天津：天津大学，2004：37.

拥有一套专门化的知识体系；需要长时间的专门训练；需要持续的在职成长；提供终身从事的职业生涯和永久的成员资格；建立自身的专业标准；置服务于个人利益之上；拥有强大的、严密的专业团体。①

曾荣光综合韦伦斯基(Wilensky)和古德(Good)的研究成果，提出了专业特征的十项指标：为社会提供不可或缺的服务；享有专业服务的专利权；接受长时间训练和入职辅导；具有一套"圈内知识"；有专业自主权；组成对成员具制约力的专业团体；确立一套专业守则；获得社会和当事人信任；享有相当社会地位和职业报酬；不断接受在职培训和从事科研活动。

李·S. 舒尔曼(Lee S. Shulman)认为，一种职业要成为专业，必须具备六个特点：服务的理念和职业道德；对学术与理论知识有充分的掌握；能在一定的专业范围内进行熟练操作和实践；运用理论对实际情况做出判断；从经验中学习；形成一个专业学习与人员管理的团体。②

综上，通过对已有的关于专业标准的研究的整理和分析，可以发现，一种职业要成为专业，应具备以下基本特征。

一是要经过长期的学习和训练，掌握专门的理论体系和专门技能。这些理论和技能为他们从事专门的工作提供基础。

二是有专业自主权。专业人员从事自己的专业工作时，有权利根据自己的专业知识和技能对遇到的本专业的问题做出判断和处方，并对判断和处方负责。

三是为社会提供的服务是不可或缺的，是非本专业的人员不可以做的，并得到社会的公认或具有较高的社会声誉。

四是有本专业公认的职业道德和专业标准。

五是要不断进行进修或培训，提高专业人员的理论水平和操作能力。

(二)教师专业发展

一种职业要发展成为一种专业，需要一个很长的过程，这一过程即为专业化过程或称为专业发展过程。从20世纪60年代开始，许多学者开始致力于教师专业化的发展过程和专业化的模式研究，提出了各种理论，并进行了大量的实践。根据对已有研究的分析，我们可以将教师专业发展理解为教师不断学习、不断实践，进而不断提高自己专业能力的过程。专业能力既包括学科专业知识和技能的提高，也包括教育专业知识、教育能力和教师职业道德等的不断提高。教师专业发展是一个持续不断的发展过程，是一个动态发展、不断深化、不断提高的过程。随着教师专业化的程度不断提高，教师职业不断被社会所公认和推崇，并不断获得越来越高的社会声誉。

---

① 转引自王延文．教师专业化的系统分析与对策研究[D]. 天津：天津大学，2004：10.

② [美]舒尔曼．理论、实践和教育的专业化[J]. 王幼真，刘捷，编译．比较教育研究，1999(03)：37—41.

三、我国小学科学教师专业化发展的迫切性

在我国新一轮基础教育课程改革中，小学“自然”改为“科学”，提出了新的教育理念和目标，这对小学科学教师的素质提出了新的要求，小学科学教师的专业化问题也逐渐凸显出来。

为了实现小学科学教育的基本理念，小学科学教师应具有基本的科学素养，具有在科学教学中进行科学精神、科学思维、科学方法教育的能力，具有指导学生进行科学探究、科学合作学习的能力，具有广博的科学知识背景和视野，具有正确的科学观、人生观和价值观，能运用新的教学理念，按照基础教育课程改革的理念实施科学教育。小学科学教师只有不断提高自己的素养，不断提高自己的专业化程度，才可能实现小学科学教育的基本理念，同时也才可能获得较高的社会地位或声誉。

有调查显示，我国小学科学教师在科学知识和科学方法上存在很多不足，在对科学性质的认识方面的问题尤其严重，导致在教学中出现了一些不科学甚至伪科学的做法。① 我国小学科学教师的科学素养普遍较低，主要体现在科学知识、科学方法以及对科学本质的理解上。绝大多数小学科学教师对科学还处于一种盲目崇拜的状态，甚至夸大其社会功能，认为科学可以解决宗教信仰等问题。教师在教学中存在的非科学和伪科学行为还相当普遍。科学教师一方面鼓励学生自主探究、积极参与和合作；另一方面，教师在实际教学中仍多采用竞赛、限时完成实验等不科学的做法。

因此，我国迫切需要加强小学科学教师的培养和培训，提高小学科学教师的专业化程度。小学科学教师只有提高了自身的科学素养，理解了科学的本质，才能把自己的科学知识用活，培养学生的科学知识；只有理解和掌握了科学探究的本质，才能很好地指导学生进行科学探究，培养学生的科学探究能力以及对科学的情感、态度与价值观，才能使学生理解科学、技术与社会的关系。

第二节　小学科学教师的专业素质

对教师专业素质的研究已有很长的历史，但这些研究的方法和关注的焦点各不相同。一般情况下，教师的专业素质是以一种结构形态存在的。教师素质为教师拥有和带往教学情境的知识、能力和信念的集合，它是在教师具有优良的先存特性的基础上经过正确而严格的教师教育所获得的。② 依据对已有研究的整理和分析，我们将小学科学教师应具有的专业素质归纳为以下方面。

---

① 张红霞，郁波．小学科学教师科学素养调查研究[J]．教育研究，2004(11)：68—73.

② 郑燕祥．教育的功能与效能[M]．香港：广角镜出版社有限公司，1991：111—112.

一、专业知识

(一)学科内容知识

学科内容知识，也称为本体性知识，是指一个教师所具有的一个或几个学科的系统的特定的内容知识，即教师所拥有的所教学科的具体知识，包括事实、概念、规律、原理等。例如，一个教师所具有的物理、化学、生物、地理等方面的知识均为学科内容知识。小学科学课程属于综合性课程，其内容包含生命科学、物质科学以及地球、宇宙和空间科学三个领域的知识。因此，小学科学教师的本体性知识应包括以上三个方面。

教师的学科内容知识是他们进行有效教育教学的基本保证和必要条件。实践表明，如果一个教师的学科内容知识不足或不扎实，在教育教学过程中他就可能遇到各种各样的困难或问题。例如，对知识理解不全面，甚至产生误解；不能正确或有效回答学生的问题等，进而影响教学的有效性。因此，教师的学科内容知识在教学中具有十分重要的作用，是教师进行教育教学的必要条件。

(二)教育学和心理学知识

教师要想完成教学任务，并取得良好的教学效果，必须具备必要的教育学和心理学知识。这类知识也称为条件性知识。学生的身心发展有其特定的规律和特点，这是教育教学的出发点和重要依据。教学内容和方法必须符合学生的身心发展特点，否则就不可能取得良好的教学效果。条件性知识有利于教师了解学生身心发展的特点或规律，是教师进行有效教学的重要保障和有力的理论支撑。

一般的教师虽然在工作之前(主要是在上学期间)学习过教育学和心理学方面的有关知识，但在教育教学实践中有意识地进行运用的却较少，而是把主要精力和时间放在了学科内容知识或学科教学法知识方面。因此，一般教师在这方面的知识相对比较薄弱。正因为如此，当前国内外的教师培训一般都非常重视教师的条件性知识的学习。一些研究者充分认识到了教师的本体性知识与条件性知识之间的关系，并提出了“教育内容知识”这一概念。教育内容知识是教师关于教育学、心理学、学科知识、学生特征以及学习背景的综合理解。这就要求教师在教学时回答以下问题：学科内容的中心问题是什么？核心概念是什么？采用什么方式或方法使学生理解和掌握这些核心概念？学生的爱好和兴趣是什么？等等。①

(三)学科教学法知识

学科教学法知识这个概念由舒尔曼于1986年提出。之后，许多教育学者将其作为教师专业知识的一个重要组成部分。所谓学科教学法知识，就是教师如何将特定学科的内容以最合适的教学方式或方法传授给学生的知识。小学科学课程教师的学

① 袁运开，蔡铁权．科学课程与教学论[M]．杭州：浙江教育出版社，2003：372.

科教学法知识，指的是科学教师创造性地运用自己的学科内容知识、教学策略知识、关于学生知识、情境知识等，来理解和组织特定的科学内容并根据特定的学生特点和特定的课堂教学情境选择最合适的教学方式进行教学的知识。小学科学学科教学法知识由小学科学学科内容知识、教学策略知识、关于学生知识以及情境知识整合而成。

一个教师具备了学科内容知识、教育学和心理学知识以及一般的教学法知识，还不足以进行有效教学，因为教学具有明显的情境性，教师必须根据特定的情境将特定的教学内容教给特定的学生；同时，不同的学科具有不同的教学方式或方法，因此，要想进行有效教学，教师必须具备学科教学法知识。学科教学法知识把学科内容知识与一般教学法知识结合起来，使我们理解了特定的主题或问题是如何被组织、描述并适应于学生的各种各样的兴趣能力以及如何进行教学的。

(四)实践性知识

简单地说，教师的实践性知识就是教师的教学经验。教学具有明显的情境性。在课堂教学中，教师面对的情境是复杂的和多变的。这就需要教师不断地去研究、适应和控制不断变化的课堂情境，需要教师机智地处理教学中的各种突发情况，以维持正常的教学秩序。这些能力或知识主要源自教师的个人教学实践，源于他们对自身教学实践的总结和反思，具有明显的经验性，与一个人的教学经历有密切联系。

新手教师的实践性知识一般比较欠缺，因而在教学中遇到突发情况时往往难以应付，甚至影响正常的教学秩序；而老手教师由于教学经验相对比较丰富，面对教学中的不确定因素能够及时采取适当的措施。丰富的教学经验有助于提高教师的实践性知识，有助于教师有效处理教学中遇到的各种问题或情况，有助于提高教学的有效性。教育教学实践在一个教师由新手变成老手的过程中发挥着重要作用。

(五)文化知识

为了上好科学课，有效传播科学文化，小学科学教师还要有广博的文化知识。掌握广博的文化知识，首先是教好科学课的需要。按照《全日制义务教育科学(3～6年级)课程标准》的要求，学生需要掌握的知识或技能是多方面的，而科学教材直接呈现给学生的知识又是非常有限的，这就要求教师必须具备广博的知识，才能进行有效教学，才能实现课程标准提出的基本理念。同时，在目前的条件下，学生获取信息的途径越来越多，尤其是随着网络的普及，获取信息更加方便快捷，学生随时都可能向教师提出这样或那样的问题。虽然教师不可能完满地回答学生提出的所有问题，但教师至少在回答中应给学生以有益的启发，引导学生学会思考，培养他们对科学的兴趣。

其次，小学科学教师除了具备一般教师所具有的文化知识外，还应该掌握一定的科学哲学、技术哲学、科学史以及科学、技术与社会的关系等方面的知识，并对科学的新发现、新成果有所了解。科学哲学以科学活动和科学理论为研究对象，主要探讨科学的本质、科学知识的获得和检验、科学的逻辑结构等有关科学认识论和科学方法论方面的基本问题。学习科学哲学有助于教师辩证地看待科学的本质。科学史告诉我们科学产生、发展的过程，有助于教师深入理解科学课程标准和科学教材的内容，有助于提高教学效果。科学、技术与社会的关系告诉我们，科学技术不仅会给人类带来福祉，还会给人类带来各种苦涩，有助于教师更加客观、全面地给学生讲授科学知识。

二、专业技能

教师属于专业人员，因此，教师必须具备专门的技能，即专业技能。专业技能是指在进行专业活动时，为了完成某一专业任务，主体必须具备的基本能力。教师的专业技能是指教师为了完成教育教学任务而必须具备的基本能力。教师的专业技能是建立在一定的系统的专业知识和充分的专业训练基础上的，它是逐步形成并不断完善和提高的，是一个动态发展的过程。小学科学教师要想成功完成教育教学任务，不仅要具备作为一个教师所应具备的一般专业技能，还要具备完成特定的任务，即完成小学科学课程的教学，所应具备的特殊专业技能。

根据对已有相关研究的整理和分析，我们将小学科学教师的专业技能归纳为以下几个方面。

(一)一般专业技能

作为一名合格的教师，应具备的一般专业技能包括以下五个方面。①

一是了解学生及与学生交流的能力。学生身心发展的水平和特点是教育教学的重要依据，了解学生身心发展的特点是有效教育教学的前提。只有了解了学生，教育教学才能具有针对性，才能贯彻因材施教的原则，促进学生个性的发展。了解学生的途径有多种，如与家长座谈、向学生了解、看学生的成绩和操行评语等，但最重要的方法是教师通过日常教育教学活动对学生的思想行为、智力活动、情感表现等进行仔细地观察。善于观察学生的教师能够提前或及时发现问题，并主动去预防或解决问题，可以收到良好的效果。

另外，现代教育要求在生动活泼的教育教学情境中通过师生之间的互动和交流促进学生的发展，促使学生主动地去建构对学习内容的理解。因此，教师必须具有与学生进行互动与交流的能力，要善于与学生进行交流。如果一个教师能够经常有效地与学生进行交流，那么，学生就会愿意接近他，愿意和他说心里话。建立这种融洽的师生关系，教师要起主导作用。

二是语言表达能力。语言是教师传播知识以及与学生进行交流的主要手段，因此，教师要想有效地完成教育教学任务就必须具备较强的语言表达能力。教师的语

---

① 柳海民．教育原理[M]．长春：东北师范大学出版社，2000：531—533.

言表达要发音正确、标准，措辞准确，语句完整，表达准确且易被接受，既保证内容的科学性又通俗易懂，表达连贯、富于逻辑，要富有启发性等。教师的语言表达能力是教师的一项基本的专业技能，需要在教育教学实践中有意识地不断锻炼，才能不断提高。

三是组织管理能力。教师在教育过程中发挥着主导作用，因此，教师必须具备相应的组织管理能力。教师对学生的组织管理主要表现在两个方面：一是教学过程的组织与管理；二是学生集体的组织与管理。在课堂教学过程中，教师既要维持良好的课堂秩序，使学生遵守教学常规，又要创造生动活泼的课堂气氛，采用灵活多样的教学组织形式，促进学生思维的发展，使学生的技能不断提高。在课堂教学过程中，教师还要处理好一些偶发事件，保证教学顺利进行。如果一个教师缺乏教学组织管理能力，不能维持正常的课堂秩序，教学就很难达到理想的效果。

对于学生的组织管理，教师也发挥着主导作用。善于组织管理的教师，总是善于提出鼓舞人心的集体目标，能够发挥每个学生的特长，处理好不同个体之间的关系，进而形成有凝聚力的集体。如果教师缺乏组织管理学生集体的能力，往往是花费了很长时间，集体依然没有形成。

教师对学生的组织管理有时需要借助家长和社会力量的支持。因此，教师的组织管理能力与教师的社交能力有密切关系。

四是运用现代教育技术手段的能力。随着科学技术的发展，教育技术也不断进步，现代教育技术日益渗透到教育教学过程中，并对教学组织形式、教学效果以及学生的思维方式等产生日益深刻的影响。教学手段的变化不断对教师提出新的要求。教师要懂得先进的教育技术手段的基本原理，掌握基本的使用技术，并具有制作教学软件的能力，如制作教学课件、编制录音带录像带、编写教学所用的程序以及利用互联网促进教学等。随着教育现代化的发展，教育技术必然实现现代化，因此，教师必须具备运用现代教育技术手段的能力。

五是教育科研能力。教育工作是一项富有创造性的工作，需要教师不断地去研究与探索。为了提高教学效率，教师在完成教学工作的同时，还要不断地总结经验或教训，还要研究遇到的各种问题或困惑。因此，教师必须具备一定的教育科研能力。教师从事教育科学研究一般与实际工作紧密结合，从工作实际中提出问题，然后搜集、整理和分析资料，从中寻找教育教学规律，不断提高教学效率。教师在从事教育科学研究的过程中，要具有选择合适的研究问题、设计科学的研究方案、进行实验操作、进行观察记录、分析资料、得出结论并表述研究结果等一系列的教育科研能力。教师虽然不同于专职的研究人员，但必须具备基本的教育科研能力，否则就无法承担起教育规律研究者的角色。

(二)特殊专业技能

为了完成教育教学任务，小学科学教师除了具备一般教师所应具备的专业技能外，还要具备完成科学课程所应掌握的特殊的专业技能。

1. 设计问题情境的能力

小学科学课程是以培养学生的科学素养为宗旨的科学启蒙课程。教学要细心呵护学生与生俱来的好奇心，培养他们对科学的兴趣和求知欲，引领他们学习与周围世界有关的科学知识。这就要求教师在教学过程中要设计与学生生活世界密切联系的情境，让学生在这种情境中去体验科学活动的过程和方法。

教学问题情境可以分为两类：围绕教材内容设计的问题情境和围绕生活情境设计的问题情境。①

第一类问题情境设计的主要目的是帮助学生认识前人已经认识了的世界，所以，在设计时要以科学教材的内容为核心，要抓住教材的关键。设计这类问题情境时，还要注意学生的已有知识和经验，设计的问题一定要能够引起学生认知上的冲突，引起他们的思考。

第二类问题情境不仅涉及对已有知识的认识，还包含对未知领域的探究。这类问题情境可以是真实的情境，也可以是对现实生活的模拟。不管是哪种问题情境，都要有针对性和挑战性，能够激发学生探究的热情；要有开放性，需要综合多方面的知识才能处理；还要有一定的复杂性，让学生通过自己的行动去解决问题。

2. 组织学生进行合作学习的能力

合作学习并非一种新的学习方式。2001 年，教育部颁布的《基础教育课程改革纲要(试行)》提出，倡导学生主动参与、探究发现、交流合作的学习方式。合作学习再次引起人们的关注并逐渐流行起来。与其他学习方式相比较，合作学习更适合小学科学课程的教学。因此，小学科学教师必须具备组织学生进行合作学习的能力。组织小组开展合作学习需要注意以下几个方面。

一是分组要科学。在合作学习中，分组一般采用“组内异质，组间同质”的分组原则。“组内异质”是指将性别、成绩、性格、能力等方面存在差异的学生分配到一个小组中，目的是让不同成员之间相互配合，各尽所能。“组间同质”是指小组之间在规模、性别、成绩等方面要基本相同，这样做的目的是小组之间便于公平竞争。一般来讲，每个小组由 4～6 人组成为宜。每个成员都要被赋予特定的职责。为了培养学生多方面的兴趣和能力，可以让小组成员之间定期交换分工。

二是发挥教师的监控职能。在合作学习过程中，教师要深入小组中去，仔细观察，密切关注各小组合作学习的进展情况，要及时发现合作学习中出现的问题并给予及时的指导，保证合作学习顺利进行。

在合作学习过程中，一个极容易出现的问题就是放任自流，缺乏监控。例如，有的教师布置完合作学习的任务后，就让学生自行进行操作，自己在各组之间随意

---

① 袁运开，蔡铁权．科学课程与教学论[M]．杭州：浙江教育出版社，2003：374.

地转一转，看一看，然后依次听取各组的汇报，汇报完毕，合作学习也就随之结束。其实，在合作学习结束后，教师也应根据学习任务对合作学习的情况进行总结和评定，使学生明白本组的学习状况，以便以后进一步改进。

三是促进组内不同成员之间的互动。相互合作是合作学习的最明显的特征，因此，在合作学习过程中一定要保证不同成员之间进行有效合作。为了保证成员之间的有效合作，首先，要让每个成员在进行合作学习之前，对合作学习的任务有所了解或准备；其次，在合作学习过程中，每个成员要明确自己的角色或职责，分工明确，各司其职，使每个成员都是完成合作学习任务不可或缺的。在合作学习中，尽量避免或克服少数学生动手操作、多数学生旁观的现象，一定要让每个学生都参与到合作中，都扮演一定的角色。

四是注意培养学生的合作意识和合作能力。合作学习的一个重要目标就是通过小组合作完成任务，来培养学生的合作意识和合作能力。学生首先要有合作的意识或意愿，合作才有可能产生。在合作学习中，要让每个成员都参与其中，相互尊重，彼此合作，共同完成任务。这样一来，每个成员才能体会到合作的愉悦和必要性，才会增强他们的合作意识。在有效的合作学习中，学生的合作能力也会不断得到提高。这种合作意识和合作能力的习得，有助于学生集体的形成，有助于学生更好地融入未来的社会和生活。因此，在合作学习中，教师一定要注意培养学生的合作意识和合作能力。

五是进行科学评价。在合作学习中，不同学生担任不同的角色或职责，发挥的作用也不同。因此，对学生在合作学习中的表现进行评价时，既要对个体在小组合作中的表现进行评价，又要对小组的整体表现进行评价，但重点是对小组进行总体评价。

3. 组织学生进行探究的能力

“科学学习要以探究为核心”是小学科学课程的基本理念之一。《全日制义务教育科学(3～6 年级)课程标准》明确规定：探究是科学学习的方式。因此，小学科学教师要想顺利完成科学的教学任务，就必须具备组织学生进行科学探究的能力。科学探究式学习的核心目标是提高学生的探究意识、能力以及增进学生对科学探究的理解。要想有效地组织学生进行科学探究，小学科学教师首先要具备相应的能力。

一是精心设计探究计划的能力。科学教师要对课程内容进行甄别，精心选择或设计符合学生认知水平并且与他们的日常生活有密切联系的问题情境，呵护学生与生俱来的好奇心，引起学生的好奇心和求知欲，培养他们对科学的兴趣和求知欲。

科学教师应给学生提供充分的科学探究的机会，精心设计每次探究活动的内容、计划或过程，让学生在像科学家那样进行科学探究的过程中，体验学习科学的乐趣，发展科学探究能力，获取科学知识。探究活动的设计要符合学生的心理特点，形式要多样化，并且要具有开放性。

二是开发课程资源的能力。课程资源是指一切对课程和教学有用的因素，是进行有效教学的重要保障。课程资源既包括教材，还包括除教材外的有助于教学的软、硬件资源，如博物馆、科技馆、社区、家长、先进事迹或先进任务等。合理开发与利用课程资源是课程改革顺利达到预期目标，促进学生全面发展，有效提高教育教学质量的重要保障。在学校条件有限的情况下，教师的课程资源开发能力显得尤为重要。

三是有效指导探究过程的能力。小学科学教师不仅要有设计探究计划或过程的能力，还要有指导学生进行探究的能力。在探究过程中，教师要能够有效引导学生一步一步地完成自己的探究，随时解决学生在探究过程中遇到的各种问题或困惑，营造良好的合作关系，建立有凝聚力、配合默契的合作小组以及安排好组织形式等。如果教师仅仅设计了探究的计划和步骤，而对探究过程不进行有效的监控，那么探究活动往往不会获得良好的效果，甚至会流于形式。

四是对学生进行评价的能力。教学评价的目的是了解学生实际的学习和发展状况，以便于改进教学和促进学习，最终提高每个学生的科学素养。这种评价不同于传统的单纯由教师对学生的学业成绩进行分等排队的做法。《全日制义务教育科学(3～6年级)课程标准》提出了评价主体多元化、评价内容全面化、评价方法多样化和评价时机全程化的要求。对学生学习科学课程的评价更要注重过程性评价。教师需要采用多种评价方法或方式对学生进行评价，如观察、与学生谈话、杰出表现记录、测验与考试、活动产品分析、记录袋评价、评定量表以及作业法等。除测验与考试一般教师比较熟悉外，其他方法在实践中运用得较少。

三、专业情意

所谓教师的专业情意，是指教师在对所从事专业的价值、意义深刻理解的基础上形成的一种奋斗精神，是教师在教育教学活动中形成的专业情感和意志力，反映了教师对工作的投入程度，从心理学意义上说是一种更高的职业境界。①教师的专业情意是教师专业持续发展的内在动力。一个教师如果仅仅具备专业知识和专业技能，而缺乏专业情意，是不可能成为优秀教师的。近年来，有许多学者围绕教师的专业情意做了一些研究。根据已有研究，教师的专业情意大致可以包括以下几个方面。②

一是专业理想。教师的专业理想是指一个教师在对教育教学工作的本质理解的基础上产生的对教育教学工作的一种向往或追求。教师的专业理想是教师走向专业成熟的一个重要维度，是一个教师奋斗的最高目标，为教师的专业发展提供了强大的精神动力，也是教育教学质量不断提高的内驱力。具有专业理想的教师对教育教学工作会产生强烈的认同感，会尽最大努力投入自己的工作中，会想方设法不断提

① 转引自刘璐．教师专业情意的意蕴阐释与实践建构[J]．现代教育科学：高校研究，2014(04)：96—98.
② 教育部师范教育司．教师专业化的理论与实践[M]．北京：人民教育出版社，2001：45—47.

高自身的教育教学素养，努力提高自身的专业水平以及专业服务质量。

二是专业情操。教师的专业情操，是指教师对教育教学工作带有理智性的价值评判的一种高级情感体验，是教师的教育教学价值观的基础，是构成优秀教师个性的重要因素，也是教师专业情意发展成熟的标志。教师的专业情操包括：理智的情操，即基于对教育功能和作用的深刻认识而产生的光荣感和自豪感；道德的情操，即基于对教师职业道德规范的认同而产生的责任感和义务感。

许多人曾向特级教师毛蓓雷请教教育学生的法宝或秘诀，她回答说："其实，我什么法宝也没有，只是像许多老师一样，有一颗炽热的心。我用这颗心去温暖孩子们，体谅他们的甘苦；同时根据他们的年龄特点，去引导教育他们，促使孩子们一步一步上进。正因为我爱他们，所以我的精神生活始终是充实的，总感到浑身有使不完的劲。征途中我也碰到过各种各样的困难，有时会为找不到恰当的方法而苦恼，但我一想到孩子，就有了力量。"①这段话体现了一个教师的专业情操的巨大力量。

三是专业性向。教师的专业性向，是指一个教师从事教育教学工作应具备的人格特征，主要包括热情、善于交往、有责任感、对学生一视同仁、关爱他人、有耐心、人际关系融洽等。这些人格特征是教师不断提高工作能力、取得良好教育教学效果的重要条件。

四是专业自我。教师的专业自我，是指教师个体对自己从事的教育教学工作的感受、接纳和肯定的一种心理倾向。凯尔克特曼(Kelchtermans)认为，自我是一个复杂、多维、动态的表现体系，是人与环境之间长期相互作用的结果，它不仅影响着人们感受具体情境的方式，也影响着人们日常行为的方式。了解教师的专业自我，对于了解教师的教育教学行为和思想有重要意义。专业自我主要包括以下几个方面：②

自我意象，即对"作为一个教师，我是谁?"的回答；

自我尊重，即教师对自己的教育教学行为和自身素质的评价；

工作动机，即一系列激发与工作绩效相关的行为，并决定这些行为的形式、方向、强度和持续时间的内部与外部力量；

工作满意感，即教师对自己工作的满意程度；

任务知觉，即教师对工作内容的理解；

未来前景，即教师对自己工作未来发展的展望。

教师的专业自我是教师在教育教学过程中逐渐产生的对自己工作的感受、接纳和肯定的心理倾向，是多维的、动态发展的。教师的专业自我的发展状况直接影响着教师的教育教学工作的效果。

---

① 陈书洋．当代小学教师专业情意的分析研究[D]．苏州：苏州大学，2007：10.

② 袁运开，蔡铁权．科学课程与教学论[J]．杭州：浙江教育出版社，2003：378.

第三节　小学科学教师的角色

我国新一轮基础教育课程改革提出了新的教学理念，同时也对教师的角色提出了新的要求，主要体现在以下几个方面。

一、教师不仅是教学的主导者，还要成为学生学习的促进者

在传统的师生关系中，我们往往把教师看成是学生学习的主导者。这种观点容易导致将教学看成是一种单向的活动，使教师的角色具有浓厚的统领和主宰意味。在教学活动中，教师要发挥主导作用，毕竟学生是正在成长中的人，许多方面尚不成熟，需要教师来把握。但随着时代的发展和新课程改革的进行，教师被赋予了新的角色，即学生学习的促进者。主要原因有二。第一，现代科技发展越来越快，知识总量不断增加，教师要在短短数年内把所教学科的全部知识传授给学生是不可能的，也是没有必要的。这样一来，教师作为知识传授者的传统地位实际上已经被动摇。第二，随着现代科技的发展，学生获取信息的途径越来越多，教师作为学生知识源的地位在逐渐减弱。这样一来，教师的角色变得更加复杂，不再只是传授教材上的内容，而是还要指导学生如何去获取所需要的信息或知识，指导学生掌握获取信息或知识的工具以及学会如何根据需要去整理和分析各种信息。因此，教师不仅是教学的主导者，还是学生学习的促进者，教师要教会学生如何求知、如何做事、如何与他人共处以及如何做人。

二、教师不仅是课程实施的执行者，还是课程的开发者

长期以来，教材的编写成了专家们的“专利”，教师只充当执行者的角色，被排除在教材的编写之外。教师只需按照教材、教学参考资料、考试试卷和标准答案去教，只需按照国家的教学大纲和教学计划去教即可，教师成了教育行政部门的各种规定的机械执行者，成为各种教学资料的简单照搬者。结果导致广大教师丧失了课程意识，丧失了课程开发能力。

新课程改革打破了这种状况，并且提倡民主、开放、科学的课程理念，同时建立了国家课程、地方课程和校本课程三级课程管理体制。其中，地方课程和校本课程的大部分内容要求结合当地以及学生的具体情况而定，这些课程内容的选择、组织与实施应该由教师、学生、学生家长和社区有关人员共同参与完成，其中教师起主导作用。与原来的教学大纲相比，各科课程标准降低了对教师教学的限制，给教师进行课程开发预留了很大的空间。教师只有在课程标准的基本理念的指导下，结合本地区或本学校的具体情况进行课程开发，才可能实现课程标准提出的基本理念。

这在客观上就要求教师必须具备课程意识和参与意识，并成为课程的开发者，并且要不断提高自己的课程开发意识和能力，不断培养和提高自己的课程评价能力以及自己对各种教材进行评鉴的能力，能够对课程实施的状况进行总结和分析，能够对学生的学习过程进行评价等。小学科学教师只有具备了这些能力，科学课程标准提出的基本理念才可能得到实现。

三、教师不仅是教学活动的参与者，还是教学活动的研究者

关于教学活动与研究活动的关系，许多教师认为，教师的任务只是教学，研究被认为是教育专家或专门的研究机构的“专利”，将教学与研究彼此分离。教师很少有教学研究的机会，即使有这种机会，也只能处于辅助的地位。这样一来，一方面，专家、学者的研究课题和研究成果就不一定符合教学的实际需要，往往导致许多研究成果束之高阁，不能转化为实际的教学行为，为教学服务；另一方面，教师遇到的大量的实际问题得不到有效解决，并且由于缺乏理论指导，容易导致重复旧经验、照搬老方法。这种教学与科研两张皮的局面，对教师素质和教学效率的提高都是非常不利的。在教学实践中，出现了不少教师离开了原来的教学大纲和教学参考资料就不知道教什么或怎么教，离开了练习册和习题集，就不知道怎么出考卷等现象。

新课程提出的新理念、新方法以及在新课程实施中所遇到各种各样的问题，都不是过去的经验和理论所能解决的，有的甚至属于世界性难题。例如，在科学课程的学习过程中，如何评价学生对“科学—技术—社会”之间关系的理解等。在这种情况下，教师不可能消极、被动地等待着专家、学者把研究成果送上门来，不假思索地将这些成果加以应用，而是应该积极、主动地去研究教育教学中遇到的各种问题。新课程改革比以往任何一次课程改革都更强烈地要求教师成为一个研究者，即教师要在教学过程中以研究者的心态和眼光去审视和分析教学实践中遇到的各种问题，对遇到的问题进行反思和探究，对积累的经验进行总结，最后形成规律性的认识。教师的研究必须基于自身的教学实践，并且为教学实践服务，即所谓的“行动研究”。“行动研究”有效地将教学实践与教育科研结合了起来，是一个教师由“教书匠”发展为“专家型教师”的重要途径，也是教师提高教学水平的重要方法。教师即研究者，是创造性地实施新课程的重要保证。

此外，新课程还要求教师应成为一个“社区型的开放的教师”。随着社会的发展，学校不再是“象牙塔”，不再与周围的社区彼此分离。一方面，学校的部分资源可以向社区开放；另一方面，社区也向学校开放可供利用的资源，参与学校的有关活动。例如，小学科学教学可以利用博物馆、科技馆等校外资源进行教学，可以带着问题到社区进行调研等。学校与社区之间的关系越来越密切。在这种情况下，教师的工作就不能再局限于学校内了。教师不仅是教学工作者，也是社区

的一员，也要参与社区的有关事务。因此，教师的角色必须从“学校型”教师拓展为“学校＋社区型”教师。

第四节　小学科学教师的培养与培训

在我国 2001 年开始的基础教育课程改革中，原来小学的“自然”课被改为“科学”课。从“自然”改为“科学”，不只是课程名称的改变，在课程理念、目标、结构以及内容等方面都有所不同，这就对小学科学教师提出了新的要求或挑战，进而影响到小学科学教师的培养与培训。

一、小学科学教师的职前培养

为了适应小学和初中科学课程对教师需求的需要，我国已有六十多所高等院校经教育部批准建立了科学教育专业。有学者经过研究，将小学科学教师的职前培养模式归纳为以下四类。①

(一)大学初等教育学院本科模式

这种模式是由师范类大学单独设立初等教育学院，如同培养小学语文、数学教师那样培养小学科学教师。这类师范大学一般是由原来的中等师范学校或高等师范专科学校升格而成。例如，首都师范大学初等教育学院和天津师范大学初等教育学院即属于这种类型。前者设置了小学教育专业科学教育方向，后者设立了小学科学教育系。这种模式在课程设置上体现了专任科学教师的知识结构和能力结构，便于培养具有较高科学素养的专任小学科学教师，但科学教育专业仍然缺乏与同校其他专业之间的交叉与合作。

(二)大学教育学院“大理科”本科模式

这种模式是在大学的教育学院设置小学教育专业，如上海师范大学教育学院的小学教育专业、南京晓庄学院教育科学学院小学教育专业等。与第一种模式相比，这种模式侧重数学和科学两个学科，但从课程设置上看数学课程居多，科学课程偏少。

(三)大学理科院系科学教育本科模式

2002 年以来，教育部为了推进基础教育课程改革，为了促进初中开设综合科学课程而建立起来的一种模式。除了浙江省和上海市等少数省市初中开设了初中综合科学课程，需要综合科学课程教师外，其他省市高等院校的理科院系设置的科学教育专业也声称培养小学科学教师。例如，四川师范大学化学与材料科学学院设置的

① 丁邦平．我国小学科学教师教育：现状、问题与思考[J]．当代教师教育，2011(02)：1—7.

科学教育专业，其培养目标是："培养具有系统的理科各学科理论基础、科学教育研究能力和教师职业道德素养，能够从事中小学科学、物理、化学、生物等课程教学及科学教育研究等的专门人才。"由于绝大部分地区的初中仍然选择分科科学课程，因此，多数师范大学声称其理科院系设置的科学教育专业培养的学生毕业后不仅能从事中学科学教育，也可以承担小学科学教育。

(四)高等师范学校专科模式

这种模式的学校很多，其中一种形式就是在原中等师范学校之上增加两年的五年一贯制师范专科学校。这种形式定位明确，师范性比较强。此种模式的学校大多是由原先的中等师范学校升格而成的师范高等专科学校，它们一般侧重培养小学语文、数学和英语等学科的教师，但也有一些学校建立了自然科学系培养小学科学专任教师。

按照《基础教育课程改革纲要(试行)》的规定，小学三至六年级开设"科学"课程。各地根据自己的情况和条件，在初中可以选择分科科学课程，也可以选择综合科学课程。为了满足中小学科学课程实施与发展的需要，许多学校开设了科学教育系或科学教育专业，模式各不相同，课程设置也各有特色。这种状况既反映了小学科学教师教育在应对基础教育课程改革时的不同的路径选择，也反映了小学教师教育主体对小学科学学科和小学科学教师专业化的不同认知倾向。

二、小学科学教师的职后培训

自新课程改革实施以来，为了推动小学科学课程的顺利实施与发展，在出现不同的小学科学教师职前培养模式的同时，我国还对小学科学教师开展了多种形式、多个层次的职后培训，为保障小学科学课程的实施发挥了重要作用。

(一)培训方式

1. 集中培训

集中培训是一种传统的培训方式，就是把需要培训的教师集中起来，进行集体授课。目前，对小学科学教师进行培训的主要方式之一就是到高校、区或县的教师进修学校进行学习，一般采用班级授课制。这种培训方式更适合理论或基本理念的学习，能够在短时间内使培训学员了解小学科学课程的基本理念、性质和设计思路等。其不足是只能使部分小学科学教师获得继续学习和发展的机会，并且培训的针对性相对较差。国培基本属于集中培训，只有少数教师可以获得到大学或其他教育机构接受培训的机会。

2. 远程培训

远程培训就是培训者和参训者在空间或时间分离的情况下，培训者运用现代教育技术手段传递教育内容，为参训者提供培训服务。目前，远程培训主要通过网络平台来实现。这种培训方式克服了时间或空间限制，扩大了参与培训的范围。教师可以根据自身的需要或时间自由选择培训科目或内容，并且可以重复学习，可以根据自己的实际情况灵活安排学习时间等。新课程改革实施以来，全国部分省、市、县、出版社、大学、科普机构以及部分小学建立了专门的小学科学教育网站，通过这些网站小学科学教师可以学习有关知识，如科学教育网、兴华科学教育网、小学科学课程网、浙江小学科学网、人民教育出版社的小学科学网等。这些科学教育网站是新时期我国小学科学教师专业发展的重要平台。但是，远程培训的明显不足就是对参训者的学习过程难以监控，学习质量难以保障。

3. 校本培训

校本培训是指由学校在搜集校内外各种信息的基础上，根据学校的实际情况向大学或师资培训机构提出本校教师的培训要求，然后在教育行政部门、师资培训机构的参与下，共同制定培训方案、确定培训内容，最后以协议的形式规定培训的整个过程。其目的是提高本校教师的教育教学能力或综合素质。校本培训把教师培训的重心下移到学校，它强调理论指导下的实践性研究，既注重解决实际问题，又注重经验的总结、理论的提升、规律的探索和教师的专业发展。校本培训使教育理论与教育实践实现了有效结合，针对性较强，效果比较明显，也比较经济，是比较理想的教师培训方式。校本培训的关键是理论与实践相结合，如果缺乏理论的指导，校本培训的效果就会不理想。

4. 置换培训

置换培训采取的主要是“顶岗实习、置换培训”的模式，即组织高年级师范生到中小学顶岗实习支教，让被顶替的教师到高校或优质中小学进行脱产研修。脱产研修包括院校集中研修和优质中小学“影子教师”实践相结合。置换研修既有利于提高师范生培养质量，又有利于缓解部分学校教师工学矛盾的问题，利于提高教师的教育教学水平。

新课程实施以来，为了推动小学科学课程的顺利实施，各级教育行政部门或学校采取不同的方式对小学科学教师进行了不同程度的职后培训。尽管如此，由于经费不足或其他原因，只有少数在职的小学科学教师接受了职后培训，其余的大部分小学科学教师仍然缺乏继续教育和专业发展的机会。

(二)小学科学教师职后培训的未来发展

经过多年的实践与发展，我国从总体上基本确立了自己的教师培训框架，小学科学教师职后培训也呈现出一些明显的新特征。例如，由以往重视知识的培训逐渐转向重视教师能力的培训；培训形式也出现多元化的趋势；培训权力逐步下放；由关注教师的职后培训义务逐步转向关注教师的培训权利等。但就小学科学教师的职后培训状况而言，还有许多事情要做，主要表现在以下几个方面。

一是加大培训覆盖范围，使每个小学科学教师获得应有的培训。新课程改革以来，为了推动小学科学课程的实施，各级教育行政部门或学校采取多种形式对小学科学教师进行不同程度的培训，但仍有部分小学科学教师，尤其是偏远地区小学的科学教师，还没有得到应有的培训。因此，以后我们应继续扩大培训的范围，为每个小学科学教师接受培训提供机会。

二是加强教师自学意识或能力的培训。教师职后培训的根本目的是不断提高教师的教育教学能力。但教师的教育教学能力的提高不仅需要教师职后培训的支撑，更需要教师自身发展能力的提高，而“教师自身发展的能力，则依赖于教师自身的学习能力和教师团体中的学习文化”。① 这也是终身化学习时代的要求。目前，知识增加或更新的速度不断加快，对教师的发展提出了新的要求，需要教师随时随地去学习新知识，不断提高自身的素质。因此，教师职后培训不仅要加强教师对基本理论和知识的学习以及基本技能的提高，更要培养教师的自学意识和能力，为他们的成长提供更加根本的基础。一个教师要想保持自己在教育教学中的地位和价值，必须在工作中自觉地不断地去学习。教师职后培训应为教师的学习精神的养成、学习能力的提高以及教师学习文化的建立提出支持和服务。

三是进一步加强和完善校本培训，加强理论与实践的关系。长期以来，普遍采用的集中培训具有明显的不足。例如，工学矛盾；培训内容缺乏针对性，容易忽视学校的需求；理论与实践难以结合，远离教师工作的实践等。因此，教师培训应该强调以校为本，面向学校教育教学实践的真实情境，促进教师在工作实践中学习、提高和发展。校本培训突出了教师与学校的发展，突出了对现实问题的关注与解决，突出了教师的参与，更体现了教育理论与教育教学实践的结合。

四是强调教育教学与信息技术的结合。目前，信息技术发展迅速，对社会的各个方面正在产生着日益明显的影响，整个的社会与信息技术的关系越来越密切。其中，信息技术对教育观念、教学组织形式、学习方式、教育内容等诸多方面正产生着日益深刻的影响。这股趋势势不可当。要利用信息技术提高教育教学质量，充分利用信息化给教育发展带来的机遇，实现教育的进一步发展，就必须建立一支数量充足、质量过硬的具有较高信息素养的中小学教师队伍，小学科学教师更需要利用信息技术来提高教育教学质量，激发学生对科学的兴趣，增强学生对科学探究的体验。因此，未来的教师职后培训应强调教育教学与信息技术的结合，提高教师对信息技术的认识和理解，培养并提高教师利用信息技术提高教育教学质量的能力。

---

① 朱益明．教师培训的教育学研究[D]．上海：华东师范大学，2004：120.

本章小结

教师这一职业从产生到发展为一种专业，经历了一个漫长的过程。教师这一专业具有以下特征：要经过长期的学习和训练，掌握专门的理论体系和专门技能；有专业自主权；为社会提供的服务是不可或缺的，是非本专业的人员不可以做的，并得到社会的公认或具有较高的社会声誉；有本专业公认的职业道德和专业标准；要不断进行进修或培训。

小学科学教师应具有以下技能：专业知识(包括学科内容知识、教育学和心理学知识、学科教学法知识、实践性知识、文化知识)，专业技能(包括一般专业技能、特殊专业技能)，专业情意(包括专业理想、专业情操、专业性向、专业自我)。小学科学教师不仅是教学的主导者，还要成为学生学习的促进者；不仅是课程实施的执行者，还是课程的开发者；不仅是教学活动的参与者，还是教学活动的研究者。

小学科学教师的职前培养模式主要有大学初等教育学院本科模式、大学教育学院“大理科”本科模式、大学理科院系科学教育本科模式、高等师范学校专科模式；职后培训方式主要有集中培训、远程培训、校本培训和置换培训。小学科学教师培训应加大培训覆盖范围，使每个小学科学教师获得应有的培训；加强教师自学意识或能力的培训；进一步加强和完善校本培训，加强理论与实践的关系；强调教育教学与信息技术的结合。

思考题

1. 如何认识小学科学教师的专业发展？

2. 作为专业人员，教师应具备哪些专业素质？

3. 小学科学教师的职前培养方式有哪些？

4. 小学科学教师职后培训中存在的主要问题是什么？谈谈你对教师职后培训未来发展的看法。

关键术语

专业、专业发展、教师的角色、培训或培养模式、教师的专业素质。

拓展阅读

1. 陶本一，丛玉豪，李进，丁念金．我国教师专业素质研究报告[M]．北京：北京大学出版社，2015。

该书对我国中小学、幼儿园教师的专业素质做了实证性的研究，主要研究了两个方面，对专业素质的要求和专业素质现状。研究路径以调查研究为主，并基于调查，对教师专业素质的框架进行了系统的构建。

2. 张大均，江琦．教师心理素质与专业性发展[M]. 北京：人民教育出版社，2005。

该书阐述的内容既是教学心理学研究的重要领域，又是现代教师教育的核心内容。该书对教师职业与职业生涯发展、教师的心理素质、教师的自我意识与教育效能感、教师的教育能力与角色实现、教师的人际关系与教育威信等11个问题进行了阐述，对教师自身的专业发展具有重要意义。

第十一章　小学科学课程的改革与发展

学习目标▶

1. 了解美国小学科学课程的改革与发展。
2. 了解英国小学科学课程的改革与发展。
3. 了解日本小学科学课程的改革与发展。
4. 了解我国香港地区小学科学课程的改革与发展。

导入案例

1957 年 10 月 4 日，苏联成功发射了世界上第一颗绕地球运行的人造地球卫星。此事引起了美国上下震动及危机感，使美国在国际上的竞争优势受到严重挑战。美国人认为美国的太空技术落后于苏联，主要原因在于自身教育的落后和科研体制的不足，美国的教育成为众矢之的。于是，美国开始对自身的学校教育进行反思和改革。1958 年，美国签署了《国防教育法》，旨在加强学校教育内容的现代化和科学化，由此揭开了美国新一轮课程改革的序幕。本次课程改革有其时代性和科学性，强调学生掌握科学知识的基本概念、基本原理的重要性，强调发展学生的智力，重视逻辑思维和独立获得知识的能力，强调改革教学方法，让学生亲自成为结论和规律的发现者，具有积极的作用。但由于本次课程改革混淆了学科和科学的界限，否认了教材与生活的联系，课程内容太难，忽视学生的身心发展水平等，故没有达到预期的效果。

本章将主要介绍美国、英国、日本以及我国香港地区小学科学课程的改革与发展情况。

第一节　美国小学科学课程的改革与发展

从 17 世纪开始，欧洲移民大量涌入北美，相继在大西洋沿岸建立了 13 个稳定的殖民地。自那以后，有组织的教育就逐渐发展起来。一直到独立之前，各殖民地的小学教育基本上都是在模仿欧洲宗主国的教育模式和教学内容，小学没有科学课程。19 世纪中期，美国的小学开始出现科学教育课程。此后，随着美国社会的政治、经济和科技等的发展，美国小学的科学课程也发生了相应的变化。20 世纪中期，美国小学的科学课程获得了必修课的地位。此后，小学科学教育在美国越来越受到重视。

一、20 世纪 50 年代前美国小学的科学课程改革与发展

19 世纪 50 年代，美国小学开始开设“实物课”。这是美国小学开设的第一种科学课程模式。从表 11-1 可以看出，从 1850 年到 1900 年，小学课程中陆续出现了“实物课”“初等科学”以及“自然研究”课程。这些课程均为科学课程，并且科学课程的模式逐渐多样化。

表 11-1 1800—1900 年美国小学课程的变化①

1800 年	1825 年	1850 年	1875 年	1900 年
阅读 拼写 写作 圣经 算术	阅读 演讲 拼写 写作 品行 算术 簿记 语法 地理 缝纫	阅读 演讲 拼写 写作 品行 礼仪 智力算数 算术 簿记 语法 地理 初级语言 美国史 **实物课**	阅读 拼写 写作 品行 文字 阅读 初级算术 高级算数 语法 口语 家庭地理 文献地理 **实物课** **初等科学** 美国史 宪法 图画 体育	阅读 文学 拼写 写作 品行 算术 语法 口语 家庭地理 文献地理 历史研究 **自然研究** **初等科学** 图画 音乐 体育 游戏 缝纫 烹饪 手工

实物课，也称实物教学，是美国第一种科学课程模式。实物课主要是让学生观察和研究自然现象，描述各种动物、植物和矿物的形态、颜色等特征，锻炼学生的观察和交流能力。学习的材料主要来自周围环境。但在当时的教学实践中，由于绝大多数科学教师缺乏经验或相关知识，因此实物课多数沦为对实物的简单描述和记忆。初等科学是为了适应美国当时科技进步和工业发展的需要而提出的另一种科学课程模式，注重科学知识的教学，强调观察和实验等科学方法。与实物课只注重对自然事实的描述和记忆相比，初等科学更加进了一步。自然研究与实物课有相似之处，以学生自身各种能力的发展为教学的主要目标。

19 世纪末 20 世纪初，美国从一个农业国家迅速发展为一个工业国家，并进入富国之林。随着社会状况的迅速发展和急剧变化，美国的学校教育一方面开始摆脱欧洲教育传统的影响；另一方面，开始进行教育理论与实践的探索或创新。在美国著名的心理学家斯坦利·霍尔(Stanley Hall)的儿童研究成果和杜威的实用主义思想等的影响下，美国小学的科学教育也开始发生变革。首先，是在课程名称上以“自然研究”取代了原来的“实物课”；其次，是在教学内容上强调学生自身的需要，健康和卫生等方面的知识进入了小学科学课程。“自然研究”的目的在于激发学生热爱自然并喜爱乡村生活的情感。但是，自然研究模式也引起了很多的争论。例如，自然研究模式的主要倡导人美国学者贝利(Bailey)在谈到它的功能时写道：“自然研究是对小学各年级只教授纯粹科学的一种反抗……自然研究不是科学。它不是事实(facts)。它关注的是儿童对世界的看法(children’s outlook on the world)。”②英国学者希尔

① 转引自王小静．美国小学科学教育课程研究[D]. 保定：河北大学，2011.

② L. H. Bailey. The Nature-Study Idea: An Interpretation of the New School-Movement to Put the Young Into Relation and Sympathy with Nature[M]. New York: Doubleday, 1903: 4—5.

(Hill)和韦布(Webb)认为:“‘自然研究’的内涵与‘对自然的研究’(study of nature)及‘科学’(science)是不同的,虽然自然研究的材料也是太阳和地球、动物和植物,甚至天气,但是它们是被随意选择的,追求非正式是它的核心。”①因此,自然研究关注的是学生对自然环境的感受,而非使学生掌握有组织的、系统的科学知识。

20世纪20年代至50年代是美国小学科学课程发展的转折期。到了20世纪20年代,由于科技和工业的飞速发展及其对人类活动的冲击,“大杂烩式”的自然研究模式已经不能适应社会和经济发展的需要,重新审视小学科学教育也就成为必然。在这种情况下,美国一些学者率先提出以“小学科学”(elementary school science)课程取代“自然研究”课程。例如,美国学者杰克曼(Jackman)和哈里斯(Harris)提出,以科学通则(generalizations)而不是零散的科学事实作为教育目标的思想。杜威也提出,科学不仅是需要学习的一堆知识,而且也是一种学习的过程或方法,即培养学生的思维能力。

在美国,直到20世纪中叶,科学课程在小学教育中的地位仍然没有得到承认,课程的开设显得很随意,最多也只是作为一门选修课程。但在科学教育史上,以科学知识和科学方法为目标的现代小学科学课程在这一时期已经初见端倪。

二、20世纪60年代美国小学科学课程的改革与发展

1945年,美国联邦科研及开发办公室主任布什在《科学:无边的疆界》的报告中,向罗斯福总统呼吁:“改进科学教育迫在眉睫,因为具有科学潜力的学生对于不能唤起其兴趣或不能提供适当科学教学的高中教育,最容易深受其害。”这份报告对此后美国科学课程的改革与发展产生了重要影响。

20世纪50年代,受冷战时期的政治和军事对抗的影响,尤其是受1957年苏联发射了第一颗人造地球卫星的影响,美国开始进一步加强学校的科学教育,并于1958年通过了《国防教育法》。此后,美国为科学课程改革提供了大量的研究经费,研究和开发了许多小学科学课程,以加强科学教育。从20世纪60年代开始,小学科学课程模式逐渐取代了自然研究模式,而“做个科学家”(Being a Scientist)则成为这个时期课程改革的口号。这一时期研发了许多科学课程,其中影响较大的主要有以下三种。②

(一)SCIS课程

SCIS的全称是“科学课程改进研究”,于1962年由美国全国科学基金会提供启动资金进行研制。SCIS课程的内容分两大部分:一部分是六个单元的自然科学;另

① E. W. Jenkins, B. J. Swinnerton. Junior School Science Education in England and Wales Since 1900: From Steps to Stages. London: Woburn Press, 1998: 54.

② 丁邦平. 国际小学科学教育的发展趋势——兼谈我国小学自然课的若干问题[J]. 教育研究与实验, 1998(3): 31—36.

一部分是六个单元的生命科学。每个单元都包括自由探究和教师指导的探究课、发明课和扩展课三种课型。SCIS课程的理论基础是皮亚杰和布鲁纳的认知发展理论，其目标是通过理解基本概念来发展学生的科学素养和科学态度以及解决问题的能力。当时美国大约有8%的学区使用了SCIS课程。

(二)SAPA课程

SAPA的全称是“科学——一种过程方式”(Science-A Process Approach)，由美国科学促进协会(AAAS)的科学教育委员会编写。它是一个完整的初等学校科学课程，供幼儿园至六年级学生学习。SAPA课程的基本假设是：科学是一种智力活动；探索知识带来欢乐；看到自然世界和生命世界的奥秘给儿童带来兴奋；学习科学家解决问题的方法可以使儿童得到智慧；科学教育的主要目的在于激发儿童的欢乐感、兴奋感和科学的理智感。SAPA课程的目标是培养儿童从事科学研究的过程和技能，即观察、认识并使用数字关系、测量、认识并使用时空关系、分类、交流、推理、预测、给概念下工作定义、形成假设、解释资料、控制变量以及实验。前八种过程技能为基本技能，一般在低年级学习；后五种技能较为复杂，供小学高年级学生学习。SAPA课程编写的理论基础是美国著名心理学家加涅的学习理论，强调目标教学和目标的递进性。当时美国大约有9%的学区使用了这种课程。

(三)ESS课程

ESS课程全称为“小学科学学习”(The Elementary Science Study)，是一种综合性的小学科学课程，由56个单元组成。与上述两种小学科学课程不同的是，ESS课程只提供一个范围，没有一个固定的顺序。学校可以根据自己的教学目标、学生的水平等实际情况挑选一些单元按顺序组成自己的课程。此外，ESS课程的56个单元各有不同的特点。例如，有些单元强调过程技能，有些则注重有意思的问题。美国当时有15%的学区使用了ESS课程。

三、20世纪80年代后美国小学的科学课程改革与发展

在总结了20世纪60年代科学课程改革的经验与教训，并采用建构主义理论进一步丰富了“探究”和“过程”的教学意义的基础上，美国提出了全新的科学教育目标，即发展全体民众的科学素养。其重要标志是美国于1985年启动的“2061计划”。该计划明确提出：“普及科学基础知识，包括科学、数学和技术，已经成为教育的中心目标。”该计划还阐述了全面改革美国初等、中等教育的设想、步骤、目标等。该计划将每个学生从幼儿园到高中毕业应掌握的基本科学知识概括为12类，即科学、数学、技术、生态环境、物理、人类社会、人体机能、数理世界、技术世界、科学史观、一般主题与思维习惯。该计划及其有关的文献还集中体现了长期以来科学教育研究和实践的主要成果。例如，科学教育不仅要包含知识与过程，还要涉及价值和态度领域；科学教育必须与学生的生活经验相联系，并将学生的已有经验作为教学

的起点；科学教育要培养学生终身学习科学的能力；重视教师培训等。

建构主义为科学教育的发展提供了新的理论基础，推动了科学教育的发展，但如果在科学教育过程中过度或无限地扩大学生的主观能动性，否认客观世界的可知性，可能会带来科学教育质量的下降或导致不可知论。

经过20世纪60年代的初步尝试和失败、70年代的反思、80年代的多元探索和对科学教育质量的重新审视，90年代美国的科学教育改革进入了新的阶段。其中最显著的标志就是美国第一次推出全国统一的科学课程标准，目的是监控全国的科学教育质量。1995年12月6日，美国研究委员会组织编写的《国家科学教育标准》(National Science Education Standards) 正式出台。《标准》不仅论述了分阶段(幼儿园到四年级、五年级到八年级、九年级到十二年级)的科学教育的内容标准，而且对从事科学教育的教师的素质以及科学教育中的评价等制定了标准，对美国的科学教育产生了重要影响。

美国于2010年开始了新一轮科学教育标准的研发工作，并于2011年7月制定了《K-12美国科学教育框架》(Framework for K-12 Science Education)。在其基础上，基于多年科学教育的科研成果，2013年4月，美国颁布了《新一代科学教育标准》(Next Generation Science Standards，NGSS)。NGSS由华盛顿的“达成机构”(Achieve)组织，来自26个州的41位教育者参与编写。它是达成机构，国家科学院(National Academy of Sciences)，国家研究理事会(National Research Council，NRC)，国家科学教师协会(National Science Teachers Association，NSTA)和美国科学促进协会(American Association for the Advancement of Science，AAAS)联合努力的结果。

第二节　英国小学科学课程的改革与发展

英国是最早爆发资产阶级革命的国家，并且与欧洲大陆隔海相望，受欧洲大陆影响相对较弱。19世纪后期，英国经历了第一次工业革命，经济开始迅速发展，教育领域也开始逐渐重视与生产、生活有密切联系的课程内容。

一、英国小学科学课程的理论基础

英国作为欧洲一个岛国，受欧洲大陆专制主义思想的影响相对较弱。早在14、15世纪时，封建专制力量就被大大削弱。到了17世纪，英国不仅封建关系土崩瓦解，而且在1640年最先爆发了资产阶级革命，在思想领域较早地出现了提倡科学和科学教育的“近代科学之父”——培根。后来的洛克等人的教育思想也对17、18世纪英国的教育产生了重要的影响。

弗兰西斯·培根(Francis Bacon)在《新工具》一书中以“知识就是力量”对科学知识的价值做了高度概括，认为科学知识不仅是人类认识自然、使自然为人类服务的伟大力量，而且还是人类改造社会的重要力量，并且对于人类个体自身的发展也有重要的价值。培根将“崇尚自然”这一人文主义精神具体化为崇尚自然科学。为了传播科学知识，培根起草了一个百科全书式的学科大纲，几乎包括了科学知识以及新技术的各个方面。这个科学体系对英国小学的科学教育的发展产生了重要影响。

19 世纪是英国从自由资本主义向垄断资本主义过渡的时期。经过工业革命，英国的资本主义经济获得了迅速发展，并对教育提出了新的要求。19 世纪中期，赫伯特·斯宾塞(Herbert Spencer)对英国古典主义教育的非实用性进行了抨击，提倡科学教育，并提出了“科学知识最有价值”的观点。斯宾塞认为，科学知识具有指导价值，人们从事的生产、生活活动都离不开数学、化学、物理等方面知识的指导；同时科学还具有训练价值，即培养学生的心智，锻炼学生的记忆能力、理解能力和综合分析能力的作用。因此，斯宾塞提出了以科学课程为主体的五类课程体系，并根据课程的设置，提出了科学教育的实施原则和教学方法。①

基于英国当时工业发展和社会生活的需要，托马斯·亨利·赫胥黎(Thomas Henry Huxley)在对古典主义教育进行抨击的基础上，阐述了科学教育的重要性。他指出：“我们时代的显著特点是，自然科学知识已经发挥了巨大的作用，而且这种作用会越来越大。”②他主张在中小学开设的自然学科主要有：地理学、植物学、物理学、化学、人体生理学等。与斯宾塞相比，赫胥黎更加注重科学技术的教育，强调实验和训练，以培养学生的观察能力、操作能力和清晰表述事物的能力。

培根、斯宾塞以及赫胥黎等人的科学教育思想或理论对英国小学科学教育以及科学课程的发展产生了深远的影响。英国小学的科学教育一直注重学生实践能力的培养与他们的科学教育思想或理论有直接的、密切的关系。

二、英国小学科学课程的改革与发展

在英国，虽然在思想领域较早地出现了提倡科学和科学教育的思想，但在传统的英国小学教育中，科学教育并没有受到普遍重视。这使得学生涉足科学实践的机会很少，学生对科学的好奇心和兴趣也没有被充分激发。

(一)20 世纪英国小学科学课程的改革与发展

第二次世界大战后，受国际政治形势、科技的迅速发展以及世界范围内中小学教育改革趋势的影响，20 世纪 70 年代末，英国教育界开始对小学科学教育中存在的问题和发展方向进行研讨。讨论的主题之一就是：科学教育在小学教育中应占什么地位？讨论认为，科学教育必须在小学教育中占有一定地位，应受到充分的重视。

---

① 祝怀新，郑和淋．英国小学科学新课程改革探究[J]．外国中小学教育，2015(01)：50—54.

② 转引自吴式颖．外国教育史教程[M]．北京：人民教育出版社，1999：388.

1988 年 7 月，英国议会通过了《教育改革法》(Education Reform Act)。该法明确将科学与英语、数学列为国家的核心课程。

为了在小学更好地实施科学教育，英国国家课程委员会于 1989 年颁布了第一个国家科学课程标准。该标准规定了小学科学课程的内容，明确了小学科学课程的培养目标等。1989 年的英国国家科学课程标准包括两个主要部分：第一部分为科学探究，目标是要求学生通过探究活动学会一些系统的科学技能和方法，如计划、假设、预测、解释探究的结果或发现、交流探究方法和经验等；第二部分为知识和理解，包括 13 个目标，指出了学生需要理解、掌握的科学知识和概念。归纳起来主要是以下七点：[①]

科学教育要激发儿童探究科学的好奇心；

科学教育要从儿童的年龄特征和生活经历去启发他们对科学的兴趣；

科学教育要发展儿童的科研能力，使儿童掌握一些科研的具体方法；

科学教育要使儿童获得基本的科学概念；

科学教育要培养儿童良好的科学态度；

科学教育要通过儿童对周围世界的感受，使他们理解和关心自然事物和环境；

科学教育要提供机会，使儿童能够应用科学的理论和技能去解决生活中的实际问题。

1989 年的国家科学课程标准几乎包括了全部与小学儿童密切相关的基础科学知识以及对他们进一步学习科学有用的科学方法，并通过一系列随着年级逐渐增长的具体目标将这些知识和方法结合起来。它已成为英国小学科学教育的指导性文件。

1991 年，英国教育和科学部对科学课程标准进行了修订，调整了课程目标，但仍未能化解国家课程和新考试制度之间的矛盾，导致家长和教师的不满。1993 年 8 月，英国政府发布了《国家课程及评价》(The National Curriculum and its Assessment)的调查报告，并着手进行小学课程改革。1995 年，英国开始实施提高中小学水平计划，英国教育与科学部广泛征求意见，尤其是一线教师的意见，对科学课程标准进行了第三次修订，主要举措是压缩科学课程的内容，简化成绩评估项目。1999 年 7 月，为了培养能够适应 21 世纪发展需要的科学素养，英国教育与就业部(DFEE)和课程与资格委员会(QCA)共同起草、制定了面向 21 世纪的英国《国家科学课程标准》。该标准主要包括科学课程概况(About Science in the National Curriculum)、学习计划(Programs of Study)和成绩目标(Attainment Targets)三个模块。[②]经过不断修订、补充，2000 年英国正式颁布了新的《国家科学课程标准》。该标准详细规定了小学科学课程的学习计划、教学要求与达成目标，确立了英国小学科学教育面向 21 世纪改革的基调和准则。

---

① 王岳．英国小学的科学教育[J]. 课程·教材·教法，1992(12)：51—53.

② 殷梅青．20 世纪 90 年代以来发达国家小学科学课程改革研究[D]. 重庆：重庆师范大学，2014.

(二)21 世纪英国小学科学课程的改革与发展

2011 年 1 月，英国教育部宣布对国家课程重新进行修订，标志着新一轮国家课程改革的开始。经过多次评论和决议，于 2012 年出台了小学国家课程学习纲要草案。该草案对科学课程提出了更高的标准：更为关注学生对太阳系、速度和进化等新知识的习得；更为关注学生对科学实验与科学展示的运用等。① 2013 年 2 月至 4 月，根据社会各界的反馈意见与建议，专家委员会对草案进行了修订。修订后的草案于 2013 年 9 月正式颁布，成为英国新一轮小学科学课程改革的纲领性文件，2014 年 9 月正式实施。

英国新一轮小学科学课程分为两个关键阶段，即 1～2 年级为第一个阶段，3～6 年级为第二个阶段。第二个阶段又分为 3～4 年级段和 5～6 年级段。小学科学课程以综合为主，整合了物理、化学和生物学科的基础知识。英国新一轮小学科学课程改革的目标是：通过科学课程的学习，使学生掌握科学知识，发展概念理解能力；帮助学生解答与世界相关的科学问题，以培养学生对科学本质、过程与方法的理解能力；使学生具备理解现在和未来世界中科学的用途和影响所需的知识。

英国此次国家课程改革兼顾统一性与灵活性的传统。就科学课程而言，规定学校需要在每个关键阶段结束时完成该阶段内容的教学。在每一个关键阶段，学校可以灵活地安排引入学科内容的时间，并且在合适的情况下，学校可以提早引入下一个关键阶段中的教学内容。

三、英国小学科学教材

在英国的《国家科学课程》(1988)颁布之前，英国没有全国统一的小学科学课程教学大纲和统一的科学教材。当时学校教学所用的教材和教学辅导材料都由出版商组织编写，然后提供给地方或学校选用。在 20 世纪 60 年代至 80 年代，英国陆续出版了许多小学科学教材。这些教材形式各异，在体系、结构、内容和教法上也存在很大差异。这些科学课程虽然都提出了各自的科学教育观点和课程内容准则，并有相应的教材，但这些教材要么过于强调知识内容，使科学教育过于死板，要么就是片面追求兴趣和过程，导致学生不能很好地理解基本的科学概念，从而不能形成一个连贯的知识体系等。下面就几套典型的科学教材做简单介绍。②

(一)《纳非尔德小学科学》

这是一套 20 世纪 60 年代末出版的很有影响的科学教材，包括两本教师用书、一本教具使用指导书、一本有关动物和植物的参考书以及一些供学生阅读的小册子。这套教材以科学探究为学生活动的中心，为学生设计了大量的课内和课外实践活动，鼓励学生通过这些活动体验科学探究的过程，同时促进学生身心的发展。这套教材

---

① 闫守轩，朱宁波．英国新一轮小学科学课程改革及其启示[J]．课程·教材·教法，2015(10)：120—124.

② 王岳．英国小学的科学教育[J]．课程·教材·教法，1992(12)：51—53.

的指导思想是以学生为中心。为了实现这一思想，教材没有完整的结构和固定的教学方法，灵活性很大，完全由教师去介绍一些基本的科学理论。这就对教师的组织能力提出了很高的要求。也正因为如此，很少有教师对完成这套教材有信心。可见，如果教材忽视了教师的实际能力或水平，它将影响教师工作的积极性以及课程实施的效果。

(二)《小学科学方法——牛津设计》

这套教材与《纳菲尔德小学科学》属于同时代的教材，因编写基地设在牛津而得名，使用的范围比较小。这套教材主要围绕四个主题进行编写，四个主题分别为能量、结构、变化和生命。在教学过程中，教师要提出与这四个主题相关的日常事情，并指导学生如何去操作。这套教材共有八个单元，每个单元给学生提供了足够的练习题，便于他们去观察或实验。它的明显特点就是帮助学生认识他们周围的自然事物，并学会一些基本的科学方法。

(三)《5～13 岁科学》

这套教材由麦克唐纳教育图书出版社于 20 世纪 70 年代初出版，共包括 26 本为教师设计的教学参考书，没有学生用书。这套教材按小学低、中、高三个年级段编写。这套教材还配有教师指导用书，即《目标在心》，为教师提供了详细的工作建议。它的不足之处在于，没有学生用书，给学生的学习带来很多不便；另外，这套教材的内容过于侧重低年级的学生，不利于小学高年级学生的学习；同时，这套教科书对教师也提出了很高的要求，给教师的教学带来了一定的困难。

(四)《在学习科学中进步》

这套教材出版于 20 世纪 70 年代末。它特别强调科学经验与学生的发展相适应，重视学生对科学概念和科学能力的掌握，注重学生科学态度的培养。教材设计了大量的科学问题和探究项目，并在每个探究项目下设有三个按等级分好的探究结果供学生选择。学生探究后，从教材给出的三个结果中选出符合自己观察情况的选项，然后教师再给出评语。这套教材在如何对科学探究进行评价这一问题上给我们提供了启示。

(五)《从科学探究中学习》

这套教材于 1983 年出版，由多套供学生使用的设计精美的学习卡片组成。这些卡片按照知识内容分成不同的单元，如电、地球、人体等，每个单元由 24 张卡片组成，引导学生自己进行科学探究活动，给学生充分的自由，以发展他们的独创性。在教学过程中，教师是学生探究活动的鼓励者、管理者、记录者，而非传统的讲解者、指导者。这套教材还要求教师详细记录学生在科学探究活动中的发展情况。

第三节 日本小学科学课程的改革与发展

明治维新以后，日本开始重视初等教育的发展，提高国民的素质。第二次世界大战结束以后，日本教育进行了全面、深刻的改革，开始注重教育与生活的关系。1952 年，日本取得了独立国的地位，在教育上也有了充分的自主权，随之对本国从小学到高中学生的学力状况进行了调查，并进行了一系列的改革。

一、第二次世界大战前日本小学科学课程的改革与发展

一般认为，日本的教育起源于 3 世纪时期的宫廷教育。明治维新之前，日本的初等教育已获得一定程度的发展。明治维新时期，为了培养爱国守法的日本国民，明治政府对国民素质的初等普及教育非常重视。根据 1886 年 4 月颁布的《小学校令》，日本的初等教育分两个阶段，共八年。前四年为寻常小学段，实施义务教育，后四年为高等小学段，实行收费制。小学常设科目中包括物理初步、化学等自然科学科目。

1890 年，日本高等小学在初等小学课程的基础上增加了理科、世界地理、日本地理、日本历史等课程。到 1919 年，日本在初等小学增设了理科课程。为了适应日本对外扩张的需要，从 20 世纪 40 年代开始，日本开始对各级教育进行改革。1941 年，日本颁布了《国民学校令》，将过去的小学改为国民学校。国民学校的课程设有国民科、数理科、体育科和艺术科。尽管这一时期日本对各级学校提出了改革的要求，但由于战争的影响，实际上并没有真正实行。

二、战后初期日本小学科学课程的改革与发展

1947 年后，随着日本社会状况的变化，日本小学理科教学大纲进行了多次修订。第二次世界大战结束后，日本的政治、经济等社会状况发生了急剧的变化，再加上占领军的绝对权威，杜威的进步主义教育思想在日本很快流行起来。在这一教育思想的影响下，日本中小学的各学科都以实际问题为中心来组织教学，其中以社会科和理科居多。1947 年的理科课程的目标为，为使所有的人能够合理地生活和更好地生活，就儿童与学生生活环境中的问题要掌握以下三点：科学看待、思考和处理事物的能力；关于科学原理和应用的知识；发现真理，主动创新的态度。[①] 在 1947 年制定的小学和初中理科学习指导要领中明确规定，从小学到初中的理科围绕以下五个单元进行教学：

---

① 刘继和，田中实．战后日本小学理科课程的修订[J]. 外国教育研究，2002(08)：38—40.

关于动物和人的知识；

关于植物的知识；

关于无生物环境的知识；

关于机械工具的知识；

关于保健的知识。

但是，这种以实际问题为中心的课程在当时的实施过程中遇到了一些实际困难。例如，许多课程内容难于进行实验，学生的知识不系统，学生学力下降等。

1952 年，日本取得了独立国的地位，在教育上也有了充分的自主权。日本随之对本国从小学到高中学生的学力状况进行了调查。结果显示，学生的读、写、算基础学力低下。这种情况引起了日本对战后的“新”教育思想的反思和批判。1953 年，日本国会通过了《理科教育振兴法》，开始对小学和初中理科学习指导要领再次进行改革。这次改革的主要特点是把原来以学生为中心的课程改为学科课程，加强学生对系统知识的学习。小学低年级的理科仍然从日常生活出发并以学生的活动为中心展开学习，而小学高年级的理科则要求学习一定系统的科学知识。

从 1958 年开始，日本再次对小学科学课程进行改革，出现了系统化的理科。1958 年的理科课程的目标为：亲近自然，对自然事物或现象感兴趣，养成尊重事实、从自然中学习的态度；养成从自然环境中发现问题，以事实为基础，理性地思考和处理问题的态度和技能；理解与生活有密切关系的自然科学事实及基本原理，养成使生活合理化的态度；加深对自然与人类生活之间关系的理解，养成爱护自然的态度。

受 20 世纪 50 年代末至 60 年代国际政治、经济以及当时国际课程改革潮流的影响，1968 年，日本对小学理科课程进行了第三次改革。这次课程改革大量删减了以生活为中心的内容，增加了探究性的学习内容。改革后的小学理科包括生物及其环境、物质和能量、地球和宇宙三个单元。顺应世界课程改革的潮流，新课程强调现代科学知识的基本概念和规律的教学，强调学科结构的掌握，注重发现学习等。但由于这次课程改革过于强调学科的基本概念和学科结构的掌握，忽视了学生的身心发展水平，致使许多学生失去了对理科的兴趣，改革并没有收到理想的效果。1977 年，日本对中小学的理科课程进行了第四次改革。这次改革从小学到高中都减少了每周课时数，精选教材，降低了课程内容的难度。

三、20 世纪 80 年代日本小学科学课程的改革与发展

随着日本经济的不断发展和增长，随着高新技术在日常生产、生活中的广泛运用，社会发展对公民素质提出了新的要求。为了培养适应社会发展的新型人才，20 世纪 80 年代，日本对中小学科学课程进行了全面的改革。

1989 年 3 月，日本文部省颁布了新的《小学校学习指导要领》，于 1992 年开始

实施。根据新的指导要领，小学取消了一、二年级的“科学”和“社会”科目，新设了“生活”科目，实行合科教学。本次课程改革对小学理科的教学内容进行了修改或调整。例如，原来低年级理科的大多数内容归入生活科，少数不宜放入生活科的内容放到三年级的理科；增加了关于人体的知识以及与日常生活有密切联系的有关内容；删去或简化部分较为次要或抽象的内容，为学生进行观察或实验提供时间；适当整合了部分有密切联系的内容，如原来在不同年级学的云与天气、水、空气与温度、太阳与季节等，整合为天气与气温变化(如表 11-2 所示)。

表 11-2　小学 3～6 年级理科内容①

	三年级	四年级	五年级	六年级
A. 生物及其环境	(1)植物的构造与培养； (2)动物的构造与饲养； (3)人体的构造	(1)植物的生活； (2)动物的生活； (3)人的活动与环境	(1)植物的发芽、生长与结果； (2)动物的产生与生长； (3)人的产生与发展	(1)植物的生理活动； (2)动物的生理活动； (3)人的特征与环境
B. 物质和能量	(1)空气、水的性质； (2)物质的性质与光和声； (3)物质的性质与电和磁	(1)金属、水、空气与温度； (2)物体的重量； (3)电池、光电池和电流	(1)物质的溶解； (2)杠杆； (3)物体的运动	(1)水溶液的性质； (2)燃烧与空气； (3)电流的效应及其应用
C. 地球和宇宙	(1)石块和土壤的收集和观察； (2)观察向阳与背阴的区别	(1)水流对地表的作用； (2)自然界的水循环	(1)天气与气温变化； (2)太阳与月球	(1)观察星空； (2)地层和岩石

四、21 世纪日本小学理科课程的改革与发展

2008 年日本中央教育审议会提出了《关于幼儿园、小学、初中、高中以及特别支援学校学习指导要领的改善》(答申)。这成为各学段新的理科学习指导要领修订的重要依据。“答申”分别从课程目标、课程内容、学习活动等方面提出了理科课程修订的基本方针。②

依据新的理科学习指导要领，小学理科的总目标是：亲近自然；进行有预测地观察与实验等；培养问题解决能力和热爱自然的心情；对自然事物与现象伴有实感的理解；养成科学的看法与想法。亲近自然是发现问题、培养学生的问题意识的基础，是理科学习的起点，也是后续学习的基础。观察与实验是认识自然界事物或现

① 雷树人．日本的小学理科教育改革(二)[J]．科学课，1994(06)：27—28.

② 王秀红，三石初雄，刘继和．日本基础教育理科课程的结构化与系统化特征及启示[J]．外国中小学教育，2014(09)：59—65.

象之间关系的重要方法。科学探究是解决问题的重要的途径。对自然事物和现象的理解即是对自然事物、现象的基本概念和原理、法则等相关知识的理解，最终养成科学地看待问题的态度。

在内容方面，日本小学理科的内容结构自1968年开始，就分为“A. 生物及其环境”“B. 物质和能量”和“C. 地球和宇宙”三个领域。为了与初中和高中的内容相衔接，在本次学习指导要领的修订中，将以上三个领域整合为两个领域，即“A. 物质·能量”和“B. 生命·地球”。其中，A领域以科学体验等实验为主要活动，以对“粒子”和“能量”的基本看法与认识为支柱；B领域以自然体验等观察为主要活动，以对“生命”“地球”科学的基本看法与概念为支柱。①

从这次改革可以看出，日本基础教育理科课程的总目标从小学、初中到高中形成结构化和系统化的特点。在目标和内容结构上，从小学到初中再到高中，由“亲近自然”“有意识地观察与实验”“科学探究能力”“对自然事物和现象的理解”“科学的看法和想法”五个方面构成，都具有结构化的特点。

第四节 我国香港地区小学科学课程的改革与发展

20世纪50年代末，随着香港地区经济的复苏，对教育提出了新的要求。在这种情况下，香港地区拟定了《小学扩展七年规划》，做出了“集中所有的资源和人力，发展小学教育”的决策。经过多年的努力，到1971年，香港地区实现了六年小学免费教育。随着香港地区教育的发展，随着世界性的理科课程改革运动的发展，香港地区的小学科学教育也进行了改革。

一、20世纪80年代香港地区小学科学课程的改革与发展

1976年7月，香港课程发展委员会属下的小学科学科委员会举行了第一次会议，会议的中心任务是设计小学“科学科”来取代原来的“自然科”。经过数年的努力和准备，1984年9月，香港地区各小学推行了科学科。这次改革在教学内容和教学方法等方面发生了很大的变化，给广大小学科学教师提出了新的挑战。因此，香港地区教育部门或有关团体举办了一系列关于小学科学教学的讲座，就如何向小学生教授科学提出了各种建议。

1981年，香港小学科学科委员会颁布了小学科学课程纲要。该纲要对小学科学科的宗旨、教学目标、教学内容、教学建议方面做出了规定。②

---

① 王秀红，三石初雄，刘继和．日本基础教育理科课程的结构化与系统化特征及启示[J]．外国中小学教育，2014(09)：59—65.

② 刘德华．小学科学课程与教学[M]．北京：中国人民大学出版社，2009：150.

1. 宗旨

根据该纲要，小学科学科的宗旨主要体现在以下方面：

激发儿童对周围环境、事物的好奇心；

帮助儿童由近及远地加深对环境的认识；

鼓励儿童与自然界接触，并发展他们的观察力；

培养儿童对动、植物的爱心及了解和欣赏自然现象的意念；

训练儿童寻根究底的学习精神，有疑难时运用科学方法去寻求解答；

帮助儿童把所学的知识运用于生活中，使他们的生活更加多姿多彩。

2. 教学目标

根据该纲要，小学科学科的教学目标主要有以下七个：

对其生活环境及自然界中各事物之间相互关系有基本的认识；

对其周围事物有观察及研究的习质，对观察所得有忠实报道的意念，及有明了其所以然的欲望；

对于未经证实的意见有不接受的习质，对可靠及不可靠的证据有辨别的能力；

对各种试验计划和观察方法加以留意；

对自然现象及现代科学之玄妙有好奇心，借以养成发问之习惯；

对若干园艺基本技巧、土地利用及环境美化有相当认识；

对所在环境及其生物和天然资源有小心保存的抱负。

在上述七个教学目标中，有四个目标属于科学态度的培养。这些目标虽然缺乏有系统的组织，且有小部分未实际安排于课程内容中，但在很多课程资源，如教育电视节目和师训课程中均有提醒学生和教师们如何培养正确的科学态度。科学态度的培养是需要在教授科学内容、科学方法的过程中，以潜移默化的方式，令学生在不知不觉间养成的。这方面的效果难以评价，主要依赖个别教师所持的态度及采用的方法。

3. 教学内容

在科学知识层面，小学科学科主要选取了学生在日常生活中的观察和体验，使学生对其生活环境由近及远以及自然界中各事物之间相互关系，有一个基本的认识。例如，小学一年级的教学内容编排如下：

第一单元：让儿童认识自己和他们的世界。

第二单元：让儿童认识动物世界。

第三单元：让儿童认识植物世界。

第四单元：协助儿童认识其周围环境及常见的自然现象。

第五单元：激发儿童对日常接触的事物的好奇心。

从层次上看，课程设计者采用了由近及远的理念。在内容方面，强调学生对日常生活环境的观察和体验。例如，带学生到公园或园圃做实地观察，或者学习生长在该处的植物的名称。教学内容在设计之初还算充实和生活化，但随着科技的迅速发展，到了 20 世纪 90 年代，这种教学内容已显得陈旧。这也成为 1994 年新课程改革的理据。

4. 教学建议

针对小学科学科的教学，纲要提出了以下建议：①

第一，教学应以课程去适应儿童，而非使儿童迁就课程；教学进度须随学生能力的发展而变化；教学难度应适可而止。

第二，教学应与其他科目紧密联系。

第三，教学应与可供使用的设备、实习和实验以及儿童在学校或家中参与的研究相互配合。

第四，教学尽可能以实物及生物为学习对象，让儿童获得第一手资料。

第五，如果条件允许，应多举办郊外旅行，培养儿童热爱、保护大自然的态度。

第六，教学时，应预备一些实物(或实物的图片)给儿童观察或接触。教师要鼓励儿童去做各种标本或图片，然后在校内设立科学角，定期展出儿童的作品。

第七，在可能的情况下，每所学校都应设一个园圃、一个池塘或水池及一些花盆，以教授有关动、植物的内容时用。

第八，应使用最简单的仪器来做实验，越多用自制仪器越好。

第九，每班应填写每日天气记录表及自然历，由低年级至高年级内容逐渐加深。

第十，在教师的督导下，每个年级的儿童都要保存一些观察簿及科学册。

第十一，介绍概念时，应根据儿童的年龄及能力，逐步介绍。

第十二，教师可以自由安排内容的前后次序，可以对教材内容进行取舍。

通过以上教学建议，可以看出，香港地区小学科学的教学具有灵活性、注意儿童的身心发展水平、教学以儿童为中心、注重学科之间的横向联系、注重联系实际等特点。

此外，在科学方法方面，香港地区小学的科学课程的改革也使科学教师注重学生一些技能或策略的培养和训练，主要包括观察、分类、推论、设计实验和处理数据等。小学生在科学课堂上有较多的机会进行观察和分类的活动。因此，学生对这两种技能掌握较好。但香港地区小学生在科学推论方面的能力较为参差。

从总体上讲，香港地区小学科学教育较为注重科学知识的传授，科学方法和态度的培养则被放于较为次要的位置，原因是香港地区教育向来受考试制度所支配，而设计考核科学知识比较容易，致使考试题目偏重了知识而忽略了科学方法和态度。这样，在课堂上，教师也逐渐形成了偏重科学知识传授的思想。此外，香港地区小学大量资源都投向中、英文教育的发展，科学教育的经费相对缺乏，这对科学教育

---

① 陈国麟. 香港小学科学科教学改革面面观[J]. 科学课，1989(06)：24—25.

的发展也造成一定程度的阻碍。

二、世纪之交香港地区小学科学课程的改革与发展

(一)20世纪70年代香港地区小学科学课程的改革与发展

为了引导学生认识自己及其生活的环境，通过有意义的学习活动，使他们认识事物之间的关系以及事物与生活之间的联系，1994年，香港课程发展委员会对小学课程进行了改革，将原有的“社会科”“科学科”和“健康教育科”整合为一个核心课程，称为“常识科”。这种整合有利于避免不同学科知识之间的重复学习，更重要的是可以透过不同的角度去学习，有助于学生更加全面地去认识事物。

常识科的宗旨是：使儿童对个人、家庭、社会、科学与科技、大自然等方面都有基本的认识，使他们学到生活技能及学习技能，训练他们更加精锐的思考和分析能力；此外，让儿童在学习过程中养成良好的品格及健康的生活习惯，使他们日后在对人和处事方面，表现出积极、客观和负责任的态度。

常识科的教学内容共分四个范畴，即“健康的生活”“生活环境”“自然世界”和“科学与技术”(如表11-3所示)。在不同的年级，每一个范畴都有不同的单元。其中，“自然世界”和“科学与科技”的大部分内容是将原有的科学科的内容重整而成，只是内容根据科技发展和社会的需要而有所增减，如增加了“资讯科技”的单元等。为了普及科学教育，为了兼顾不同学生的学习能力，常识科关于“自然世界”部分选取了较广阔而生活化的内容，与原来的科学科相比，内容的难度稍微降低了，但在技能和态度的培养方面的难度有所增加。这次小学课程改革实际上是回应了一些对原有科学科的批评。

在教学策略方面，常识科鼓励教师以学生为中心，采用启发式教学，取代那种平铺直叙的教学方式，以引起学生的兴趣及好奇心，并鼓励学生从多方面、多角度去思考问题。在教学活动方面，常识科建议教师可适当地采用观察、访问、个案研究、小组讨论、报告、角色扮演、实验、专题设计、游戏等学习活动。其目的在于培养学生的表达、观察、思考、创作和判断能力。同时也希望学生依据这些学习活动，去体验如何与人沟通，如何与人和睦相处以及如何通过合作来完成工作。通过不同形式的学习活动，学生除了可以学习不同的技能和知识外，还可以提高学习兴趣，培养积极和自发的学习态度。

表11-3 香港地区小学常识科教学内容整体结构

	健康的生活	生活环境	自然世界	科学与科技
一年级	我的身体 良好的习惯 我喜爱的活动	我的家 我们的学校 公园	生物和非生物 星星·月亮·太阳	科学初探

续表

	健康的生活	生活环境	自然世界	科学与科技
二年级	个人卫生 我喜爱的食物 善用余暇 我喜爱的玩具	为我们服务的人 我的朋友	动物世界 天气	热
三年级	运动和休息 常见的疾病	购物好去处 我们的社区 生活的基本需要	植物世界	水 光和颜色
四年级	心理与社群健康 食物和营养 奇妙的身体	我们的社会 社会服务 香港的地理环境与历史	地球	电与生活 空气
五年级	踏上青春路 预防胜于治疗 救急扶危	我们的政府 香港的经济发展 地理·历史 ……	生物的繁殖 资源和环境	资讯科技
六年级	社区健康 药物的认识	政治·经济放眼世界	保护环境 生物与环境 天文现象	力和简单机械 宇宙和太空

(二)21世纪香港地区小学科学课程的改革与发展

1999年，香港教育统筹委员会开展了对教育制度的检讨，同时课程发展委员会也对学校课程进行了整体的检视。2000年，香港课程发展委员会发布了《学会学习——课程发展路向》的课程咨询文件。① 根据课程咨询文件，小学阶段科学课程的教学目标是：

显示对科学的好奇心和兴趣，提出有关大自然及他们周围环境的问题；

运用重点探究及调查方法，对科学有所了解并培养探究能力；

将他们对科学的了解与个人和环境联系起来；

将他们对科学的了解与个人健康联系起来，培养对日常生活中安全问题的敏锐感觉，并能采取行动预防危险；

运用科学知识及他们对科学的了解，说明及解释一系列熟悉的现象；

考虑如何以审慎的态度对待生物和环境。

根据课程咨询文件，香港地区小学科学课程的教学内容可以归纳为以下六个

---

① 刘德华．小学科学课程与教学[M]．北京：中国人民大学出版社，2009：150.

主题：

科学探究；

生命与生活；

物质世界；

能力与变化；

地球与太空；

科学、技术与社会。

香港地区新的小学科学课程重视学生能力的培养，如协作能力、沟通能力、创造力、批判思维能力、运用资讯科技的能力、运算能力、解决问题的能力、自我管理能力以及研习能力。其中以沟通能力、创造力、批判思维能力及解决问题的能力最为重要。

本章小结

19 世纪中期，美国的小学开始出现科学教育课程。20 世纪中期，美国小学的科学课程获得了必修课的地位，并越来越受到重视。目前，美国中小学科学教育的改革与发展成为世界中小学科学教育改革的风向标。

英国在思想领域较早地出现了提倡科学和科学教育的思想，但在传统的英国小学教育中，科学教育并没有受到普遍重视。1988 年 7 月，英国议会通过了《教育改革法》，将科学与英语、数学列为国家的核心课程。2011 年 1 月，英国教育部宣布对国家课程进行修订，标志着新一轮国家课程改革的开始。

根据日本在 1886 年 4 月颁布的《小学校令》，日本小学常设科目中包括物理初步、化学等自然科学科目。日本国会、文部省分别于 1953 年和 1989 年制定了有关法律或规定，对小学和初中的学习指导要领进行了改革。2008 年日本中央教育审议会提出了《关于幼儿园、小学、初中、高中以及特别支援学校学习指导要领的改善》(答申)，成为各学段新的理科学习指导要领修订的重要依据。

20 世纪 50 年代末，我国香港地区拟定了《小学扩展七年规划》，做出了“集中所有的资源和人力，发展小学教育”的决策。随着香港地区教育的发展，随着世界性的理科课程改革运动的发展，香港地区的小学科学教育也进行了改革。

思考题

1. 谈谈美国小学科学课程改革与发展的特点。

2. 谈谈英国小学科学课程改革与发展的特点。

3. 谈谈日本小学科学课程改革与发展的特点。

4. 谈谈我国香港地区小学科学课程改革与发展的特点。

5. 美国、英国、日本以及我国香港地区小学科学课程改革与发展的异同点是什么？

关键术语

改革与发展、小学科学课程。

拓展阅读

1.［美］里尔斯，霍尔．美国中学科学拓展课程：技术的历程（蒸汽和电的时代）［M］．安金辉，译．杭州：浙江教育出版社，2013。

19 世纪期间，铁路遍及欧美大陆，蒸汽轮船跨越了各个大洋。电报和电话把各种消息传遍了全世界。飞艇、飞机和汽车使人们能以前所未有的速度周游世界。人们对物质的性质、原子的结构和遗传学等问题的认识都在这一时期取得了突飞猛进的进展。该书讨论的是一个有着伟大创新和发现的时代，迅速增长的财富和不断增长的人口所产生的强大需求为这个时代的科技发明提供了动力。

2.［美］里尔斯，霍尔．美国中学科学拓展课程：技术的历程（科学革命时期）［M］．汪前进，译．杭州：浙江教育出版社，2013。

17 世纪和 18 世纪是实验的时代。伽利略和牛顿不仅提出了万有引力理论和运动定律，他们还用实验验证了自己的理论。该书讨论的是一个科学飞速进步的时期，这些进步又使得工业革命中出现了重大的技术创新。

3.［美］里尔斯，霍尔．美国中学科学拓展课程：技术的历程（20 世纪早期）［M］．郭世杰，译．杭州：浙江教育出版社，2013。

该书讲述了我们现在认为理所当然的诸多事物，包括电视、广播、雷达和计算机等，都发端于 20 世纪两次世界大战前后的伟大的技术创新时代。直升机、喷气发动机、青霉素和原子弹也诞生于这一时期。分子生物学这一新科学也诞生在这个时代，其最著名的成就就是 DNA 双螺旋结构的发现。